Claudia A. Pérez R.

El Amor es un Arte

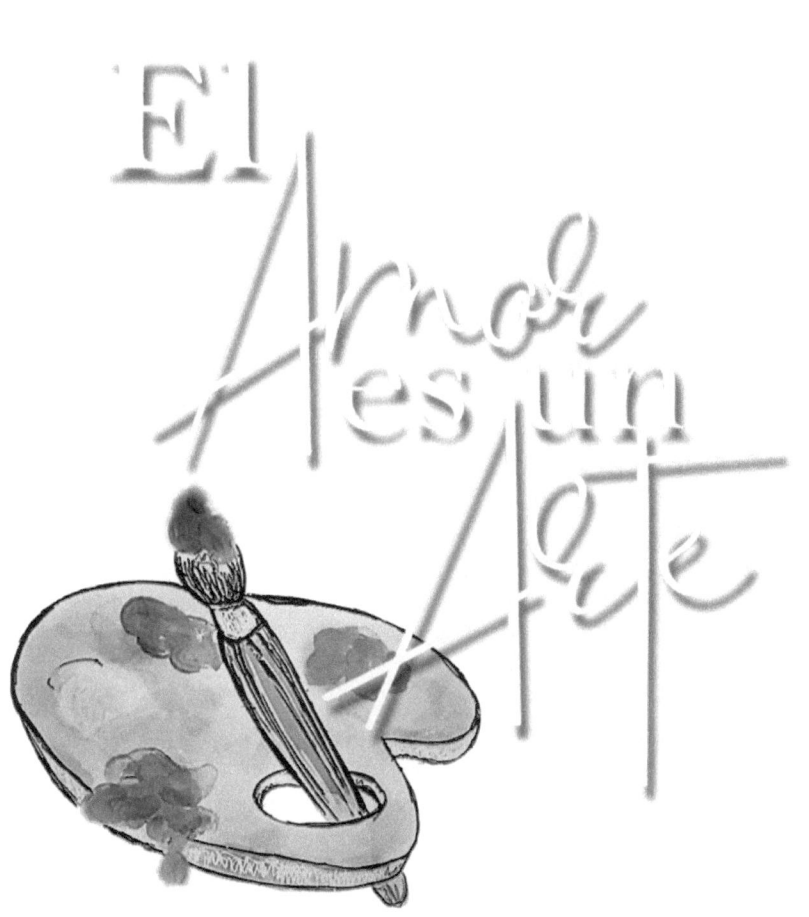

El Amor es un Arte

Primera Edición agosto 2020

Diseño de Portada
Saúl Torres Vázquez

Correcciones
Isaura Nayeli Tapia González

ISBN: 9798664278477

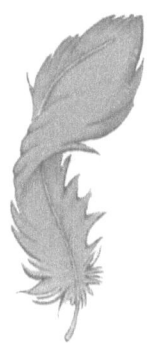

A mi par de amantes, Alonso y Dami**á**n, por aferrarse y confiar en m**í,** pese a que los hice esperar un poco m**á**s de lo programado.

Agradecimientos

A mi Santa (Isaura Nayeli Tapia González), por ser parte del proceso y crecimiento de mis historias, es gracias a ti que las voces en mi cabeza muestran un rostro profesional en forma de libro.

A mis #chicasparaiso, mis amigas lectoras y *bookstragramers*, por apoyarme, leerme, disfrutar mis historias y recomendar mi trabajo para que más chicas puedan conocerlas y esperar con ansia este final pese a los grandes problemas que atraviesa nuestro planeta.

A mi Kchorro, por continuar sosteniendo mi mano, haciendo realidad mis ideas y acompañarme siempre.

A mis amigas de vida que con su chispa alegran mis días, eso sin duda se ve reflejado en mis letras.

"Playlist"

♪♪ Hurt ♫♫ Nine inch Nails.

♪♪ Fix you ♫♫ Coldplay.

♪♪ Shallow ♫♫ Lady Gaga, Bradley Cooper.

♪♪ Tiburones ♫♫ Ricky Martin.

♪♪ Resto of my life ♫♫ Bruno Mars.

♪♪ El amor es un arte ♫♫ Melendi.

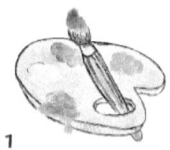

1

"Un artista crea igual que hace el amor, su cuerpo es guiado por la pasión y la necesidad de su espíritu"
Claudia A. Pérez R.

Alonso

Con el transcurso de las semanas, Leonardo delega en mí responsabilidades que antes era inimaginable que soltara, nunca me he negado a un trabajo que me haya encomendado, siempre he encontrado la forma y el tiempo para llevarlo a cabo y me siento halagado por la confianza, pero ¡con un demonio!, ¡estoy saturado!

Ha aprovechado para pasar más tiempo con su familia, relajarse, descansar entre el ajedrez y el golf. El viejo ya ha trabajado mucho, se ha ganado ese tiempo libre y si me niego, sé que no le dará esa responsabilidad a nadie más, por lo que me encuentro atado de manos ante sus peticiones, como siempre.

Mi escritorio está que vomita con tantos documentos, pero no puedo continuar con ellos, me gustaría decirle al viejo que se haga cargo él de Carmona, es su maldita venganza, yo ya se lo desarmé, lo debilité, se lo puse en charola de plata; jodido, sin seguridad, atascado en deudas, chantajeado y sin un puto peso para liquidarlas, pero aunque sé que Rojas es perfectamente capaz de protegerlo, no puedo dejarlo ir solo.

Se le ha citado en el privado de un restaurante, no tiene puta idea de quién, pero no es tan estúpido, debe presentir de dónde viene el madrazo, de acuerdo a mi investigación, no tiene más enemigos.

Extraigo del interior de mi saco el frasco transparente con cápsulas de menta para agitarlo, al tiempo que me dirijo al espejo, lanzo una cápsula a mi boca y me aseguro de que mi corbata se encuentre perfectamente alineada. Tomo el portafolio y abandono mi oficina para darle el tiro de gracia a Carmona.

El séquito de seguridad de Rojas se encarga de resguardar el perímetro una vez que nos han notificado que Carmona nos espera. La mirada del viejo está iluminada por el hambre de venganza, no lo había visto tan revitalizado en semanas, ni siquiera el último contrato millonario lo entusiasmó tanto como el despedazar a este imbécil.

Al entrar al privado el rostro de Carmona lo dice todo, tiene dibujada una mueca de derrota, al tiempo que niega con la cabeza, sabe que está acabado, debería sentir pena por él, pero se necesita ser muy imbécil para regresar a la boca del lobo, y en los negocios igual que en la jungla, impera la ley del más fuerte y en esta pequeña jungla de asfalto yo soy el que mueve las cartas y en su caso, me toca ser juez y verdugo.

Carmona: Sabía que estabas detrás de toda esta mierda Zambrano, todo tiene tu sello y apesta a tus artimañas.

Leonardo: Vaya, no eres tan estúpido después de todo, ¿cuánto tiempo te llevó descubrirlo? (Comenta sentándose justo frente al idiota desmadejado, que aún tiene esperanzas de salir bien librado).

Carmona: ¿Qué carajos quieres de mí? (El viejo suelta una carcajada maliciosa al tiempo que realiza una seña para que Rojas le sirva un Macallan 72, su *whisky* preferido, del cual me encargué que estuviera listo en la mesa).

Leonardo: ¡Por favor! (Suelta con desdén). ¿Qué podría querer un hombre como yo, de un miserable como tú?

Carmona: No tengo una maldita idea, has gastado muchos recursos para acorralarme, ya me dejaste en la quiebra una vez ¿qué más quieres?

Leonardo: Sí, lo recuerdo (bebe un sorbo del licor, disfrutando el gesto de frustración de su oponente). No fue hace mucho según recuerdo. (Me dirige una mirada para que responda).

Alonso: Cinco años.

Carmona: Fuiste tú el que se encargó de todo otra vez, ¿cierto? ¿No te cansas de hacer el trabajo sucio de este desgraciado?

Alonso: En realidad fue bastante sencillo y si fuera tú, no lo haría enfadar, el licenciado Zambrano viene de muy buen humor. (Bebe exasperado un sorbo de *whisky,* que claramente le cuesta trabajo tragar).

Carmona: ¿Me vas a decir qué quieres? (El viejo se deleita con el coraje e impotencia que mantiene a Carmona a punto del colapso, exponenciando con su silencio la desesperación en su oponente). Vamos, ¡habla con un demonio! (Exige ante la sonrisa triunfal de mi jefe). Me dejaste en la quiebra, me expulsaste del maldito estado, no me he vuelto a acercar a tu familia ni a tus negocios, ¿por qué carajo sigues tras de mí?

Leonardo: Te equivocas, (responde sardónico), yo no fui tras de ti, pudiste permanecer tranquilo en tu pocilga, pero te atreviste a regresar.

Carmona: ¡Por Dios! Yo nací aquí, mis hijos nacieron aquí.

Leonardo: La última vez te dije que te quería fuera de Nuevo León, no recuerdo haber mencionado que el ultimátum tuviera fecha de caducidad.

Carmona: No puedes hacerme esto solo porque regresé a mi ciudad.

Leonardo: Cuando se tiene poder, dinero y voluntad puedes hacer lo que se te pegue la gana y ya que no aprendiste a la primera, esta vez te quiero fuera del país. (Carmona escupe una sonrisa de incredulidad y nerviosismo). ¿Te causa gracia?, espera que escuches lo demás, tienes quince días para largarte de México o me encargaré de que termines en prisión y no será precisamente una *suite* con comodidades, ¿qué te parece Almoloya? Supongo que habrás leído que hay un sinnúmero de personalidades interesantes a los que tendrás que lamerles las pelotas para sobrevivir.

Carmona: ¿En la cárcel? ¿Estás loco? ¿Bajo qué cargos? ¿Vivir en Monterrey? (Me acerco para colocar frente a él un fólder con las pruebas recaudadas).

Alonso: Evasión fiscal y chantaje, como puedes ver hay políticos y empresarios a los cuales no les conviene que esas fotografías salgan a la luz pública. El señor Zambrano te está exiliando, hay un par de sujetos en esa carpeta que pedirán tu cabeza, deberías estar agradecido por su generosidad. (Golpea la mesa exasperado colocándose de pie, pero antes de que pueda abrir la boca prosigo). Ten cuidado con lo que vas a escupir, te tenemos de los huevos. (Los engranes en su ya debilitada cabeza giran a gran velocidad, pero sus neuronas no logran hilar un par de pensamientos coherentes). No tienes liquidez, ni propiedades además de tu casa y unos cuantos departamentos, tus cuentas están congeladas y permanecerán así hasta que el señor Zambrano ordene lo contrario, no tienes ningún conocido o familiar que pueda ayudarte o que te tenga más afecto que temor al licenciado. Di una sola estupidez y no volverás a ver la luz del día.

Leonardo: Mi muchacho no deja cabos sueltos, Carmona, toma a tu familia y ¡lárgate!

Carmona: Con qué maldito dinero… (Interrumpo su arrebato extendiendo ante él un segundo fólder).

Alonso: Contratos de compra-venta, uno por tu residencia otro por el total de tus departamentos, (toma los documentos incrédulo). No puedes quejarte por el precio, es justo lo que maneja el mercado.

Carmona: ¡Hijos de puta! (El viejo suelta una carcajada, realmente lo está disfrutando, le excita la situación, como si fuera un león jugando con una gacela agonizante).

Leonardo: Sí, un hijo de puta con poder y dinero, justo el tipo de cabrón al que no puedes ni debes joder. Ahora firma y agradéceme el que no te refunda en la cárcel. (El pecho de Carmona sube y baja furioso con el rostro enrojecido y los documentos arrugados entre sus manos por el coraje, ¡va a explotar! Explotará o le dará un maldito infarto. Intenta lanzarse sobre el viejo pero antes de que pueda acercarse le aplico una llave sobre el brazo llevándolo a su espalda con la suficiente fuerza para obligarlo a inclinarse y estampar su rostro sobre la mesa, al tiempo que el viejo se levanta soltando una carcajada y cerrándose el saco). Solo los imbéciles actúan con la sangre caliente y las neuronas fritas, precisamente por eso te encuentras en esa posición. (Añade acercándose, Carmona intenta forcejear pero con más grasa que músculo y cincuenta años, no tiene nada qué hacer contra mi retención). ¡Respira!, ¡anda, anda, respira! (El viejo inhala profundamente burlándose del pobre idiota al que mantengo inmóvil). Ahora vas a firmar o me encargaré no solo de que te pudras en máxima seguridad, también podría empezar a ocuparme de tu familia; Fernando es tu viva imagen, está por entrar a la universidad, la joven Graciela se está abriendo camino en el mundo de los negocios, peleando por conseguir esa sociedad inmobiliaria y hasta donde recuerdo tu bella esposa cada día se entrega más al placer lúdico, es clienta frecuente del Paradise Casino, su dueña es muy amiga de mi esposa, una dama muy hábil en los negocios. Como te puedes dar cuenta, mi muchacho es bastante meticuloso cuando se trata de investigar y joder a lacras como tú. (Me da una sonora palmada en el hombro. Las pupilas del viejo destilan tanto veneno como sus palabras).

Carmona: No te atrevas a acercarte a mi familia. (Gruñe bajo mi agarre).

Leonardo: Tienes un minuto para firmar esos documentos. (Sentencia observando el costoso Rolex en su muñeca. Carmona forcejea un par de veces más y finalmente permanece inmóvil por un par de segundos).

Carmona: Tú ganas, maldito bastardo. (Aflojo mi agarre lentamente colocándome frente a Leonardo para evitar que se vuelva a abalanzar sobre él, extraigo del interior de mi saco una pluma para ofrecérsela y después de dar un rápido vistazo a los documentos, finalmente los firma antes de dedicarnos una mirada asesina).

Alonso: Liberaré una de tus cuentas, para que puedas adquirir los vuelos, en cuanto estés a bordo, el dinero será transferido, no antes, recuerda, solo tienes quince días para desaparecer. (Mantiene los puños apretados con las facciones desencajadas por la rabia).

Leonardo: Espero que hayas aprendido la lección. (Rojas le abre la puerta al viejo y espera a que yo también la atraviese para salir del lugar, escoltados por dos camionetas al frente y dos detrás de nosotros. Zambrano está satisfecho, no puede ni quiere ocultar la sonrisa). Hiciste un gran trabajo, como siempre, esos departamentos son una buena adquisición.

Alonso: Tenía un tiempo pensando en invertir en bienes raíces, esta oportunidad llegó en el momento adecuado.

Leonardo: *"Las oportunidades solamente las aprovechan las mentes preparadas"*.

Alonso: ¿Louis Pasteur? (Sonríe complacido).

Leonardo: Nunca me decepcionas, ojalá mi hijo fuera la mitad de brillante y productivo que tú, pero bueno, esto tenemos que celebrarlo, Rojas, ya sabes a donde ir.

Rojas: Enseguida, licenciado.

Alonso: No quiero arruinarte la fiesta, pero tengo mucho trabajo pendiente en la oficina.

Leonardo: Entonces no lo hagas, regresarás a la oficina después de comer unos deliciosos tacos de cabrito.

Imposible negarme si me chantajea con uno de mis platillos favoritos.

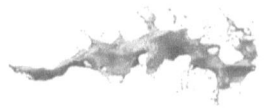

Camila

Desde que regresé a vivir con mis padres la única actividad que realizo con mamá es desayunar un aburrido jugo verde en el club al terminar de ejercitarnos, ni siquiera nos ejercitamos juntas, yo gracias a todo lo que como el fin de semana, tengo que centrarme en los ejercicios cardiovasculares con un poco de pesas, el entrenamiento de ella es todo lo contrario.

Mi madre podrá tener mil defectos, pero el gimnasio, la buena alimentación y su ritual de belleza que incluye exfoliaciones, cremas, mascarillas y limpiezas, sin mencionar las visitas al *spa* son su religión, es sumamente disciplinada, solo en contadas ocasiones se permite salir de la rigurosa dieta que lleva, por eso se conserva tan guapa y gracias a su ejemplo y tirones de oreja es que yo también me levanto directo a hacer ejercicio, *"Gina de Zambrano no va a tener una hija gorda"*, es lo que he escuchado desde niña, junto con muchas otras frases discriminantes y superficiales, pero con el paso del tiempo he aprendido a verlo por el lado saludable…

Camila: Se acaba de estrenar una película romántica, ¿por qué no vamos al cine por la tarde?

Gina: Conociendo las cursilerías que a ti te gustan, seguro me aburriría, además tenemos juego de canasta en casa de Margarita, la mamá de Antonio, por cierto ¿cómo vas con él?, Margarita me dijo que su hijo está muy interesado en ti.

Camila: Es solo un amigo, no creo que lleguemos a nada.

Gina: No veo por qué no, es muy guapo, caballeroso, de buena familia, además Margarita está a punto de recibir una cuantiosa fortuna y Antonio seguramente será su heredero, es el consentido y su hermana se casó hace varios años y vive en Europa, es el partido perfecto.

Camila: No estoy buscando casarme.

Gina: Ya tienes veinticinco años, ¿a qué edad pretendes tener hijos?

Camila: Mamá, no tengo prisa por tener hijos.

Gina: Lo dices porque no lo has planificado como se debe; necesitas una relación mínimo de seis meses para que te den el anillo de compromiso, después de eso, es necesario al menos un año para organizar una boda de la magnitud que será la tuya, y se debe esperar un año para encargar al primer hijo, eso te da un resultado de tres años, sin mencionar los nueve meses de embarazo, prácticamente si comenzaras el proceso mañana, tendrías veintinueve cuando naciera tu primer hijo.

Camila: ¿Por qué debo esperar un año para encargar a mi primer bebé?

Gina: Es lo correcto, es el tiempo prudente para que conozcas y eduques a tu marido, no es lo mismo el noviazgo que el matrimonio, además así se evitan habladurías.

Camila: ¿A qué habladurías te refieres? (No tenía idea que mi madre tuviera planeado hasta el tiempo que debo esperar para encargar a mi primer bebé).

Gina: No queremos que la gente piense que te casas por salir embarazada.

Camila: ¡Ay mamá! La gente no puede seguir fijándose en esas cosas, estamos en pleno siglo XXI, además no tengo quince años.

Gina: Eso no es cuestión de edad, es cuestión de decencia, la gente no tiene por qué enterarse desde cuándo abres las piernas con él o con cualquier otro, recuerda que la lengua es más peligrosa que las balas, si lo sabré yo.

Camila: La gente siempre habla, y creo que estás exagerando en todo, no se necesita un año para preparar una boda, a mí me gustaría algo lindo, con muchas flores, en un jardín y solo con los más cercanos.

Gina: ¡Estás loca! La boda de mi hija será la boda del siglo, Catalina tardó dos años preparando el matrimonio de su hija, fue hace tres años y aún se habla de ella, la tuya hará que se olviden de ese evento. El vestido será una joya, ya tengo en la mira a un diseñador italiano, será exclusivo por supuesto, incluso ya tengo vistos varios estilos que se ajustarán perfecto a esa linda figura que me heredaste, te verás bellísima entrando a la iglesia del brazo de tu padre, serás la envidia de todas.

De todo lo que ha mencionado, en lo único que concuerdo es en que quiero entrar a la iglesia del brazo de papá, y ver el orgullo y la nostalgia en sus ojos al entregarme a mi futuro esposo, con un lindo vestido romántico, de encajes y flores color pastel…

Camila: Ya lo hablaremos llegado el momento, si es que llega, porque ni novio tengo.

Gina: Por eso tienes que apresurarte, tampoco quiero una hija solterona, al rato dirán que eres lesbiana.

Camila: ¡Mamá! ¿Qué más da lo que diga o no la gente? Y si fuera lesbiana no tendría nada de malo.

Gina: Por favor, todo mundo dice aceptar a los homosexuales y está bien, a mí no me importa ni tengo problema con ellos, al contrario, tú sabes que adoro a mi estilista, es un mago con las manos, pero eso no significa que quiera a uno de mis hijos así y menos en boca de todo mundo.

Me he propuesto acercarme a ella, siempre he deseado esa complicidad y cercanía que veía en las demás chicas con sus madres, platicar como amigas, confiarse secretos, pero con este tipo de comentarios resulta realmente complicado, necesito encontrar algún tema o actividad en que ambas concordemos, al menos ahora que soy adulta verdaderamente tengamos una relación madre-hija, relación que me hizo mucha falta siendo una niña. Verito hace un montón de cosas con su mamá, ven series, van de compras, cocinan juntas… en cambio, nosotras, solo bebemos un aburrido jugo verde…

Pero estoy segura que poco a poco me ganaré su confianza y le haré ver que Alonso es un hombre íntegro para que termine por aceptar nuestra relación sin provocar la tercera guerra mundial por ello. Deseo que unamos fuerzas y entre las dos logremos convencer a papá de tener un mejor trato con Leo, sé que no regresará a casa, pero al menos sus visitas no serán tan esporádicas como los milagros.

Camila: ¿Cuándo irás al *spa*?, me gustaría acompañarte.

Gina: La siguiente semana, haces bien en venir conmigo, ya tienes que comenzar a agregar esas sesiones en tu agenda de belleza, ese color que traes en las uñas no es de esta temporada, querida, no puedes andar así por la vida.

Aspiro profundamente, evitando cualquier comentario, me gusta la moda, soy mujer, a todas nos gusta, pero mi madre cae en el fanatismo… quizá ella piense lo mismo de mí con los animales. Somos muy diferentes, pero es mi madre y sé que encontraré la forma de mejorar nuestra relación, al menos voy a intentarlo.

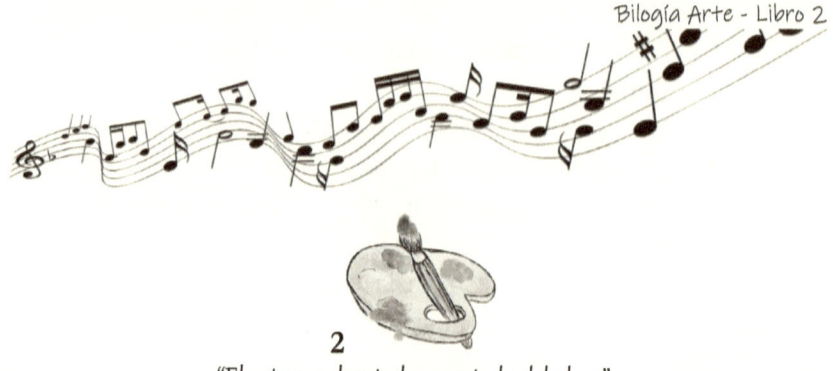

2

"El arte es sobre todo un estado del alma"
Marc Chagall

Luna

El estruendo de cristales despedazándose me estremece a mitad de la escalera, hay un segundo golpe y tengo que sujetarme del barandal para no caer ¿¿qué demonios hizo?? Me descubro regresando para asegurarme que se encuentra bien, pero me obligo a detenerme con el corazón enmudecido, no-no puedo, su cinismo, su desfachatez e hipocresía me han drenado, no tengo fuerza para enfrentarlo.

Retomo mi huida, abandonando mi mundo de colores falsos, ilusiones rotas y pasiones contaminadas de sentimientos imaginarios…

La poca energía que me trae al hotel desaparece en cuanto me desmorono en la cama, no controlo las convulsiones que el llanto me provoca y tampoco lo intento…

Damián

Mis párpados se cierran al escuchar el golpe seco de la puerta al cerrarse, como si un juez hubiese proclamado mi sentencia, condenándome en un abismo de profunda oscuridad del que ya me he desgarrado el alma luchando por salir.

Fuegos artificiales de brillantes colores lejanos, repletos de lujuria y pasión son los que me han mantenido sobreviviendo a la penumbra, efímeras musas que han durado en mis manos el mismo instante que el humo de mi mortífero tabaco, llenándome con el mismo deleite y sofoco, elevándome y consumiéndome, instantes gloriosos que he atesorado como piedras preciosas, aun sabiendo que la profundidad de sus sentimientos culmina en las mieles de los lascivos orgasmos…

Mi Calíope ha descubierto al verdadero ser opaco tras la falacia del brillante artista que la neófita humanidad se ha empeñado en asegurar que soy. Me rompí las manos escalando las estrellas fugaces hasta alcanzar la luna, embriagado por su fulgor no me percaté en qué momento cubrió con su casta luz al vacío Apolo, consumiéndolo con su verdad, abandonando sus cenizas sin siquiera mirar atrás.

Choco con la cama sin darme cuenta que había retrocedido por la agudeza del dolor clavándose en mi pecho, al extender la mano el ardor me obliga a observarla, el carmín reflejando una vida que no siento recorre mis dedos y un largo cristal sobresale a mi carne abierta, las manos me tiemblan, y aún aturdido extraigo el espejo desbordando el flujo de la sangre abandonándome, huyendo de las manos que inevitablemente terminan destruyendo la vida que no merecen tocar.

La sangre ensucia la pulcritud de las sábanas que cubrieron la sublime desnudez de la musa que no merecía admirar, igual que mis pecaminosas pupilas mancharon la pureza de su alma…

Arrastro mi pena en medio de un silencio agónico hasta el Parnaso, no puedo sentir más, no soporto la miseria en la que me ha dejado.

Con la mano punzante enciendo el sistema de sonido elevando el volumen de *Hurt* de Nine inch Nails para aturdir la voz de mi conciencia.

I hurt myself today	*Me hiero a mí mismo hoy*
to see if I still feel	*para ver si todavía siento*
I focus on the pain	*Me centro en el dolor*
the only thing that's real	*La única cosa que es real*
the needle tears a hole	*La aguja rasga un agujero*
the old familiar sting	*La vieja picadura familiar*
try to kill it all away	*Intento matarlo a toda costa*
but I remember everything	*Pero recuerdo todo*
what have I become?	*¿En qué me he convertido?*
my sweetest friend	*Mi más dulce amigo*
everyone I know	*Cada uno que conozco*

goes away in the end	*Se va al final*
and you could have it all	*Y tú podrías tener todo*
my empire of dirt	*Mi imperio de polvo*
I will let you down	*Te decepcionaré*
I will make you hurt	*Te haré daño*
I wear this crown of thorns	*Llevo esta corona de espinas*
upon my liar's chair	*Sobre mi silla de embustero*
full of broken thoughts	*Llena de pensamientos rotos*

Luna

Separo los párpados con dificultad, deben estar terriblemente hinchados, no me muevo, permanezco con la mirada fija en un punto inexistente sintiendo un vacío interminable en el pecho, mi maestro, mi artista apasionado, mi sol, mi Apolo, ¿por qué?

Un par de lágrimas surcan mis mejillas sin provocar espasmos en mi cuerpo, a pesar de haber dormido, estoy agotada, ¿qué demonios haré ahora? ¿A dónde voy a ir?

Damián

¡Mierda! Esto iba a suceder, tarde o temprano, esto sucedería, ¿qué demonios esperaba?, ¿que Calíope permaneciera al lado de un miserable con el alma mal trazada con manchones indignos de la pureza de su luz?

Destapo una botella de tequila para llevarla directo a mis labios, la esencia del agave arde en un intento de cauterizar las llagas de mis entrañas que difícilmente cerrarán.

El lienzo se queda marcado con mis huellas tintadas de carmín al colocarlo sobre el caballete, pero me vale madre, doy un segundo gran sorbo a la botella al tiempo que me dirijo hacia los acrílicos para tomar los oscuros que reflejan mi interior.

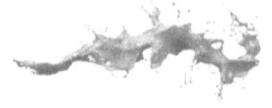

La imagen del lienzo se encuentra emborronada por el humo del tabaco, las lágrimas que me ahogan o quizá simplemente sea el exceso de alcohol en mis venas, qué más da, seguramente es una mierda como todo lo que mis manos crean.

La agonía de *Fix you* de Coldplay me induce a tomar un nuevo lienzo.

When you try your best, but you don't succeed	*Cuando haces tu mayor esfuerzo, pero no tienes éxito*
When you get what you want, but not what you need	*Cuando obtienes lo que quieres, pero no lo que necesitas*
When you feel so tired, but you can't sleep	*Cuando te sientes tan cansado, que no puedes dormir*
Stuck in reverse	*Atascado en reversa*
When the tears come streaming down your face	*Cuando las lágrimas corren por tu rostro*
When you lose something you can't replace	*Cuando perdiste algo que no puedes reemplazar*
When you love someone, but it goes to waste	*Cuando amas a alguien, pero se desperdicia ese amor*
Could it be worse?	*¿Podría ser peor?*
Lights will guide you home	*Las luces te guiarán camino a casa*
And ignite your bones	*Y encenderán tus huesos*
And I will try to fix you	*Y yo intentaré repararte*
High up above or down below	*Desde las alturas o en el suelo*
When you too in love to let it go	*Cuando estás demasiado enamorado para olvidar*
If you never try you'll never know	*Si nunca lo intentas, nunca sabrás*
Just what you're worth	*Lo que vales*

¡Mierda! Cada movimiento que realizo con la mano derecha punza atravesando mi sistema nervioso, la sangre ha dejado de correr, se ha secado entre mis dedos, lo cual es bueno, supongo, así dejaré de ensuciar todo a mi alrededor.

Los párpados me pesan ¡mierda! No quiero dormir, no quiero soñar con ella, no merezco tenerla ni siquiera en sueños…

Luna

Tras dos días sin moverme de la cama, sin energías por tanto llorar, me obligo a levantarme para darme un baño y salir a comprar algo de beber, no tengo apetito, la nada en mi pecho ha alcanzado a mi estómago y aunque quisiera pasar bocado, mi garganta está cerrada…

Un día más tarde sin saber qué hacer, llamo a mi mejor amiga, la única que ha creído en mí. Areli me escucha en la distancia, intenta consolar mi alma herida y mis ilusiones desquebrajadas, está furiosa con Damián por lo que me ha hecho.

*Areli: Pues regrésate a Monterrey, pero ni de broma se te ocurra regresar sin tus pinturas, no se las puedes dejar.

*Luna: ¿De qué estás hablando?

*Areli: Que regreses a esa casa y se dé cuenta que la mariconada que ha hecho no acabará contigo, tus pinturas son tuyas, es en lo que has estado trabajando todo este tiempo, no se las vas a regalar.

*Luna: Mis pinturas no son nada comparadas con las suyas, quizá se deshaga de ellas y terminen en la basura.

*Areli: No puedo creer que defiendas su trabajo a pesar de lo que te hizo.

*Luna: Es un desgraciado como persona, pero como artista, es-es simplemente un maldito genio, no puedo menospreciar una cosa por la otra.

*Areli: Admiras demasiado a ese sujeto, ve por tu trabajo y toma el primer vuelo a Monterrey, yo iré por ti al aeropuerto y te quedarás aquí en mi casa.

*Luna: No sé si pueda verlo otra vez.

*Areli: Dices que duerme todo el día, ve de mañana y listo. Estoy segura que tus pinturas se venderán muy bien, ya no llores, amiga, él es quien se pierde de una gran mujer.

*Luna: Gracias por todo.

Agradezco los ánimos que me ha dado, pero no estoy segura de tener el valor suficiente para verlo, mis pinturas quizá no sean nada para él, pero son parte de mí, si bien había pensado en exponerlas, ahora que ya no me tendrá para utilizarme, no le servirán de nada, odiaría que terminaran destruidas en un arrebato a navajazos o simplemente en la basura.

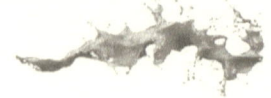

Camila

Camila: ¡Es viernes!, ¿ya me dirás qué es lo que me ibas a contar?

Alonso: Espera a que lleguemos a casa y te lo cuento, ya compré la película y hay palomitas.

Camila: ¡Genial!, juro que amarás la peli, además traigo una botella de vino deliciosa. (Une los labios forzando una sonrisa sin una pizca de gracia, de esa forma que he aprendido a leer como: "no me agrada ni tantito, de hecho me estoy atragantando con mis comentarios"). Quizá si te animas a probarlo descubres que te agrada el sabor, no es tan malo como piensas.

Alonso: Eso no sucederá, Cam, ni hoy, ni nunca, así que por favor no vuelvas a sugerirlo. (Asegura con las cejas unidas formando una línea de expresión entre ellas).

Camila: Pero es que si dejaras de ser... (Me interrumpe).

Alonso: ¡No insistas!, lo digo en serio, lo que menos deseo es iniciar una discusión esta noche.

Camila: De acuerdo, te veo en tu apartamento.

Nos despedimos con un beso en la mejilla, por aquello de las cámaras de seguridad en el estacionamiento de las oficinas de CEMTY; para pasar el fin de semana juntos, muero de ganas por sentir su enorme cuerpo pegado al mío durante toda la noche.

En cuanto me abre la puerta me lanzo a sus brazos, nuestros labios se buscan desesperados por el íntimo contacto que da paso a la pasión de los amantes, no me besa, me devora, me saborea como siempre, provocando que mi sangre se encienda.

Alonso: La semana se me hizo eterna. (Comenta en medio de un suspiro sumergiendo la nariz en mi cuello aspirando mi perfume).

Camila: Y a mí, anda, cámbiate, voy a hacer las palomitas y servirme el vino.

Alonso: ¿Segura?

Camila: Sí, yo me encargo.

Le doy un rápido beso y permanezco observándolo mientras se pierde en el pasillo al tiempo que se quita el saco, me encantan los trajes que utiliza, adoro sus mancuernillas y las corbatas de excelente gusto que siempre porta, pero me vuelve loca cuando se quita todo eso.

Me muerdo el labio ansiosa por sentir sus manos sobre mi piel, pero antes de darle rienda suelta a la pasión, acordamos tener noche de películas y he elegido *A star is born* (*Nace una estrella*) con

Lady Gaga y el guapísimo de Bradley Cooper con el mejor *look* que le he visto; rockero de *jeans* y cuero.

Con las palomitas listas, su aburrida agua mineral con gotas de limón y mi deliciosa copa de vino, me dirijo a la habitación. El reflejo de la luz me permite avanzar sin tropezar, la ancha espalda desnuda que me vuelve loca está completamente relajada sobre el colchón, susurro su nombre pero no consigo una respuesta, el pobre se ha quedado dormido en cuanto tocó la cama. No lo culpo, trabaja demasiado, se levanta prácticamente en la madrugada, hace ejercicio, sale tardísimo de la oficina, se encarga de mil cosas... Es natural que esté exhausto, regreso con la charola al comedor un tanto decepcionada, creo que tendremos que dejar la noche de películas para mañana.

Le apago la televisión antes de salirme a fumar un cigarrillo al balcón para admirar la ciudad y le envío un mensaje a Verito, seguramente se encuentra leyendo, esa mujer nunca para de leer.

Comenzamos a intercambiar audios, donde me cuenta la trágica historia del libro en turno. Después de un rato busco algo que llame mi atención entre los libros que tiene en la sala pero definitivamente nada me atrae, así que entro desde mi celular a Amazon y decido comprarme un libro electrónico, uno de portada linda y sinopsis interesante que se encuentra dentro del género de romance, cruzando los dedos por que tenga un final digno de cuento de hadas.

Alonso

Extiendo la mano para buscar la cálida silueta de mi chica, pero solo el vacío me acompaña ¡mierda!, al separar los párpados me encuentro rodeado de una profunda oscuridad.

Alonso: ¡Camila! (¡Carajo! Soy un imbécil, ¿cuánto tiempo me quedé dormido? Me levanto apresurado repitiendo su nombre en el pasillo, ¡se fue!, seguramente se molestó y se fue).

Camila: Aquí estoy. (Aparece atravesando el gran ventanal que da al balcón, exhalo con fuerza ante el alivio de su presencia, me acerco a ella levantándola en un abrazo y hundo la nariz en su cuello).

Alonso: Creí que te habías molestado y te habías ido. (Añado regresándola al suelo y acariciando los finos hilos dorados que enmarcan su rostro).

Camila: Tonto, ¿por qué habría de enojarme?, estás cansado, no haces más que trabajar, es comprensible que caigas rendido.

Alonso: Eso no es excusa, te prometí noche de películas.

Camila: No te preocupes, podemos dejarlo para mañana, necesitas dormir.

Alonso: Lo que necesito es a ti, en mi cama. (Ronroneo en su oído acariciando su espalda hasta las deliciosas montañas de carne, apretando una provocándole un respingo). Pero te prometí noche de películas, así que vamos a ver la tele, al terminar te haré el amor y después podré dormir todo lo que necesite.

Camila: Bueno, ante ese plan no puedo negarme… (Responde coqueta).

Alonso: Y mañana, ¿qué te parece si vamos a un antro o bar?

Camila: ¿Lo dices en serio? (Pregunta entusiasmada llevando las manos a mi nuca al tiempo que yo permanezco abrazándola por la diminuta cintura).

Alonso: No será uno de los que acostumbras y tampoco saldremos de ahí hasta que cierren el lugar, pero pondré de mi parte para permanecer el mayor tiempo posible.

Camila: Lo dices como si fuera un sacrificio.

Alonso: Sabes que no es algo que me agrade, pero sé que tú disfrutas de ello y no quiero aburrirte.

Camila: Qué tontería, tú no me aburres.

Alonso: No, pero no es justo que tú dejes de hacer todo lo que te gusta solo porque a mí no, así que lo intentaré.

Camila: Nos la pasaremos increíble, ya verás. (Esa hermosa sonrisa siempre termina por contagiarme).

Alonso: Lo que quiero es verte feliz.

Camila: Tú me haces feliz, amor.

Uno nuestros labios en un cálido beso antes de regresar a la habitación.

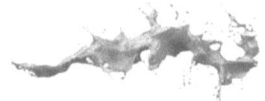

Camila: Esa es la canción, ¡es preciosa! De mis favoritas del mundo mundial.

Se separa de mi costado donde ha permanecido acurrucada toda la película, para sentarse en la cama y ponerse a cantar.

Tell me somethin' girl
Are you happy in this modern world?
Or do you need more?
Is there somethin' else you're searchin' for?

Dime algo chica
¿Eres feliz en este mundo moderno?
¿O necesitas más?
¿Hay algo más que estás buscando?

I'm falling
In all the good times I find myself longin' for change
And in the bad times I fear myself

Estoy cayendo
En todos los buenos tiempos me encuentro esperando el cambio
Y en los malos momentos me temo a mí mismo.

Tell me something boy
Aren't you tired tryin' to fill that void?
Or do you need more?
Ain't it hard keeping it so hardcore?

Dime algo chico
¿No estás cansado tratando de llenar ese vacío?
¿O necesitas más?
¿No es difícil mantenerlo tan duro?

I'm falling
In all the good times I find myself longing for change
And in the bad times I fear myself

Estoy cayendo
En todos los buenos tiempos me encuentro anhelando un cambio
Y en los malos momentos me temo a mí mismo.

I'm off the deep end
Watch as I dive in
I'll never meet the ground.
Crash through the surface
Where they can't hurt us
We're far from the shallow now.

Estoy fuera de las profundidades
Miro mientras me sumerjo
Nunca me encontraré con el suelo.
Atraviesa la superficie, donde no pueden lastimarnos
Estamos lejos de la profundidad ahora.

In the shallow, shallow
In the shallow, shallow
In the shallow, shallow
We're far from the shallow now

En la superficie, superficie
En la superficie, superficie
En la superficie, superficie
Estamos lejos de la profundidad ahora

Es ella la que es preciosa, pero lo admito, la canción suena bien, de hecho, muy bien.

Camila: ¿Te gustó?, se llama *Shallow*, Lady Gaga, Bradley Cooper se ven tan geniales al cantarla.

Alonso: Es muy buena.

Camila: Espera que escuches la del final de la peli.

Al terminar la película mi hermosa chica derrama lágrimas sin poder contenerlas, a pesar de no ser la primera vez que la ve, es un dulce sensible y rosa.

Alonso: ¡Hey! Es solo una película, bonita. (Comento al tiempo que interrumpo el recorrido de una perla transparente surcando su mejilla).

Camila: Lo sé, pero es que es tan triste, pudiendo ser felices, si nadie se hubiese entrometido ellos... (La voz se le quiebra seguida de un sollozo).

Alonso: Amor, no quiero verte llorar, mucho menos por una película, de haber sabido que terminarías así no la vemos, ven acá. (La atraigo con fuerza contra mi pecho).

Camila: Lo sé, soy una tonta, pero no puedo evitarlo.

Alonso: No eres tonta, eres la mujer más hermosa, noble y sensible que he conocido. (Levanto su rostro para llenarlo de pequeños besos, me giro para dejarla boca arriba y seguir con el camino de besos bajo su cuello y entre los senos hasta su abdomen, donde levanto la blusa para soplar con fuerza contra su ombligo, provocando que suelte una carcajada por las cosquillas que esto le provoca). Justo así es como me gusta verte.

Camila: Eres un tonto, ¡te quiero!

Alonso: Yo te quiero más, ahora... ¿qué era lo que seguía en el orden de la noche?

Camila: Mmmmm no estoy segura.

Alonso: Creo que seguía algo así.

Dejando de lado los besos juguetones, comienzo con las succiones a la blanca piel enrojeciéndola, su cuerpo reacciona ante mis caricias y suelta un jadeo cuando me deshago del *short* del pijama junto con la bella lencería que siempre cubre la perfecta desnudez de la ninfa que se ha encargado de endulzar mi vida.

Luna

Me armo de valor y tomo un taxi, al aproximarnos a casa de Damián le pido al chofer me espere lo más cerca posible, ya que solo iré a recoger mis pinturas. Camino con respiraciones profundas hacia su casa, entraré lo más rápido posible y saldré del lugar, seguramente está dormido, ni siquiera tendré que volverlo a ver... al menos eso espero.

El lugar está en completo silencio, subo las escaleras sin hacer ruido, al llegar a la primera planta la puerta de su habitación se encuentra cerrada, con ese estúpido letrero mal pintado en ella "No entres, no volverás a ser la misma", eso debió ponerlo en la puerta de la entrada de la casa.

El olor a alcohol y tabaco se acentúa al ascender al estudio, ¡por Dios! Me quedo sin aliento ante los escombros que ha dejado el huracán del artista. Colillas de cigarrillos arrojadas por todo el lugar, algunas botellas rotas, gotas de tintas ensuciando el piso, los carritos de trabajo tirados...

La puerta del baño se abre de golpe dejándome helada, aparece con algunos mechones de cabello sobre el rostro, el torso desnudo repleto de manchas de pintura al igual que los *jeans* y los pies desnudos. Se sujeta una mano, con gesto dolorido y desconcierto en las facciones ensombrecidas por la barba desaliñada de más días de lo habitual, ¡está hecho un desastre!

Damián: ¡Calíope! (Exclama dando un paso con dificultad hacia mí e instintivamente yo retrocedo). ¡Mierda!

Se lleva el dorso de la mano a la boca antes de regresar al baño azotando la puerta tras él. Las fuertes arcadas retumban en todo el estudio, me acerco a la puerta pero me detengo al poner la mano en el picaporte, no creo que le agrade tenerme a su lado mientras devuelve el estómago, parece haber parado, tose unas cuantas veces pero las arcadas reaparecen, esto debe ser producto de una tremenda borrachera, pero eso no aparta el hueco en mi estómago al oírlo tan mal. Finalmente se escucha correr el agua del lavamanos además de unas cuantas maldiciones.

Reaparece con el semblante pálido y los zafiros que generalmente irradian energía, en esta ocasión, se encuentran apagados.

Luna: ¿Te-te encuentras bien? (¡Qué pregunta!, claramente está hecho una piltrafa. Niega con la cabeza, extendiendo una mano temblorosa, doy un paso al frente permitiendo que los dedos toquen mi mejilla, su contacto no es el de siempre; cálido y con ternura, está helado, llevo mi mano a la suya pero apenas tocarlo se estremece cerrando los párpados con fuerza). ¡Por Dios, Damián! (Exclamo al contemplar su mano derecha con líneas rojizas cuarteando la piel en los nudillos amoratados, ¿qué demonios se hizo?, las manchas carmesí de su torso y mezclilla no son de tinta, pero antes de que pueda hablar se abalanza sobre mí, estrechándome con fuerza entre sus brazos, el torso que siempre me reconfortó con su calor ahora irradia frialdad, desasosiego y fatiga... permanecemos abrazados por varios segundos sin decir palabra, hasta que un lastimero gruñido me provoca apartarlo un poco). Necesitas recostarte. (Asiente levemente, intento guiarlo al puf pero me detiene).

Damián: Necesito una cama. (El tono de su voz es áspero y tiene los labios cuarteados por la clara deshidratación que el alcohol ha provocado en su sistema. Baja ayudándose del barandal conmigo al frente, giro el rostro para observarlo en un par de ocasiones pero mantiene la mirada gacha con los mechones dorados cayendo por su frente. Me detengo en la puerta de la habitación que había ocupado hasta hace unos días, el espejo está hecho añicos, las gotas carmín forman un camino desde el tocador hasta la cama, ahora es claro con qué se destrozó la mano. Su brazo rodea mis hombros y reacciono abrazándolo por la cintura, pareciera que ha perdido peso en estos cuantos días, avanzamos hasta llegar a la puerta de su habitación, dudo por un segundo en abrirla pero la visión de su mano lastimada colgando a un lado de mi rostro me recuerda lo mal que se encuentra.

Luna: Deberíamos ir a una clínica, un taxi me está esperando abajo.

Damián: ¿Un taxi?, no, solo-solo necesito descansar, analgésicos y líquidos. (Su habitación es amplia y oscura, tengo que encender la luz ya que las pesadas cortinas cubren cualquier rayo de sol que pudiera colarse por la ventana. Retiro las sábanas negras para que se acueste y me sorprendo al ver cómo se mueve al caer sobre ella, ¡es un colchón de agua!, suelta un jadeo de alivio sosteniéndose la mano).

Luna: Necesitas que te revisen esa mano, puede estar rota.

Damián: La cabeza es la que me va estallar. (Giro para retirarme y descubro la amplia pared frente a su cama en negro con pintura para pizarrón con algunos escritos de elegante caligrafía realizados con gis. Se estremece buscando con la mano sana y los párpados cerrados la sábana para cubrirse, le ayudo con eso y coloco la palma en su frente al verlo sudar frío. Al separarme de él susurra). No me dejes. (Suplica con un gemido, mi corazón desquebrajado tirita dolorido al verlo tan indefenso, no puedo responderle, la voz se me ha quedado atascada en la garganta con un nudo de sentimientos que no logro asimilar, por lo que abandono su habitación apagándole la luz antes de romper a llorar.

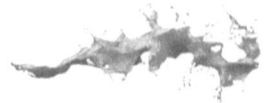

Damián

Suelto una lastimera queja ante la fuerte punzada en la sien, intento llevarme la mano a la frente pero un cálido contacto me lo impide.

Luna: No muevas el brazo o te lastimarás aún más. (Susurra a mi lado, ¿Luna? Está aquí, ¿regresó o solo es producto de mi maldito subconsciente mezclado con el néctar del agave?, me niego a separar los párpados para encontrar la nada burlándose de mi necesidad por ella, pero una nueva caricia acomodando mi cabello sobre la frente me anima a hacerlo. ¡Calíope!, intento levantar la mano pero un ardor me estremece, al bajar la mirada descubro las laceraciones provocadas por los cristales). ¿Te duele mucho? (Inquiere preocupada, ¡regresó!, ella me ayudó a llegar a la cama. Las hermosas facciones parecen irreales, iluminadas solo por la suave luz de la lámpara, inclinada sobre mí, no puedo evitar bajar la mirada al sutil escote que deja apreciar el nacimiento de los perfectos senos que he pasado horas contemplando). ¿Damián?

Damián: Me regalarías un analgésico, por favor.

Luna: Será mejor que comas algo antes.

Damián: No-no creo que mi estómago lo resista ahora.

Luna: Claro… te compré esta bebida con electrolitos, supongo que en algo ayudará. (Me ofrece una especie de suero que sabe a mil demonios pero aun así mi garganta lo agradece, junto con la pastilla para el dolor de cabeza).

Damián: Gracias… (Sus pupilas esquivan las mías, apenas puedo creer que se encuentre aquí).

Luna: Esa mano no se ve nada bien. (Añade con un temple que no comprendo, yo he estado volviéndome loco con las palabras cargadas de desprecio que escupió antes de abandonarme: *"¡Mentira!, eres una jodida mentira, Damián, una maldita fachada impenetrable de cartón, escarchado con diamantina barata de encanto cobarde, eres un brutal amante y un romántico sin alma, eres un poeta sin letras y un pintor sin corazón, ¡NO! No sé quién eres, y dudo mucho que tú tengas alguna idea"*).

Damián: ¿Cómo-cómo es que…?, (intento recordar si la llamé, si fue así, debí estar realmente perdido, lo último que recuerdo es estar pintando o intentando pintar en medio de los alaridos de la batería y la guitarra eléctrica, con un profundo dolor envolviéndome, solo tengo un flashazo de ella ayudándome a llegar a la cama). No importa, estás aquí.

Luna: De verdad, en cuanto puedas ve a que te revisen, si no te importa, tomaré mis pinturas del estudio, espero que tu mano sane sin problema. (El músculo en mi pecho enmudece).

Damián: ¿Cómo? ¿Te vas?

Luna: ¿Necesitas algo más? (Pregunta con tanta tranquilidad que me produce un escalofrío, ¡cómo carajos puede estar tan tranquila!).

Damián: A ti…

Luna: Por favor, Damián, ya ha quedado todo claro entre nosotros.

Damián: ¿Claro?, no-no tengo nada claro, tú te fuiste y… ¿Cómo-cómo es que estás aquí?

Luna: Regresé por mis pinturas, solo eso. (Sus pinturas, por supuesto, ¿qué esperaba?, sin mirarme abre la puerta para marcharse, para arrebatarme el aliento con su partida).

Damián: Luna, por favor… (Mi súplica no detiene su huida, necesito-necesito que me escuche, al intentar incorporarme un dolor agudo retumba en mis sienes provocándome un escalofrío acompañado de un leve mareo). ¡Demonios!

Luna

La pena embarga mi pecho al visualizar con detenimiento el Parnaso derrumbado, sin vida, sin alma, carente de la chispa y luz que el artista comprometido con su obra se niega a ver en sus manos.

Tres lienzos permanecen sobre los caballetes, esta ocasión no los destruyó o quizá las condiciones en que terminó no se lo permitieron. Recojo una botella rota que se encuentra en medio del lugar interponiéndose a mi paso, un manchón de sangre mezclado con pintura me hace adivinar que al menos cayó una ocasión, ¡por Dios, esa mano!, si está rota o tiene algún daño, no quiero imaginar la manera en que afectará a su trabajo.

El hueco en mi estómago aumenta por el temor de las imágenes que aparecerán en esos lienzos, pese a eso, no puedo resistirme a observarlos, me paro frente a ellos encontrando un largo escrito conformado por las tres pinturas.

Visité el inframundo varias veces,
Por lujuria abrasadora,
Por malsanas adicciones,
Por acribillar respiraciones,
Por desprecios lacerantes.

He permanecido en penumbras,
Entre opacos despertares,
He despedazado sueños,
Ante tristes realidades.

Abrazando la agonía llameante,
He reído en el vacío,
La nada me ha abducido y he llorado en el camino.

Permíteme consolidarte en arte, rogué ante el olimpo,
La más bella de las musas, me ofreció el sacrificio.

Bailé por primera vez con el corazón en los sentidos,
Al lienzo le nacieron alas y la divinidad derribó el mito.

Deslumbrado por tu belleza,
Tracé a ciegas tu silueta,

Humildes pincelazos derrumbaron las fronteras.

Las murallas de telarañas, sucumbieron con tu luz.
La doncella germinó vida,
La musa la inspiración,
La mujer desató al amante,
Y mi aliento renació.

No merecía tanta bondad, bendecido nunca he sido,
En mi pecho palpitaron colores,
Sin merecer aquel alivio.

El inframundo me reclama,
Tu abandono me ha hundido,
Arráncame las tintas, abandóname al vacío,
Mi alma está en penumbra, en tus manos mi destino.

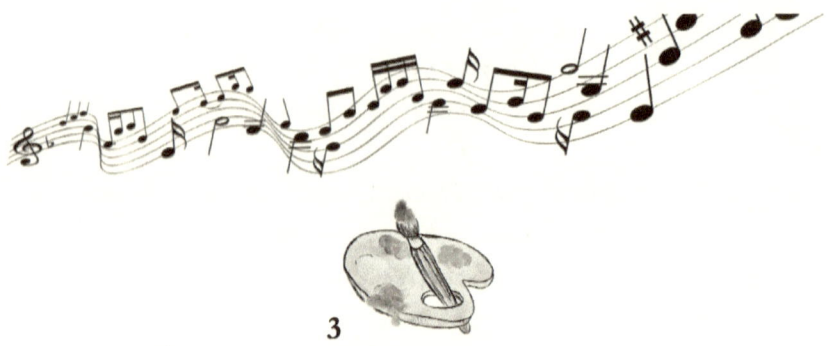

3

"El pintor tiene al Universo en su mente y en sus manos."
Leonardo da Vinci

Luna

Las lágrimas que brotan sin control me dificultan releer el poema que describe los sentimientos de mi artista, ¡esto es lo que estuvo haciendo los últimos días!, casi puedo verlo perdido en sus pensamientos, tintas oscuras y *rock* deprimente, embruteciendo los sentidos con alcohol, pudriéndose los pulmones con tabaco y deseando enmudecer los sentimientos ¿¡sentimientos!? ¿Cuáles sentimientos?

Al escuchar sus pasos me giro para ocultar las lágrimas.

Damián

¿Qué carajo…? ¡Las pinturas! ¡Mierda! Están intactas, ¿cómo demonios es que siguen sobre los caballetes?

A pesar de darme la espalda no puede ocultar los sollozos, no dudo en abrazarla, en consolarla a pesar del temor a su rechazo, me sorprende que no se aleje, hunde el rostro en mi pecho al tiempo que acaricio sus ondas caoba. Las imágenes frente a mí aclaman mi mirada y al ceder a su petición, descubro mi tormento plasmado en palabras, recorro las letras con flashazos de su creación invadiendo mi memoria.

Luna: ¿Quién eres, Damián, quién demonios eres? (Inquiere conteniendo los sollozos).

Damián: ¡Mírame! (Levanto el delicado rostro tomándola por la mejilla). Tú lo sabes, ni el mejor de los actores lograría simular tal admiración, yo pinto, vivo para y por el arte, no finjo, no sé cómo. (Las ventanas de su alma me observan debatiéndose entre seguir la razón o confiar en las palpitaciones de sus sentimientos). Soy un maldito desastre, el peor de los distraídos, vivo en mi conflictivo y maravilloso mundo, tengo vicios y manías, nunca me voy a la cama sin estar realmente exhausto porque Morfeo y yo nos detestamos, leo poesía ridícula, me burlo de ella pero no puedo dejar de leerla y… escribo, escribo esperando que nadie me lea, soy una maldito estafador vendiendo pinturas por miles de dólares sabiendo que son una mierda, soy adicto a las tintas y las pasiones carnales, soy un jodido caos, pero-pero soy un neófito de las vulgares apariencias, no tengo idea de cómo fingir lo que no siento.

Luna: ¿Y qué es lo que sientes?

Damián: Un cosquilleo cálido en el pecho cada vez que tu nombre retumba en mi mente desalojando cualquier pensamiento, respeto por tu tenacidad, necesidad por contemplarte, por trazarte, por tocarte, por penetrar tu alma, tu cuerpo y plasmarlo en el lienzo, por acariciarte con versos…

Las cataratas de sus mejillas se han detenido, la luz cálida en su mirada atrae a mis labios marchitos y me dejo guiar hasta los suyos, la sutil caricia borra la pena, la escalofriante angustia de los últimos días.

Luna

Permanezco unos instantes sumergida en el zafiro empañado por las profundas sombras bajo sus ojos, me observa con admiración regando con vida mis casi marchitas ilusiones.

Damián: Dime que te quedarás, Calíope.

Luna: Con una condición.

Damián: Te colmaré de placer hasta que supliques que me ponga a pintar. (Comenta con esa picardía que mi alma ya necesitaba escuchar).

Luna: ¡Tonto!, no es eso, tenemos que ir a que te revisen esa mano. (Suelta un suspiro resignado).

Damián: Creo que puedo complacerte en eso.

Observa su mano con un deje de preocupación alternando el movimiento delicado de los dedos.

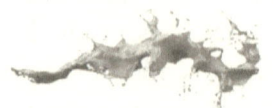

Damián

La tengo justo donde la quería, tras el lienzo, con las facciones divinamente esculpidas por la diosa Afrodita, con *Farewell* de Apocalyptica amenizando el ambiente y la maldita mano no deja de punzar provocando un ligero temblor que no hace más que producir una verdadera aberración en cada trazo ¡con un demonio!

Luna

Suelta un gruñido exasperado al tiempo que el pincel termina estampado en el suelo, caminando de un extremo al otro del estudio como animal enjaulado, solo han pasado tres días desde que regresé y es el tercer bastidor en que lo intenta, el par anterior se encuentran en el suelo con muy mala pinta, sus trazos no son lo que acostumbra, la mano aún no le ha sanado, pero es la persona más necia que conozco y mira que Alonso puede ser tremendamente testarudo.

Cubro mi desnudez con su camisa, no tiene caso seguir con esto, si continúo posando para él solo provocaré que siga lastimándose y destruyendo todo a su paso.

Damián: ¿Qué crees que haces?

Luna: Me voy, estás volviéndote loco y no pretendo ver cómo destruyes el lugar en el proceso.

Bajo las escaleras sin prestar atención a los improperios de impotencia que suelta, los últimos tres días fue todo un dulce, no ha existido un artista más romántico que el que me presentaron en ese tiempo, pero el que está en el estudio me está contagiando con su locura.

Damián: ¡No puedes irte! ¿¡Sabes cuántos días he pasado sin pintar!?

Luna: Sí, ¡tres!, no es para que te estés volviendo loco.

Damián: Nooo, sin pintar de verdad, ¡más de una semana!

Luna: Tengo tres cuadros que demuestran lo contrario.

Damián: Esos no formarán parte de la colección, deberían estar destruidos, hablan de un pésimo trabajo, los trazos son sucios, los tonos no están definidos, están asquerosamente difuminados, tienen manchas de sangre, ¡¡¡carajo!!! Hasta las letras están chuecas, si me dejaras los haría como te mereces.

Luna: Para mí son perfectos y no voy a discutir eso de nuevo. (Ya hablamos suficiente al respecto).

Damián: ¡Bien, quédatelos! (Responde exasperado levantando la vista y las manos). Pero no puedes irte, necesito-necesito pintarte, necesito crear. (Añade pegando la frente al marco de la puerta, está agotado, estresadamente agotado).

Luna: Lo que necesitas es descansar. (Comento en un susurro acercándome a él, su mano sana me atrae desde la cintura para pegarme a su cuerpo).

Damián: Me he estado ahogando, yo respiro a través del lienzo.

Luna: Lo sé, te entiendo, en verdad te entiendo, pero necesitas descansar, tomarte unos días para que tu mano sane y tus trazos regresen a ser lo que quieres.

Damián: ¿Y si no regresan? (Confiesa su temor en un murmullo ocultando el rostro en mi cuello; mi artista, tan loco, tan niño... Acaricio los hilos dorados intentando reconfortar sus temores).

Luna: Lo harán, el médico dijo que solo era cuestión de tiempo, te prometo que regresarán.

Damián: ¿Y qué demonios hago mientras tanto? Espera, se me ocurre que podríamos hacer otro tipo de obras de arte. (Percibo su virilidad contra mi vientre).

Luna: Podrías leerme uno de esos poemas cursis que acostumbras.

Damián: ¿Poemas?, no seas aburrida. (Pego mis manos en señal de súplica con los ojos como los del gato de *Shrek*). Está a punto de bajarte.

Luna: Eso-eso qué tiene que ver y ¿cómo demonios lo sabes?

Damián: He admirado tu cuerpo por meses, te conozco, estás inflamada, no permaneces quieta por mucho tiempo, estás incómoda, sin mencionar que ahora quieres que te lea poemas ridículos, nunca debí mencionar eso.

Luna: Pue sí, está a punto de bajarme y de lo que menos tengo ganas es ver cómo continúas lastimándote mientras yo me obligo a permanecer inmóvil sin lograrlo, y como no puedes borrar lo que dijiste me leerás los ridículos poemas.

Damián: ¿Desde cuándo te volviste tan mandona?

Luna: Desde que tú te volviste un niño malcriado.

Damián: Podrías amamantarme. (Regresa su picardía)

Luna: ¡Damián! (Arremeto fingiendo seriedad, pero definitivamente prefiero verlo juguetón a estresado).

Damián: De acuerdo, tú ganas, anda, en mi habitación están los libros.

Nos acurrucamos en la cama, solo él tendría un colchón de agua, se mueve un montón, no sé cómo concilia el sueño en esto. Aún me sorprende estar ocupando este espacio que con tanto celo resguardaba para él.

Luna: ¿Ya me dirás por qué no te gusta dormir conmigo?

Damián: Te lo respondí en su momento, prefiero hacer cosas más interesantes a tu lado. (Le dedico una mirada de "eso ni tú te lo crees" que parece surtir efecto). No es que no me guste dormir contigo, no me gusta dormir con nadie o mejor dicho, no creo que para nadie sea placentero dormir conmigo, en realidad lo hago por ti, no por mí, Calíope.

Luna: ¿Podrías ser un poco más específico?

Damián:

Quisiera estar junto a ti,
Para decir sobre tu oído: te quiero,
Te quiero, te quiero, te quiero,
Te quiero, y repetirlo constantemente,
Infinitamente,
Hasta que te cansaras tú de oírlo

Pero no yo de pronunciarlo.
¿Cómo marcártelo en un brazo?
¿Cómo sellártelo en la frente?
¿Cómo grabártelo en el corazón?

Escúchalo otra vez: te quiero.
Y déjame soñar contigo
Indefinidamente... ¡Si supieras
Cómo ya eres mía hasta mi muerte!

Te esperaré mañana.
Siempre te estaré esperando...

Jaime Sabines
Cartas a Chepita

Luna: Es precioso...
Damián: ¡Es cursi!
Luna: ¿Ya me dirás?
Damián: ¿Y dices que el necio soy yo?
Luna: Pregunto porque me gustaría despertar contigo a mi lado...
Damián: A mí también pero... de acuerdo, te lo diré, ya tú eliges si quieres pasar tu sueño a mi lado, si decides no hacerlo lo entenderé, en verdad, puedes decir que no sin ningún problema.
Luna: Oh vamos, Damián, dilo ya.
Suelta un suspiro resignado antes de empezar a hablar...

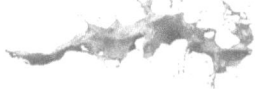

Alonso

Me encuentro reunido con Leonardo en su despacho pero el timbre de su celular interrumpe nuestra conversación.

*Leonardo: Por supuesto, Helen, la próxima semana nos vemos en Houston sin falta...

El tono áspero de su voz cambia en cuanto responde el teléfono, sobrepasando la cordialidad que le caracteriza, supongo que las atenciones con las damas no disminuyen con el paso de los años, sino todo lo contrario, me pregunto si es consciente de ello y si yo sueno igual de ridículo cuando hablo con Camila. Se levanta del sofá para perderse tras el muro que cubre parte de su cantina, pero ya que hemos terminado los asuntos de negocios, le hago una seña despidiéndome, permitiendo que atienda su llamada sin premura.

La asistente de Camila oculta el libro que está leyendo al percatarse de mi presencia varios segundos después de estar parado frente a ella.

Verónica: Eh-eh ya lo anuncio, licenciado. (Dice nerviosa mientras toma el teléfono).

Alonso: Si fuera una revista de chismes me molestaría, no tengo problema con la lectura, pero no da buena imagen que una de nuestras asistentes se encuentre a media lectura en horas laborales, confórmate con los libros electrónicos. (Asiente ruborizada. En cuanto tengo en mis manos la delicada piel de la ninfa prohibida el ardor de nuestra pasión parece consumirnos, pero logro detenerla antes de que me arranque la corbata). Espera, bonita, estamos en la oficina.

Camila: ¡Oh vamos! ¿Me vas a decir que no se te ha ocurrido hacerlo justo encima del escritorio? (Comenta seductora, provocando una punzada en la dureza bajo mis pantalones).

Alonso: ¿Que si lo he pensado? He tenido sueños húmedos con eso. (Respondo al tiempo que la giro inclinándola sobre el escritorio mientras la sostengo con fuerza por las caderas pegándola a mi cuerpo, suelta un jadeo que es tan placentero como tortuoso, pero no puedo, más me vale no jugar con fuego o sufriré dolor de pelotas las siguientes horas, por lo que me separo acomodándome los pantalones). No podemos, nena.

Camila: No vas a dejarme así.

Alonso: Créeme, no puedes desearme más que yo, pero no puedo (observo mi reloj de pulsera), tengo una videoconferencia en menos de cinco minutos con unos japoneses.

Camila: ¿Ahorita? Son las seis de la tarde.

Alonso: Son catorce horas de diferencia, bonita, pero ya tengo todo listo, en cuanto termine con eso nos vamos al apartamento, toma. (Le entrego la llave), si ya acabaste puedes esperarme allá.

Camila: Compré un conjunto nuevo de lencería. (¡Mierda! El último par de fines de semana me ha estado sorprendiendo con lencería insoportablemente *sexy*).

Alonso: No hagas eso, Cam, o será imposible ocultar esto (dirijo una mirada a mi entrepierna) de camino a la oficina.

Le doy un rápido beso en los labios antes de salir huyendo cual cobarde ante un duelo. No puedo hacer esperar a los japoneses.

Camila

¿En qué se basa para asegurar que él me desea más que yo?, que a él se le note no significa que mis ganas sean menores.

Recojo mis cosas para irme a su apartamento y esperarlo con el nuevo conjunto rosa de encaje, me va a durar puesto menos de medio minuto, pero la pasión que desbordan sus pupilas al verme, valen el tiempo invertido en comprarlo.

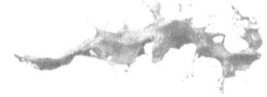

Despego los párpados al percibir las caricias de sus grandes manos sobre la espalda.

Alonso: Adoro la suavidad de tu piel, me he obligado a reprimir las ganas de despertarte, disfruto verte dormir tanto como verte sonreír, bonita. (¡Ay tan lindo!, reparto besos por su torso hasta llegar a sus labios, dándole los buenos días con un tierno beso).

Camila: Creo que las sesiones de *spa* con mamá han surtido efecto.

Alonso: Tonterías, tu piel es la misma con o sin tratamientos, es tu interior el que resalta tu belleza. (Mi alma se impregna con la calidez que expresa su mirada).

Camila: En ocasiones eres muy romántico.

Alonso: Mentira, sé que te gustan todas esas cursilerías que a mí no se me dan, pero intento recompensándotelo consintiéndote mucho.

Camila: Y a mí me encanta que me consientas, ¿tienes mucho tiempo despierto?

Alonso: No, en realidad hoy se me pegaron las sábanas ¿qué se te antoja desayunar? O ¿cuál es el plan del día?

Camila: Necesitamos ir a una librería, Verito cumple años y quiero comprarle alguna novela.

Alonso: Bien, entonces nos bañamos, desayunamos fuera y vamos a buscar algo para tu amiga, solo que no la ponga a llorar, no se ve bien que tu asistente esté con los ojos rojos en medio de la oficina.

Camila: Pobre, ya se lo he dicho, pero es una masoquista, le encanta sufrir, adora las historias dramáticas.

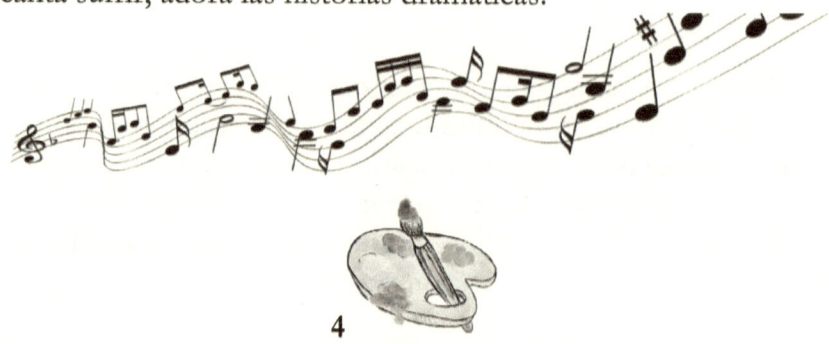

4

"Cuando las palabras fallan, la música habla"
Hans Christian Andersen

Damián

Recostado sobre la cama, la observo salir del cuarto de baño envuelta solo en una esponjosa toalla color lila, pretende entrar a su habitación para vestirse, pero le hago una seña con el dedo para que regrese a mi habitación, ¡mi habitación!, he sido la feliz víctima del encanto, hechizo y lujuria de cientos de cuerpos, pero ninguno me había cautivado... o apendejado tanto para dejarla entrar a mis aposentos, Calíope en cambio tiene magia y pasión en el alma, no solo en la piel.

Han pasado cuatro meses en los que le hemos dicho adiós a un año lleno de luz, completamente diferente a los anteriores gracias a mi Calíope, aunque a ella la Navidad y Año Nuevo le han llenado los ojos de nostalgia, pero he logrado aminorarla con mis estupideces y caricias. Recuperé la movilidad de mi mano con éxito y no he parado de crear, he pintado lo que generalmente hago en el doble de tiempo, el arte corre por sus venas, por su piel, entre sus piernas...

Damián: Hoy comenzaremos una pintura nueva.

Luna: Eso me imaginé, ¿quieres que me seque el cabello o peine de alguna forma en especial?

Damián: No, (me recargo en la cabecera de la cama, cubriendo mi hombría endurecida bajo la sábana). Quiero que vengas aquí, (doy un par de toques sobre el colchón entre mis piernas, la hermosa musa sonríe coqueta descubriendo su divinidad. Sin ningún pudor deja caer la toalla enardeciendo la pasión que pretendo controlar ¡demonios!, el control no es una de mis cualidades, esta no será una tarea fácil. Gatea hacia mí provocando el movimiento del colchón, esquivo sus labios rozando su mejilla con la nariz, girándola con delicadeza desde los hombros para sentarla entre mis piernas con la espalda pegada a mi pecho). Cierra los ojos y no te muevas. (Susurro en su oído, pretende discutir pero coloco un dedo sobre sus labios, por lo que termina obedeciendo con una sonrisa. Me levanto de la cama para buscar en mi clóset algo que pueda servirme, tomo un *foulard* de seda perfecto. Me arrodillo frente a ella recordándole que no abra los ojos para cubrir sus párpados con la seda).

Luna: ¿Vas amarrarme?

Damián: ¡Por todos los dioses del Olimpo!, eres una depravada, no pongas más ideas en mi cabeza o no saldremos de esta habitación.

Luna: ¿A qué pretendes jugar entonces?

Damián: No es un juego, Calíope, haremos arte en toda la extensión de la palabra. (Me aparto de su lado para tomar el espejo de cuerpo completo que generalmente permanece en una esquina de la habitación y colocarlo justo frente a ella, ¡demonios! Una vibración recorre mi espina dorsal endureciendo mis pelotas, ¡es preciosa! Con los ojos cubiertos, abrazándose las rodillas, cubriendo con ese gesto pudoroso los perfectos senos y el centro de mis deseos, suspiro percibiendo ese nerviosismo en la antesala del placer).

Luna: ¿Qué haces?

Pregunta al sentirme regresar a mi lugar tras de ella, acaricio sus hombros repartiendo pequeños besos en su nuca y cuello, sin apartar la vista del espejo, admirando cada gesto, cada facción alimentando mi deseo... deslizo las manos por sus brazos invitándola a soltar sus rodillas, extiende las piernas cuando arquea la espalda al recorrerla con mis uñas, provocando que las puntas al descubierto se endurezcan. Mis manos peregrinan por su cintura subiendo hasta acunar los tersos senos, sus labios se separan exhalando el cálido aliento con un ligero sonido gutural que me eriza la piel.

Deslizo las palmas por su vientre hasta los muslos para separar con delicadeza las divinas puertas del paraíso, me obligo a contener un jadeo ante su imagen: dispuesta, entregada, deseosa...

Recorro el interior de sus muslos hasta el centro, apenas rozo los delicados pliegues se muerde el labio inferior y sus caderas se pegan a las mías provocando un temblor en mi virilidad ¡mierda! Recorro su hombro con los dientes desatando sus jadeos, las delicadas caricias se van a la mierda e instintivamente pellizco las puntas rosadas, mi musa se retuerce entre mis manos, con las facciones contraídas intenta cerrar las piernas pero lo evito con las mías obligándola a permanecer con el glorioso sexo expuesto y necesitado de mis atenciones. ¡Es maravillosa!

Succiono y mordisqueo su cuello al tiempo que mis palmas se arrastran dejando marcas por su piel, mi nombre es expulsado por sus labios entre jadeos suplicantes, involuntariamente mis caderas se pegan al suculento trasero ansiando desesperadamente su contacto; sin querer alargar su agonía llevo una mano a su centro, recorriendo los aterciopelados pliegues con sutiles roces, sus movimientos se vuelven exigentes al esparcir su humedad con un par de dedos hasta el nudo de terminaciones nerviosas alterado por mis caricias. Presiono en pequeños círculos acrecentando su necesidad, sus manos se aferran a mis bíceps y obligo a sus piernas a mantenerse abiertas a pesar de la fuerza que ejercen por cerrarse.

Mi musa se contorsiona en una espiral ascendente de sensaciones, mis pelotas endurecidas envían choques eléctricos a través de las venas hasta la punta de mi hombría, torturándome placentera y desesperadamente.

Sus movimientos impetuosos, los sonidos extasiados, las facciones delirantes, el brillo de la humedad invitándome a poseerla, la divinidad de Afrodita hecha mujer reflejada en el espejo, seduciéndome, hipnotizando mis sentidos convirtiéndome en un adicto a su imagen y placer. Retraigo las caderas para evitar los roces temiendo derramarme sin control.

Detengo mis caricias entre sus muslos para estrujar sus senos suspendiendo la carrera al éxtasis, protesta con un fuerte gemido que resuena en mis pelotas, sus palmas que retorcían las sábanas a nuestros costados se aferran a mis antebrazos y sus muslos luchan por cerrarse.

Luna: ¡Damián! (Mi nombre es un lastimero y exigente jadeo entre sus labios).

Damián: Un poco más, quiero contemplarte un poco más…

Doy un ligero azote con los dedos a su centro, ganándome un gemido en respuesta, repito el sutil castigo en varias ocasiones provocando que el anhelo brote incontenido entre movimientos y sonidos de la musa, de la mujer, de la hembra, hasta que una de sus manos presiona mi palma contra la hinchada carne, empujando dos de mis dedos a su interior, me resisto a invadirla sin perder detalle de sus facciones anhelantes con un deje de impotencia.

Luna: Damián, ¡hazlo! ¡Por favor…!

¡Mierda! En este momento podría pedirme que saltara por la ventana y como un imbécil obedecería. Penetro su carne con ímpetu enmudeciendo con mis labios el alarido que este le provoca, sosteniendo su cadera con fuerza intentando controlar sus movimientos, pegándola a la sensible carne de mi mástil enrojecido por la desesperación de perderse en su interior.

El significado de la lujuria, la pasión, la necesidad, sensualidad y lascivia ha sido opacado ante las exorbitantes sensaciones que me provoca, mi musa reescribe cualquier carnal concepto insulso glorificándolo.

Presiono la palma contra su sexo con ligeros movimientos al tiempo que mis dedos estimulan su interior empujándola al ansiado orgasmo, el gesto de mi musa es desesperado, tan fuerte como sus piernas combatiendo por liberarse de las mías, el aire parece no ser suficiente para alimentar sus pulmones y sus músculos se marcan al tensarse. Desato la seda de sus ojos, la sorpresa en su mirada al contemplarse no es tan grande como su necesidad y con las pupilas clavadas en su imagen continúa retorciéndose presionando mi mano en su centro hasta deshacerse entre mis brazos entre maravillosas convulsiones y alaridos…

Me obligo a permanecer inmóvil, sin perder detalle de su reflejo, percibiendo la humedad del manantial entre sus piernas llenándome las pupilas y fosas nasales con su éxtasis.

Damián: ¡Eres divina, Calíope! Y ¡mierda!, necesito poseerte. (Gruño contra su oído al tiempo que mis manos viajan por toda su piel).

Luna: Apuesto a que puedes esperar un poco más. (Añade provocándome, con una sonrisa triunfante).

Damián: No juegues con mi cordura, Calíope.

Luna: ¿Tienes la cordura entre las piernas?

Damián: La tengo colgando justo entre las pelotas. (Sin poder contenerme por más tiempo, la coloco en cuatro sobre sus rodillas, las pupilas le brillan de deseo y apoderándome con fuerza de su cadera me hundo por completo de una sola estocada entre la piel húmeda y apretada, desencadenando un rugido que vibra desde mis entrañas). ¡Esto será rápido! ¡Endemoniadamente rápido!

Sus puños estrujan las sábanas preparándose para los furiosos embistes que libero, el estruendo de nuestra carne chocando resuena en las paredes mezclándose con sus jadeos y mis gruñidos, capturo su cabello con una mano antes de romperme entre delirantes espasmos con cada disparo agónico en su interior.

Luna: Nunca deja de sorprenderme tu ingenio. (Comenta mientras acaricio con la lengua uno de sus pezones provocando sus ronroneos).

Damián: Si lo dices por el espejo, no es ingenio, es necesidad artística y… un poco de lujuria.

Luna: ¿Necesidad artística? (Pregunta confundida).

Damián: Necesitaba contemplarte en toda tu maravillosa gloria para intentar plasmarte así, extasiada, desesperada, hambrienta.

Luna: ¿Pretendes pintarme así?

Damián: Por supuesto, no sabes lo que daría por congelar tu imagen y ni se te ocurra mencionar las fotos, ya sabes que si la musa no respira no transmite, pero siempre podemos repetir la experiencia, una y otra y otra vez.

Luna: No crees que es demasiado… ¿expuesta?

Damián: ¿Regresó tu mojigatería?

Luna: No pero-pero ¿cuál es tu idea exactamente?

Damián: Plasmarte rozando las mieles del pecaminoso orgasmo.

Luna: ¿Con tu mano entre mis piernas?

Damián: ¿Qué tendría de malo?, incluso las pequeñas cicatrices en mis nudillos son un buen toque, ¿no te parece?

Luna: No-no sé si quiero que el mundo me vea así, es demasiado íntimo.

Damián: Mi joven Luna creciente, no es solo íntimo, ¡es magnífico! Será una pintura grande, pero calculo que la terminaré sin problema antes de nuestro viaje a Monterrey para asistir a la exposición de mi actual colección, es en un mes.

Luna: ¿Iremos a Monterrey?

Damián: Estaremos allá solo unos tres, máximo cuatro días, quiero presentarte a alguien y sirve que podrás visitar a tu familia. (Leo en su mirada el montón de preguntas que desea hacerme pero antes de que empiece a bombardearme con ellas, la levanto de la cama). Al Parnaso, Calíope, se acabó la charla…

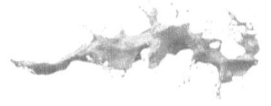

Alonso

Los cierres de año siempre son extenuantes, las últimas semanas han sido muy desgastantes, anteriormente en estas fechas, una vez pasadas las festividades me encontraba más relajado, pero este año es todo lo contrario.

Me encuentro sumergido entre documentos al terminar una videoconferencia con unos ejecutivos alemanes cuando la puerta de mi oficina se abre intempestivamente ¡qué demonios!, suelto la pluma exasperado adivinando de antemano quién es.

Alonso: No te preocupes, Nancy, yo me encargo. (Tranquilizo a mi asistente que se encuentra justo en la entrada de mi oficina con gesto apenado al tiempo que Camila se acerca a mi escritorio. Nancy cierra la puerta brindándonos privacidad y agrego levantándome de la silla). No tengo idea de qué demonios pasó pero… (Me interrumpe mostrando la pantalla de su celular).

Camila: ¿Ya viste el video que anda rondando en redes sociales? (¿Video? ¿¿Redes sociales??).

Alonso: Obviamente ¡no!, pero sea lo que sea, yo no fui. (Me relajo al ver que no está enfadada).

Camila: Te dejaría sin descendencia si fueras tú.

Alonso: Bonita, sabes que no tengo tiempo para perderlo en tonterías.

Camila: Ya lo sé. (Asegura poniendo los ojos en blanco), pero este video es de Emilio Sada, tu amigo. (¿Emilio? Rodeo el escritorio tomando su celular para darle *play* a la grabación. Aparece cogiendo con una conocida actriz en posición de perrito ¡mierda! Incluso gira para sonreír a la cámara mientras la chica gimotea por sus embistes).

Alonso: ¿De dónde carajos sacaste esto?

Camila: Me lo mandó una conocida por WhatsApp, pero ya está circulando en redes sociales, claro que ahí le difuminaron con cuadritos los senos y el… a tu amigo.

Alonso: ¡Emilio está pendejo!, ¿cómo demonios se le ocurre grabarse?

Camila: Lamento haber entrado así.

Alonso: Cam, ya sabes que me molesta.

Camila: Lo sé, lo siento. (Se disculpa con esa dulce mirada que me convierte en un perfecto imbécil).

Alonso: Bueno, al menos esta vez no querías arrancarme las pelotas, señorita Zambrano. (La abrazo por la cintura hundiendo la nariz en su cuello para alimentarme de su aroma).

Camila: ¡Tonto!, ¿tu amigo no tiene novia?

Alonso: No, ningún compromiso.

Camila: Entonces, ¿no le afectará el escándalo?

Alonso: A cualquier otro quizá un poco, pero a Emilio seguramente le valdrá madre, la seriedad no es una de sus características, todo mundo sabe que se la vive en fiestas, pero su trabajo y apellido respaldan su seriedad en los negocios, dudo que tenga algún problema.

Camila: En cambio a la chica seguramente se la comerán viva, esta sociedad sigue siendo muy machista.

Alonso: Mmmm no voy a negártelo, pero ese tipo de escándalos ya no son tan grandes como hace algunos años, *Roma no se hizo en un día*, bonita, además es actriz, vive de su imagen y aquí no se ve nada mal.

Camila: ¿Pretendes ponerme celosa? (Inquiere levantando una ceja desafiante).

Alonso: Imposible que Andrea Bocelli sienta celos de Maluma.

Camila: Maluma es guapo. (Suelta para provocarme).

Alonso: Ni siquiera argumentaré algo al respecto.

Camila: Bueno, ¿comemos juntos?

Alonso: No puedo, comida de negocios.

Camila: ¿Cena?

Alonso: Tengo mucho trabajo, amor, no tengo idea a qué hora saldré de aquí.

Camila: Trabajas demasiado, necesitas… (La interrumpo invadiendo su boca con mi lengua hasta robarle el aliento). No creas que no me doy cuenta de lo que hiciste.

Alonso: Lo sé, y agradezco que te preocupes, bonita, pero no tengo opción, al menos no por el momento.

Camila: Son demasiadas horas, cada día trabajas más.

Alonso: Significa que la empresa continúa creciendo, además, es trabajo.

Camila: Lo dices como si no hubiera otra cosa más importante.

Alonso: No ando en bares, ni fiestas, ni con amigos, ni con viejas o perdiendo el tiempo en estupideces, mi tiempo es solo para esta empresa y para ti.

Camila: Precisamente, no tienes tiempo para descansar, el miércoles pasado ni siquiera fuiste a jugar cartas y golpear a tus amigos cavernícolas, tu migraña aparece junto con la junta mensual, estás tenso en todo momento, ¿cuánto tiempo crees soportar este ritmo? (Suelto un suspiro, entiendo que se preocupe, pero no tengo opción ¡carajo!).

Alonso: Cam, ya hemos hablado de esto, por favor.

Camila: No te estoy pidiendo tiempo para mí, ahora sé y entiendo la gran responsabilidad que tienes sobre tus hombros.

Alonso: ¿En serio? Tengo en mis manos millones de dólares que no son míos, el empleo de miles de personas depende de que yo tome una mala decisión, bonita, necesito estar concentrado en este contrato. (Asiente sin decir más, dándome un rápido beso en los labios antes de alejarse con gesto inconforme). Este miércoles asistiré al póker con Emilio.

Camila: ¿Sabes?, te pareces mucho a mi papá, me parece escuchar esas mismas palabras en él cuando era niña, la diferencia es que al menos él sí cuidaba de sus millones.

Sale de mi oficina dejándome una sensación de vacío en el pecho, sé que tiene parte de razón, pero no puedo relajarme ahora, quizá más adelante tenga un poco de tiempo libre.

Mi celular vibra, pretendo ignorarlo pero es el nombre de Emilio el que brilla en la pantalla.

*Emilio: ¿Por qué tú, el único al que llamo amigo no me ha llamado para felicitarme por ser el actor porno más famoso en redes sociales del momento?

*Alonso: ¡Eres un imbécil!, ¿a quién mierda se le ocurre grabarse?

*Emilio: A ella, supongo que quería publicidad con un enorme macho y seguro que le funcionó, lo malo es que los medios ahora no paran de tocar a mi puerta.

*Alonso: Me lo imagino y ahora… ¿qué harás?

*Emilio: Pagar a sus jefes para que den la orden de que me dejen en paz, si las mujeres de por sí estaban tras de mí, después de ver todo lo que tengo para ofrecer no me dejarán de acosar.

*Alonso: Solo a ti te puede valer madre un escándalo de este tipo.

*Emilio: No puedo hacer nada al respecto, ¿vendrás el miércoles? ¿O me dejarás plantado? Tengo un par de cosas que platicarte.

*Alonso: Idiota, sí, haré todo lo posible.

Un par de toques a la puerta me sorprenden, observo la hora en la pantalla frente a mí, son las nueve de la noche, Nancy se retiró hace horas, por lo que supongo es Camila, así que la invito a pasar. No me equivoqué, aparece con una bolsa de mi sushi favorito.

Camila: Supongo que no has cenado y podrás tomarte al menos diez minutos para hacerlo.

Alonso: Por supuesto. (Me levanto frotándome la nuca). Aunque tengo antojo de algo más. (Agrego con voz áspera sin disimular mi deseo).

Camila: ¿Ah sí? (Inquiere fingiendo no entender a qué me refiero, al tiempo que deja la bolsa de comida sobre la mesa frente al sofá. La giro desde la cadera para darle un azote en el trasero provocándole un respingo al tiempo que la inclino sobre el mueble).

Alonso: Esa fue por haber irrumpido en mi oficina, señorita Zambrano.

Camila: Creo que tendré que irrumpir más seguido.

Una vez saciada nuestra pasión y darnos una rápida ducha, cenamos sobre los cojines en la alfombra.

Camila: No quiero fastidiarte con mis peticiones para que dejes de trabajar tantas horas, no solo tú sonaste como mi padre, las quejas de mi madre hartaban a papá, así que me abstendré de ello, sé lo responsable y dedicado que eres, es solo que me preocupas.

Alonso: No me fastidias, bonita, y agradezco el que te preocupes, ahora estoy con muchas cosas al mismo tiempo, pero te aseguro que el ritmo bajará, solo dame tiempo, ¿quieres? (Asiente dándome un suave beso en tono de comprensión o resignación). ¿Permaneciste todo este tiempo aquí en la oficina?

Camila: No, mamá insistió en que la acompañara a una reunión en la tarde.

Alonso: Mmmm ¿reunión? ¿Con sus amigas?, creí que no eran de tu agrado ese tipo de eventos.

Camila: No lo son, pero mamá insistió en que fuera con ella, y no estuvo tan mal.

Alonso: ¿En serio? (Inquiero incrédulo).

Camila: La señora Margarita es presidenta de una asociación benéfica para animalitos sin hogar y pertenece a un par más de asociaciones. No todas sus amigas son superficiales. (Me abstengo de cualquier comentario, llevándome un rollito de sushi a la boca). Estoy intentando que nuestra relación mejore y creo que voy por buen camino, ¿no te gusta la idea? (Supongo que mi semblante refleja mi descontento).

Alonso: No es eso, bonita, es tu madre, lo que no me agrada es que en ese afán por complacerla, termines cediendo a cosas que no te agradan.

Camila: Eso no pasará, la conversación con la señora Margarita fue interesante y quizá si mamá y yo continuamos con una buena relación, el día que se entere de lo nuestro, no querrá asesinarme. (Suelto una pequeña risa).

Alonso: Cuando tu madre se entere de nuestra relación, será a mí al que deseará acuchillar con sus propias manos.

Camila: Yo me encargaré de hacerle ver el hombre maravilloso que eres. (Agrega acariciando mi mentón, es un sol y sus intenciones son las mejores, pero no importa cuánto se esfuerce, eso no sucederá). También quiero intentar que la relación de Leo y papá mejore, pero con los horarios que tenemos y los viajes constantes de papá es complicado tocar el tema.

Alonso: Y tu tercer propuesta es ¿eliminar la pobreza del mundo? (Suelto con sarcasmo).

Camila: No te burles, me estoy esforzando. (Añade con gesto serio).

Alonso: Lo siento, amor, no lo hice con ese fin, sé que todo lo haces con la mejor de las intenciones, es solo que no sé cuál de tus dos propósitos es más complicado.

Camila: ¿Crees que peco de ingenua? (La atraigo para abrazarla y besar su frente).

Alonso: No, pecas de hermosa, de noble, de *sexy* y sí… talvez un poco de ingenua también.

Camila: Bueno, nada pierdo con intentarlo, ¿no crees?

Alonso: No quiero que si por alguna razón no llega a funcionar, te afecte.

Camila: No me tienes ni una pizca de fe.

Alonso: Te tengo mucho más que eso, mi amor. (Beso la delicada piel enrojecida de su cuello robándole un jadeo que le regresa el calor a mi cuerpo).

Camila: Acabamos de cenar. (Susurra en una objeción poco convincente permitiéndome subir a su cuerpo entre los cojines sobre la alfombra).

Alonso: ¿Quieres que me detenga?

Inquiero pegando mi hombría a su entrepierna, pero no responde, me atrae desde la nuca para unir nuestros labios al tiempo que sus piernas se enredan con las mías.

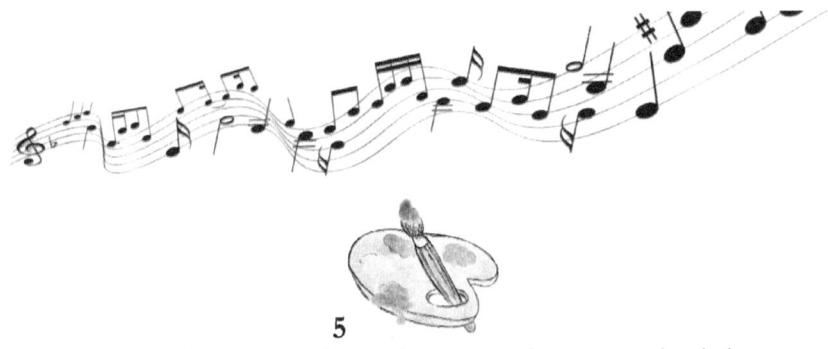

5

"Yo nunca busco temas, dejo que los temas me busquen y yo los eludo,
pero si el tema insiste, yo me resigno y escribo"
Jorge Luis Borges

Alonso

Saludo a los cuatro caballeros y a Emilio, que se encuentran alrededor de la mesa jugando póker.

Jorge: ¡Vaya! Creímos que nos dejarías como novias de rancho otra vez.

Alonso: He estado hasta la madre de trabajo.

Marco: Que bueno que llegaste, Emilio no dejaba de ver la hora, ya casi iba por ti.

Emilio: Idiotas, es el único que me da batería.

Alonso: Lo sé, ni mi vieja me extraña tanto.

Ricardo: ¿Ya traes vieja?, nunca te hemos conocido a nadie formal.

Alonso: Es un decir, no le quitemos protagonismo al *pornstar* del momento.

Emilio: Absténganse de pedir autógrafos por favor. (Comenta divertido el muy idiota).

Ignacio: ¿Ya nos vas a contar cómo fue que el video llegó a la red?

Emilio: Seguramente fue ella, la historia es corta; vi a la vieja en un comercial, me gustó, la contacté, pasamos juntos el fin de semana en Los Ángeles, nos grabamos para ver juntos el video más tarde, según ella lo borró y al regresar ya era famoso, ¿qué puedo decir? Supongo que necesitaba atraer a los medios.

Alonso: ¿Y ya la contactaste?

Emilio: Le marqué pero se hizo la indignada, aseguró que no tenía idea y la mandé al carajo, la verdad es que me da igual, al ratito sale otro escándalo y se olvidarán de esa mierda, lo cansado es lidiar con los medios y no partirles la cara cuando se pasan de listos.

Tras un par de horas de juegos y terminar con al menos un brazo adolorido…

Jorge: ¿Ya le contaste a Alonso?

Emilio: Aún no.

Alonso: ¿Harás un largometraje?

Emilio: No, pero no es una mala idea. Hace un par de fines de semana estuvimos jugando póker en una reunión, a la que como de costumbre no asististe.

Alonso: ¿Y?

Emilio: Aplicamos las reglas que usamos aquí y un par de sujetos que practican box se nos unieron, se puso interesante.

Marco: ¿Te suena Luis Peña?

Alonso: Supongo que se refieren al hijo del director general del grupo financiero BANCORTE, por supuesto.

Ignacio: ¿Y Gonzalo Moreno?

Alonso: El hijo del presidente del consejo GRUMSA, conozco a ambos, ¿qué con ellos?

Emilio: Nos invitaron a unas peleas. (Comenta tranquilamente mientras reparte la baraja).

Alonso: ¿Peleas? ¿Qué tipo de peleas?

Marco: Del tipo en el que solo asistes si apuestas fuerte o peleas.

Alonso: ¿Apuestas ilegales? Deben estar bromeando.

Emilio: Les dije que no le entraría.

Alonso: No pueden estar considerándolo, necesitan estar muy aburridos para hacerlo, váyanse a Las Vegas y olviden esa mierda.

Ignacio: ¡Las Vegas!, todo mudo va ahí.

Emilio: Iremos este sábado en mi jet privado, será en Zacatecas si cambias de opinión, nos avisas.

Alonso: Creí que ustedes eran más razonables que este imbécil. (Añado señalando a Emilio).

Jorge: Será solo para quitarnos la curiosidad, el círculo es muy exclusivo, no hay riesgos.

Alonso: Todo lo ilegal conlleva riesgos, ya están muy grandes para hacer ese tipo de estupideces.

Emilio: ¡Aburrido!, necesito otro maldito amigo.

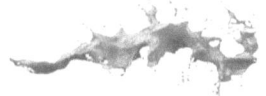

Camila

Al entrar a casa, los gritos de mi madre retumban en las paredes, el pobre de Pechan se estremece y corre a las escaleras para refugiarse en mi habitación de Cruella de Vil, se ve tan hermoso con la pancita regordeta balanceándose de un lado a otro.

Me acerco al despacho de papá que es de donde provienen los reclamos.

Gina: Si tu descaro provoca habladurías, te juro que te arrepentirás. (Sentencia mi madre furiosa al salir del despacho de papá).

Camila: ¿Qué sucede? ¿Por qué gritas?

Gina: ¿Y tú de dónde vienes a esta hora?

Camila: Son las diez de la noche, mamá, y vengo de la oficina, ¿qué sucede?

Gina: Pregúntale al desvergonzado de tu padre. (Escupe con rabia antes de retirarse. Al entrar a la oficina de papá, lo encuentro dejándose caer en la silla tras su escritorio).

Camila: ¿Por qué está tan furiosa?

Leonardo: Por lo de siempre, tu madre jura que tengo una amante.

Camila: ¿Y ahora qué la provocó?

Leonardo: Tengo programado un viaje de dos semanas, iré a Texas, Houston, Chicago, Miami y jura que como no la invito a acompañarme iré con otra mujer. Le dije que viniera si quiere, pero ni así pude hacerla entrar en razón.

Camila: Bueno, ya se le pasará, ella siempre ha sido muy celosa.

Leonardo: Pues claro, si soy un galán, hace bien en cuidarme, pero tu madre exagera con tanto reclamo a estas alturas de nuestra vida.

Camila: ¡Ay papi! (Me acerco encantada a darle un beso en la mejilla). ¿Ya cenaste?

Al negar con la cabeza lo invito a que pasemos a la mesa para que nos preparen algo ligero, mientras me cuenta lo que revisará en los Estados Unidos.

Camila: Desde que regresé a México, solo he visto a Leo en la fiesta de bienvenida que organizó mamá, estaba pensando en pedirle que venga a visitarnos, cuando regreses de tu viaje puedo reservar una mesa en tu restaurante favorito para que cenemos los cuatro en familia, ¿qué te parece?

Leonardo: Sería mejor que le pidieras que venga mientras estoy de viaje, a tu madre le encantará verlo, a ver si cuando regrese me recibe de mejor humor.

Camila: Mi intención era que fuera en familia. (Aclaro con pesar al darme cuenta del rechazo de papá por su hijo).

Leonardo: Lo sé, mi niña, pero hay cosas que es mejor no forzarlas, tu hermano y yo en la misma mesa, no resultará bien.

Mi madre reaparece un poco más tranquila, pero con los rastros de veneno en los labios, la conozco.

Gina: ¿Puedo acompañarlos a cenar?

Leonardo: Por supuesto, mi amor. (Papá se levanta para separar la silla de mi madre, siempre se ha comportado como un caballero con ella, a pesar de estar enfadados).

Gina: ¿Y cómo es que vas regresando de la oficina? Es tardísimo, ¿no te da miedo, ahí sola en ese enorme edificio?, tú siempre has sido muy miedosa.

Camila: Ya no soy una niña, mamá, además hay guardias en cada piso y estoy trabajando en la idea para unos comerciales. (Miento, me quedé seduciendo al director administrativo, claro que si mamá se enterara se le caería el cabello del coraje).

Leonardo: Déjala, es bueno que se comprometa con el trabajo.

Gina: Ella no es el muerto de hambre de tu súbdito, tengo una hija hermosa, ya debería estar con los preparativos de su boda y aún ni novio tiene.

Camila: Mamá, no le digas así a Alonso, trabaja muchísimo y ya te dije que casarme no es mi prioridad.

Gina: ¿Y tú desde cuándo lo defiendes?

Camila: Desde que me doy cuenta todas las responsabilidades que tiene encima, el pobre pasa demasiadas horas en la oficina.

Gina: ¿Pobre? Para eso se le paga y muy bien, además es el que cuadra las citas con las amantes a tu padre.

Leonardo: ¿Ahora son varias? ¿Cuántas amantes se supone que tengo, mi amor?

Inquiere con sarcasmo, esto no apunta nada bien, la tranquila cena que pretendía tener en familia se va al diablo... otra vez.

Camila: Suficiente, ya no tenemos pendientes por hoy, ¿verdad?

Verónica: No, hemos terminado la jornada laboral temprano, por lo tanto tengo tiempo de leer. (Agrega emocionada).

Camila: Ay no, Verito, ya vámonos, te doy un aventón.

Verónica: Pero, todavía falta una hora para la salida.

Camila: Sí pero ya no tenemos nada que hacer.

Verónica: Yo tengo un horario que cumplir, ¿no tienes ningún compromiso hoy con tu mamá?

Camila: Las cosas con mi mamá han mejorado muchísimo, pero hoy no tengo ánimos para moda, belleza y chismes, anda vámonos ya, finalmente soy tu jefa y te puedo dar la salida. (Recoge sus cosas emocionada por salir temprano).

Verónica: Puedes dejarme en la avenida, ahí tomo mi camión. (Aclara subiendo al auto, al tiempo que acomodo a Pechan en el asiento trasero, pero el muy consentido pretende hacerse paso entre los asientos para ocupar su puesto como copiloto, pero con lo cortito de sus patitas y lo gordito que está le es imposible, suelta unos gruñidos en protesta y Verito y yo nos morimos de risa por lo tierno que se ve haciendo corajitos. Finalmente mi amiga lo toma entre sus brazos para cargarlo y llevarlo al frente con ella).

Camila: Eres un consentido muy testarudo, Pechan, (lo regaño al tiempo que acaricio la cachetona carita con esos ojos que me enternecen como nadie).

Verónica: No lo regañes, tiene razón, soy yo la que debería irse atrás, este es tu lugar, ¿verdad, Pechan? (Me encanta que Verito le haya tomado tanto cariño).

Camila: Y no te preocupes, te llevo a tu casa.

Verito: Pero te queda muy lejos, está en sentido contrario de la tuya.

Camila: No importa, igual no tengo nada que hacer, solo quería salirme un rato de la oficina, voy a regresar más tarde.

Verónica: ¿Te verás con el licenciado? (Asiento en respuesta mientras la mirada se le ilumina en forma de corazón, justo como los emoticones). ¡Ay es tan guapo! Tú sí que te sacaste el premio mayor con el licenciado buenote.

Camila: La verdad es que sí, pero no solo es guapo, es trabajador, responsable, educado, cariñoso…

Verónica: Ay ya no me digas, que de por sí ya babeaba por él, voy a terminar enamorándome con todo lo que me dices.

Camila: Ay no, Verito, no te quiero de rival de amores. (Nos reímos y cantamos en el transcurso a su casa, *Tiburones* de Ricky Martin sin duda una de mis favoritas. Sí que está un poco lejos, afortunadamente el GPS me llevará de regreso, sin él seguramente terminaría perdida. Nos despedimos pero al bajarse me pide que espere un momento ya que quiere darme algo).

Verónica: Toma, te compré este libro, es lindo con final feliz, como los que te gustan. (Mi corazón enmudece por un segundo y mi visión se emborrona, bajo del auto emocionada para recibir mi obsequio y darle un abrazo en agradecimiento).

Camila: Pero-pero no es mi cumple.

Verónica: No importa, lo vi en la librería y me acordé de ti, yo lo leí hace tiempo, sé que te gustará.

Camila: ¡Eres la mejor del mundo mundial! ¡Muchas gracias!, esta noche lo comienzo.

Nos despedimos, coloco el GPS de regreso a la oficina solo para ubicarme, aunque Alonso seguramente se desocupará hasta las ocho de la noche, me da tiempo de ir a un centro comercial por algo de cenar, supongo que una ensalada y un panini nos caerán bien.

Una perrita llama mi atención, va caminando sola por la banqueta, así que bajo la velocidad, está toda flaquita con las tetas caídas, como si estuviera amamantando, seguro acaba de tener cachorros, pobre, está en los huesos, parece una cruza con bóxer; de color café y con el hocico chato. No tiene collar, pero no se ve tan sucia, ¿se habrá perdido?, ay pobrecita y con el frío que hará esta noche. Termino apagando el GPS porque no deja de insistir que gire en otro sentido cuando voy siguiendo a la perrita con las intermitentes encendidas.

Camila: Si se deja la subiré al auto, no quiero que vayas a empezar de celoso, Pechan, la llevaremos al centro donde ayudan a animalitos sin hogar que preside Margarita, ahí seguro encuentran una familia que quiera adoptarla.

Pechan me observa con la cabecita de lado mientras sigo a la perrita, hasta dar a un callejón sin salida con un par de enormes contenedores de basura. Esto está muy solitario y huele horrible, seguramente tiene hambre y yo que no traigo nada de comer.

Bajo del auto observando a mi alrededor con algo de temor. Cuando le cuente a Alonso lo que hice seguro se va a enojar, pero ni modo de dejarla ahí a su suerte. Silbo un par de ocasiones llamándola, pero nada, estoy segura que se metió aquí, avanzo un poco más hasta que un sonido me sobresalta ¡Ay Dios!, yo adoro a los animalitos pero que no me salga una rata porque aquí me da un infarto. Silbo nuevamente con los tacones pegados al suelo observando a mi alrededor por el miedo de que una enorme rata me ataque.

Camila: Vamos, perrita, sal, que las ratas son capaces de comerte a ti también.

Quejidos de cachorros se escuchan tras uno de los contenedores, ¡ay pobrecitos! Tengo que llevármelos, las ratas se los comerán si los dejo aquí, aspiro profundamente para tomar valor y despegar los tacones del suelo. Avanzo silbando y la perrita sale a mi encuentro al aproximarme, alcanzo a ver las cabecitas de los cachorros tras de ella, son seis ¡qué hermosos!

Camila: Hola, linda, tienes unos hermosos bebés.

Me detengo esperando a que la perrita baje la guardia y se dé cuenta que no vengo a robarle a sus cachorros o a lastimarlos, mientras continúo hablándole para darle confianza, me observa con la cabeza en alto, sé que no me atacará si no se siente amenazada, he visto varios documentales al respecto y he ayudado a suficientes perritos para saber que lo único necesito es ganarme un poquito de su confianza para poder ayudarla. En cuanto baja las orejas que mantenía en guardia estiro un poco la mano sin llegar a tocarla para que me olfatee pero en un segundo el dolor que me atraviesa la palma me provoca un grito y caigo de nalgas al zafarme de los colmillos de la perra. Escucho los ladridos ahogados de Pechan dentro del auto.

Me sujeto la mano que comienza a sangrar mientras observo a la perra que ha dado un par de pasos hacia atrás gruñendo y exponiendo los dientes. El corazón parece que se saldrá de mi pecho y no controlo el temblor de mis manos, sin apartar la mirada de la madre furiosa me levanto y comienzo a caminar lentamente hacia atrás, al tiempo que las lágrimas caen por mis mejillas, apenas consigo abrir la portezuela del auto con el miedo atrofiando mis movimientos. Es la primera vez que un perrito me muerde, apenas me percato del dolor, mi blusa se ha llenado de carmín y Pechan se sube a mi regazo sollozando.

Camila: Estoy bien, estoy bien, estoy bien.

Creo que lo digo para tranquilizarme más a mí que a él, ¡piensa, Camila! ¡Piensa!, doy un vistazo al asiento trasero y tomo un suéter para envolverme la mano con cuidado de no lastimarme, ¡ay esto es mucha sangre! Y a mí no me gusta la sangre. Se me escapa un sollozo pero no es momento de llorar así que me seco las lágrimas, bien, tengo que ir al médico pero no puedo dejar aquí a los perritos. Tomo el celular y marco a Margarita para comentarle de los cachorros. Acepta de inmediato mandar a alguien de la asociación para recogerlos, no tengo idea de la dirección así que le envío mi ubicación.

Una vez cuelgo la llamada, muevo los dedos lentamente, la mano duele pero puedo hacerlo sin problema, debo lavarme pero tengo miedo de ver las heridas, ¡nada más a mí me pasan estas cosas!

Respiro profundamente y desenvuelvo mi mano, la sangre ha dejado de fluir, creo que no fue tanta después de todo. Tomo el bote de agua que siempre cargo en el auto y abro la puerta dejando caer el vital líquido lentamente sobre la muñeca para que escurra hasta los dedos sin provocarme dolor, las heridas no parecen muy profundas, el pobre animal se sintió vulnerable y por eso me atacó, pero no con la intención de hacerme daño, si lo hubiese deseado me hubiera atravesado la mano, ¡pobrecita! Solo quería asustarme y lo consiguió.

Alonso seguro se enojará cuando se entere, me advirtió que esto me pasaría, aspiro con fuerza y seco una nueva lágrima que se me ha escapado. Debería irme a la clínica de una vez, pero no puedo retirarme hasta asegurarme que los cachorros y su protectora madre están a salvo. Acaricio a Pechan que aún parece alterado y me observa con sus ojitos preocupados.

Camila: En serio, estoy bien.

Tras una hora de espera, finalmente llegan los chicos de la asociación y una vez que les indico el lugar, me retiro con ayuda del GPS a la clínica.

Pechan obviamente no puede entrar a las instalaciones y es imposible que lo deje solito en el auto, por lo que le pido a uno de los guardias de la clínica lo cuide en lo que me atienden. Afortunadamente las enfermeras se portan muy amables y dan aviso al médico familiar, conozco al doctor Sierra desde niña y eso ayuda a que mis temores se esfumen casi por completo.

Al salir, después de un par de vacunas, recomendaciones y antibiótico para algunos días salgo con un ligero vendaje y un pequeño jalón de orejas por parte del médico.

Mi celular vibra y es el nombre de mi Michael Corleone el que aparece.

*Alonso: Hola, bonita, ¿cenaremos juntos? (¡Ay no!, muero de ganas de verlo, acurrucarme en sus brazos y dejarme apapachar, pero me niego a recibir ahora una reprimenda y tampoco quiero que se preocupe, ha pasado todo el día en la oficina y yo estoy muerta, solo quiero colocarme un suave pijama, meterme a la cama y no salir hasta mañana).

*Camila: Hola, amor, tuve un par de cosas que hacer y ya voy camino a casa, estoy muerta, lo dejamos para mañana ¿te parece?

*Alonso: Claro, bonita, por favor maneja con cuidado y envíame un mensaje cuando llegues, te quiero.

*Camila:

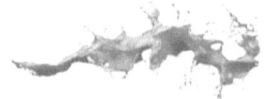

Alonso

Me encuentro entregándole una carpeta a Nancy, pero su dulce y sensual presencia ilumina las oficinas e inevitablemente levanto la mirada en busca de su imagen, adoro el movimiento natural en su cabello, la sonrisa impregnada de vida y alegría, con un *blazer* rosa como sus labios y... ¿Qué demonios trae en la mano?

Alonso: Tenemos que... (Pierdo el hilo de lo que le estaba diciendo a mi asistente). En un momento regreso y continuamos, mientras tanto haz el par de llamadas. (Camino hacia su oficina, alcanzo a observar cómo saluda a su asistente y ambas entran a su despacho, detengo la puerta antes de que se cierre accediendo a ella). ¿Nos permites? (Me dirijo a Verónica sin apartar la mirada de mi hermosa ninfa prohibida con una mano vendada). ¿Qué te pasó? (Inquiero acercándome a ella, tomándola por la mejilla para darle un rápido beso en los labios antes de tomarla por el brazo para levantar su mano).

Camila: No fue nada grave, amor. (Intenta restarle importancia, pero su mirada no me transmite tranquilidad).

Alonso: ¿Qué fue lo que te pasó? Bonita.

Camila: Prométeme que no te enojarás. (Me pide con esos ojitos celestes que me desarman).

Alonso: ¿Enojarme? Cam, por favor, ¿qué sucedió? (Me explica lo ocurrido, cierro los párpados por un momento, conteniéndome para no explotar en maldiciones, las cuales no puedo contener al llegar a la parte en que es mordida). ¡Con un demonio, Camila! ¡¿En qué estabas pensando?!

Camila: No te enojes, no fue nada grave, la pobre perrita solo pretendía asustarme. (Añade disculpando al animal al tiempo que sus pupilas se humedecen).

Alonso: ¿Qué voy a hacer contigo? (Inquiero retóricamente en tono suave al tiempo que la aprisiono contra mi pecho). No estoy enojado, amor, ¿desde cuándo me ves como un ogro?

Camila: Es que ya me habías advertido que me mordería algún perro y yo-yo creí que... (Se le escapan un par de lágrimas desarmándome por completo).

Alonso: No llores, amor. (Le seco las lágrimas con los pulgares, tomándola de la mano para llevarla conmigo al sofá sentándola sobre mi regazo para abrazarla). ¿Fuiste al médico? (Termina de narrarme la desagradable aventura de ayer). ¿Quieres decirme por qué no me llamaste?

Camila: No quería preocuparte, además estabas trabajando.

Alonso: Tonterías, nada es más importante que tú, y sí, estoy molesto, estoy molesto porque tú sabías que no debías estar ahí y aun así continuaste, en una zona que no conoces, en un callejón solitario y maloliente, ¿qué si el perro continuaba atacándote?, pudieron asaltarte, tu auto llama la atención a kilómetros y que te lo roben es lo que menos me preocupa, te expusiste por nada.

Camila: No fue por nada. (Se defiende indignada).

Alonso: De acuerdo, fue por ayudar, pero eso no justifica el que te expongas de esa forma.

Camila: No podía dejarlos, ¿te imaginas con el frío que está haciendo por las noches? Y peor aún si llueve. (Agrega seriamente preocupada).

Alonso: Tienes que prometerme que no volverás a hacerlo.

Camila: Es qué... no-no puedo.

Alonso: Camila, por favor, no estás dimensionando las cosas.

Camila: Lo hago, es solo que no puedo prometerte que dejaré de hacerlo.

Alonso: ¿Y qué pretendes? ¿Mantenerme preocupado cada vez que andes sola? (Niega como niñita regañada con la mirada baja). Ya tienes el número de la dichosa asociación, prométeme que les llamarás en lugar de exponerte. Son animales callejeros, no tienes idea qué clase de maltratos han pasado, la mayoría están acostumbrados a defenderse o atacar para subsistir.

Camila: ¿De dónde sacaste eso? (Pregunta sorprendida).

Alonso: Estuve leyendo un poco al respecto. (Respondo un tanto apenado al verme descubierto).

Camila: ¿Por qué habrías de leer sobre algo así?

Alonso: Porque es importante para ti, y no es mi intención quitarte eso, por alguna razón que todavía no comprendo me encanta que seas así, pero no a costa de que te expongas a algún percance, prométeme que llamarás a la asociación, al menos cuando te encuentres sola, y me avisarás cuando te suceda algo, yo debí acompañarte a la clínica, no tenías por qué estar ahí sola.

Camila: Te lo prometo, no me gustó estar en la clínica solita, (se pega a mi pecho buscando refugio y mimos que no me canso de darle). Pero permaneceré junto al animalito hasta asegurarme que en verdad acudieron. (¡Es un encanto!, un encanto dulce que pinta de rosa todo a su paso, incluyéndome ¡demonios!, esta niña hará conmigo lo que le venga en gana).

Alonso: Me parece justo. (Acaricio los suaves labios con los míos).

Camila: ¿Ya no estás enojado?

Alonso: No, ¿te duele?

Camila: Muy poquito.

Alonso: No tienes idea lo importante que eres para mí, Cam, has llenado mi vida de ternura, de alegría, le has dado un sentido muy diferente a solo… hacer lo que debo hacer, me volvería loco si llega a sucederte algo.

Camila: ¡Mi amor!, te prometo que seré más prudente.

Alonso: Eso espero, no quiero terminar diciéndole a tu papá que me equivoqué al comentarle que no era necesario asignarte escolta.

Camila: ¿Mi papá pretendía ponerme guardaespaldas? ¿Por qué?

Alonso: ¿¡Por qué!?, bonita, creo que no eres consciente de lo que significa tu apellido, sinceramente dudé en mi respuesta, pero la ciudad y los lugares donde normalmente te mueves son tranquilos, y ya habíamos comenzado nuestra relación, si bien tu escolta estaría a cargo de Rojas y Rojas me reporta a mí, si tu papá llegara a preguntarle dónde estuviste metida todo el fin de semana él estaría obligado a responder.

Camila: ¿Me quería poner una niñera?

Alonso: Quería resguardar tu seguridad y de no ser por nuestra relación, lo habría apoyado.

Camila: No quiero un guardaespaldas tras de mí.

Alonso: Fue solo una consulta, al decirle que no lo consideraba necesario, lo descartó por completo.

Camila: Papá confía en ti más que en ninguna otra persona.

Alonso: Intento cada día ser merecedor de esa confianza.

Camila

Regreso temprano a casa pese a las ganas que tenía de quedarme con Alonso, papá llega de su viaje y espero que esta ocasión logremos una cena amena.

Una chica del servicio me indica en cuanto cruzo la puerta que mamá quiere verme en su cuarto vestidor, los últimos meses nuestra relación ha mejorado significativamente, seguro se está arreglando para papá, sus discusiones suelen ser fuertes, mamá es explosiva, pero siempre terminan reconciliándose, papá la adora y mamá sabe exactamente cómo seducirlo.

Después de un par de golpes a la puerta entro a su habitación, tiene un montón de prendas arrojadas descuidadamente sobre una pequeña mesa.

Camila: ¿Qué haces?

Gina: Se aproxima el evento de beneficencia que Margarita realiza cada año, saco lo que ya no me pongo para donarlo, le encanta perder el tiempo en esas cosas, pero sirve para hacer espacio.

Camila: ¡Ah qué bien!, le echaré un vistazo a mi vestidor para darte algunas prendas, ¿de eso querías hablar conmigo?

Gina: Por supuesto que no, Camila, te di una sencilla encomienda cuando entraste a CEMTY y ahora resulta que cada vez que nombro al imbécil de Alonso, tú lo defiendes ¿quieres explicarme qué demonios te pasa? (Suelto un suspiro, sabía que esta conversación tarde o temprano sucedería y aunque nuestra relación ha mejorado, no es suficiente).

Camila: Mamá, en un principio te creí cuando aseguraste que el director administrativo pretendía quedarse con el puesto de papá y no te niego que me cayó mal, Alonso es muy serio, con el gesto de Michael Corleone estampado en el rostro. Intenté desprestigiar su trabajo frente a papá, pero es sumamente competente, además, poco a poco lo he ido conociendo, es un hombre íntegro, trabajador y dedicado. Entiendo tus temores, papá se moriría sin su empresa, pero Alonso lo aprecia, prácticamente lo ve como a un padre, te aseguro que no es su intención quedarse con la presidencia, mucho menos robarle acciones.

Gina: ¡Lo sabía! (Escupe exasperada). Te estás revolcando con él, ¿cierto?

Camila: ¡Mamá!

Gina: Te conquistó con el porte de ejecutivo perfecto, con las mancuernillas y las corbatas de buen gusto que le aprendió a tu padre, cuando llegó a CEMTY vestía harapos de segunda mano, no era más que un naco muerto de hambre.

Camila: Esta conversación no tiene caso. (Me levanto para retirarme).

Gina: De haber sabido que eras tan golfa, no te habría pedido que buscaras la forma de que tu padre lo corriera, el que le hayas abierto las piernas es más que suficiente para que Leonardo lo ponga de patitas en la calle.

Camila: ¡Basta, mamá!, no soy ninguna golfa y no me estoy revolcando con nadie, además papá no haría algo así.

Gina: ¡Eres una estúpida!, te conquistó para obtener lo que siempre ha querido, terminará matando a tu padre cuando le robe la presidencia.

Camila: No tengo idea por qué lo odias tanto, pero estás muy equivocada, Alonso sería incapaz de traicionar a papá. (Me dirijo a la puerta, pero mamá no se queda callada, nunca lo hace).

Gina: Además de golfa, ingenua, sedujo a la hija de Leonardo Zambrano solo porque no pudo seducir a su mujer. (Me congelo con la mano en el picaporte, ¡no puede ser cierto!, giro lentamente para enfrentar el odio en su mirada).

Camila: ¿Qué estás diciendo?

Gina: ¿Creíste que se metió entre tus piernas por tu linda cara? (Suelta mordaz). Te lo advertí, pero nunca escuchas a tu madre.

Camila: Explícate, mamá. (Exijo con el corazón enmudecido por el pánico al vislumbrar aproximarse el duro golpe).

Gina: Cuando el muerto de hambre ganó el suficiente dinero para comprarse un auto, una casa y vestir bien, sus aspiraciones aumentaron, tu padre lo nombró director administrativo y lo acompañaba a todas las reuniones, tanto de negocios como sociales. Comenzó a codearse en nuestro círculo, incluso entró a nuestro club, fue ahí cuando me di cuenta del tipo de alimaña que es. Tú misma lo escuchaste, se acostó con todas las señoras que se dejaron, sin importar su estado civil; viudas, divorciadas, incluso casadas, tenía el respaldo de tu padre por lo que no temía la represalia de los maridos si llegaban a enterarse.

Camila: ¿Me estás diciendo que mi papá lo sabía?

Gina: Adoras demasiado a tu padre, pero eso no significa que deje de ser hombre, y todos son iguales, creen que las mujeres somos trofeos. En ese tiempo tu hermano se alejó completamente y ocurrió el fallecimiento de Camacho, su mejor amigo, por lo que se apegó más a Alonso. Le brindó el cariño y protección que debía darle a su hijo. Yo también creí que apreciaba a tu padre, hasta que en una reunión aquí en casa, buscó la forma de acorralarme para seducirme.

Camila: ¿Estás segura de lo que dices?, ¿no-no habrás malinterpretado sus atenciones?

Gina: ¿Crees que soy estúpida? Me abrazó por la espalda restregándome su asqueroso bulto, al tiempo que me estrujaba los senos ¿crees que pude malinterpretar eso?, nunca me sentí tan humillada, tan vulnerable.

Camila: ¡Alonso! (Exclamo para mis adentros, conteniendo las lágrimas).

Gina: Me aseguró al oído que él me daría el placer que el anciano de Leonardo seguramente ya no me daba.

Camila: ¿Y-y tú qué hiciste?

Gina: Lo lógico, luché para apartarme de las repulsivas manos y lo abofeteé pese a que estaba asqueada con su comportamiento. (¿Cómo pudo hacerle eso a mi madre?).

Camila: ¿Pero-pero por qué no se lo dijiste a papá?

Gina: Había importantes personalidades de la política en casa, no haría un escándalo en ese momento, recobré la compostura como pude y al siguiente día intenté decírselo, pero aseguró que si alguien se atrevía a ofenderme de esa forma, lo mataría, lo dijo con una frialdad que temí lo cumpliera. Así que callé, creí que me sería fácil deshacerme de él yo sola, no contaba con que el muy cretino se hiciera indispensable en la empresa y de eso ya han pasado alrededor de cinco o seis años. (Tengo que sostenerme de la pared para soportar el dolor que me desgarra el pecho, ¡me mintió! ¡Me mintió todo este tiempo!). ¡Ooh, querida!, te enamoraste de él. (Las cataratas de dolor y rabia recorren mis mejillas, percibo los brazos de mi madre rodeándome, consolando mi pena con lentas caricias sobre mi cabello). ¡Ay, mi niña!, lo sé, sé que parece encantador, pero es un lobo con piel de oveja. Le he advertido a tu padre que se cuide de él, pero tú lo has visto, lo defiende a capa y espada, sin embargo ahora que se entere que te ha seducido no dudará en despedirlo. (Levanto el rostro de su hombro).

Camila: ¡No! No puedes decírselo a papá.

Gina: ¿Pero qué dices?

Camila: Ya ha sido demasiada humillación dejarme engañar por él, no quiero que mi papá se entere de algo así, además ahora está trabajando en un contrato multimillonario, esperaremos a que pase y entonces me haré cargo de él, conseguiré desprestigiar su trabajo, pero no se lo digas a papá.

Gina: ¿Estás segura de poder hacerlo? Ya lo intentaste antes y no lograste nada.

Camila: Jugué limpio, esta vez será diferente, si me hubieses dicho esto antes, jamás me hubiera dejado engañar por él.

Gina: Te entiendo. (Seca mis lágrimas con un gesto tierno de comprensión). Yo también hubiese preferido que no te enteraras de algo tan desagradable, sé que tenemos nuestras diferencias, todos los hijos discuten con sus padres, pero soy tu madre y te amo, eres lo más importante para mí, mi niña.

Camila: ¡Ay mamá!, perdóname por no haberte creído. (La abrazo con fuerza antes de separarme para salir de la habitación).

Gina: ¿Vas a estar bien? Tu padre no tarda en llegar.

Camila: No te preocupes, estaré en la mesa sin problema.

Camino cual ente viviente hasta derrumbarme sobre mi cama entre espasmos y sollozos con el alma desgarrada ¡fue mentira!, las palabras, las tiernas caricias, los gestos amables y caballerosos, el ejecutivo dedicado, las miradas tiernas, las flores, ¡fue mentira!

El aire entra con dificultad a mis pulmones y la almohada bajo mi rostro se ha empapado en cuestión de minutos.

Intento controlar el llanto pero me es imposible, me ahogo entre lágrimas, impotencia, rabia, ¿cómo pude ser tan estúpida?, ¡Alonso! ¿Por qué, Alonso? ¿Por qué, mi amor…?

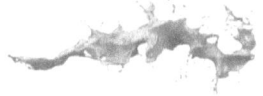

Luna

Damián: ¡Terminamos! (Anuncia después de admirar su obra por algunos segundos. Me levanto cubriendo mi desnudez con una bata que tengo a un costado pese a las negativas del artista. He permanecido frente a él posando desnuda con las piernas abiertas, cubriendo solo parte de mi sexo con una mano mientras estrujo uno de mis senos con la otra. Tengo miedo de admirar la obra, no porque dude de su talento, al contrario, lo admiro como creador de cautivantes imágenes, sin embargo, eso no aminora mi nerviosismo. Me ha hecho el amor frente al espejo desde que anunció que me pintaría así, he observado nuestros sentimientos y necesidades en gestos y movimientos a plenitud, y tiene razón; es mágico, hermoso, cautivante, es arte, pero demasiado íntimo, no estoy segura de querer que el mundo me vea así). ¡Eh-eh-eh! ¿A dónde vas?

Luna: A ver la pintura.

Damián: No creo que estés lista para verla.

Luna: ¡Oh vamos!, Damián, déjame verla.

Damián: Respira (realiza un par de ademanes con las manos para invitarme a hacerlo, sabe que muero de nervios). No es tan sublime como lo que has visto en el espejo, pero sin duda, es mi mejor obra hasta el momento.

¡Su mejor obra! ¡Dios mío! Me acerco al lienzo con las manos aferradas al cuello de la bata, él da un par pasos al costado para que yo pueda posicionarme justo frente a la enorme creación de dos metros cuadrados. Sus pinturas siempre me roban el aliento pero esto es-es… ¡Por todos los dioses del Olimpo! Mi cabello se encuentra algo alborotado en ondas naturales luciendo sedoso, enmarcando mis facciones contraídas y anhelantes, justo como lo mencionó, hambrientas y extasiadas con los párpados cerrados y los labios ligeramente abiertos, una de mis manos se encuentra estrujando delicadamente uno de mis senos cubriendo en su totalidad la punta y el otro apenas alcanza a notarse entre el caoba de mis mechones con ligeros toques luminosos, mi piel parece tersa, como si pudiera percibir el calor en el sonrojo de mis mejillas, una sombra masculina me susurra al oído cubriendo mi espalda y mi otro brazo desciende por mi vientre perdiéndose claramente entre mis piernas pero justo ahí termina la pintura, sin permitir ver la piel sensible de mi sexo húmedo pero invitando a la imaginación a recrearlo, es sensual, deslumbrante, erótico y-y simplemente…

Damián: ¿Y bien…? (No puedo despegar las pupilas de la bella imagen, ha pasado dos largas semanas trabajando en ella durante horas interminables abducido por la inspiración y su sed de crear). Comienzo a sentirme nervioso y eso no es común, Calíope.

Luna: Es sublime…

Damián: ¿Me dejarás cerrar con ella la próxima colección?

Luna: Es la primera vez que me preguntas algo así.

Damián: No pareces estar muy segura.

Luna: Yo creí que-que me plasmarías-ya sabes, completa.

Damián: Lo hice, intenté plasmar por completo tus emociones… si te refieres a tu cuerpo, mi joven Luna creciente, dentro de las divinidades existen joyas que los simples mortales no merecen admirar, su estupidez no les permitiría valorar el tesoro de Apolo…

Asegura con un brillo especial en los zafiros que me observan con adoración a pesar del cansancio, que sé, carga a cuestas por las largas jornadas de trabajo que él solo se ha impuesto, pese que aún hay tiempo para el viaje a Monterrey. Me acerco a él para rodear su cuello con las manos.

Luna: Eres un gran artista, Damián A. (Añado sintiendo una profunda admiración por su trabajo y dedicación).

Damián: No hay artista sin musa…

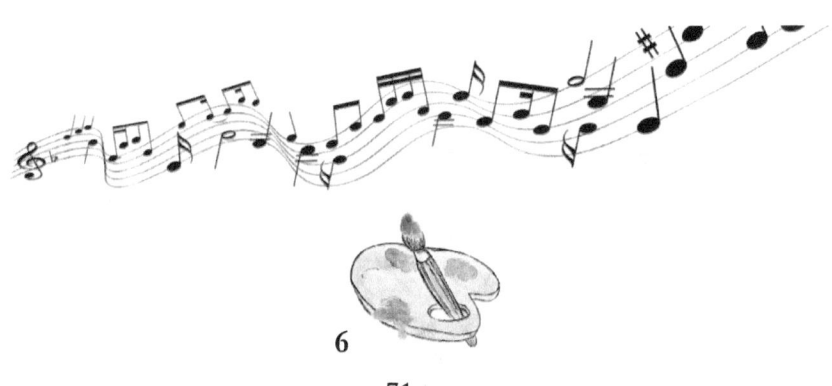

6

"Algunos pintores transforman el Sol en una mancha amarilla,
otros transforman una mancha amarilla en el Sol"
Pablo Picasso

Camila

Pasé la noche en vela dándole vueltas a lo que mamá me confesó, y reviviendo cada momento al lado de Alonso; desde nuestro primer encuentro en el jardín trasero de la casa, la formalidad y prácticamente indiferencia que presentó en la oficina, la forma en que se ganó mi respeto, lo cariñoso y apasionado que puede ser y por supuesto los últimos meses en que se ha robado mi amor. ¡Dios! Tiene que haber una explicación a todo esto, no pudo mentirme así, Alonso no puede ser tan miserable para engañarme de esa forma, para traicionar a papá, debe haber una maldita explicación...

No cometeré los mismos errores, hablaré con él antes de tomar una decisión, pero-pero mi madre no me mentiría en algo tan grave, mucho menos ahora que realmente siento que hay una conexión entre nosotras...

Observo mi rostro en el retrovisor del auto antes de bajar, dicen que el maquillaje hace milagros, pero no creo que este sea el mejor ejemplo.

Verito me recibe con un "¿qué te pasa?" que no pretendo responder en este momento, así que entro con Pechan en la oficina y respiro profundamente intentando tomar valor para enfrentar la verdad, ¿verdad? Ni siquiera sé si quiero saberla, cualquiera que esta sea dolerá. Si Alonso me ha mentido todo este tiempo, ¿cómo se supone que me levante de una decepción tan grande? ¿Cómo voy a enfrentarlo?... y si mi madre lo inventó todo para alejarme de él, significaría que es más mezquina de lo que siempre he imaginado, que no le importa en lo más mínimo el dolor que su mentira me provoca, pero entonces ¿por qué demonios lo odia tanto?

Tengo la cabeza hecha un lío y el corazón demasiado débil para enfrentarlo en este momento, ¡no!, no quiero, ¡no puedo!

Evito verlo los siguientes días, al siempre estar trabajando no es algo que sea complicado, más ahora que está tan metido con las negociaciones del dichoso contrato, al final del día soy yo la que siempre terminaba en su oficina para conseguir pasar algo de tiempo juntos entre semana, por lo que me limito a responder sus mensajes de forma cortante y salir huyendo como una cobarde cada vez que lo siento cerca, claro que el momento de enfrentarlo era inevitable.

Alonso: ¡Bonita! (Me abraza con fuerza hundiendo el rostro en mi cuello, generalmente en cuanto entra a mi oficina me lanzo a sus brazos pero esta ocasión lo espero tras mi escritorio). Siento como si no te hubiera visto en semanas, ¿me has estado evitando? (No respondo, necesito saber la verdad pero no quiero asumirla, ¡soy una cobarde!). ¿Qué sucede? (Pregunta buscando mi mirada).

Camila: Necesitamos hablar.

Alonso: No tengo mucha experiencia en esto, pero no suena a buenas noticias, (comenta bromeando, pero al ver la seriedad en mi rostro, el gesto divertido se borra de sus masculinas facciones para retomar el gesto de Michael Corleone). ¿Qué pasa, bonita? (Hago un ademán para invitarlo a tomar asiento frente a mi escritorio, me observa un segundo intentando adivinar de qué va esto antes de alejarse. Tengo que colocar las palmas sobre el escritorio dudando de la fuerza de mis piernas para sostenerme). Te escucho. (Se sienta con la amplia espalda recargada en el respaldo, las yemas de los dedos unidas y cruzando la pierna, con esa misma seguridad y templanza que muestra en las juntas de negocios).

Camila: ¿Por qué te odia tanto mi madre?

Alonso: Creo que eso deberías preguntárselo a ella.

Camila: Ya lo hice, ahora te lo pregunto a ti, o ¿prefieres que me quede con su respuesta?

Alonso: ¿Qué demonios fue lo que te dijo? (Inquiere al levantarse enarcando las cejas).

Camila: ¿No piensas responderme? (Contrataco percibiendo el ácido tras mis pupilas y tengo que morderme el interior del labio para contenerlas).

Alonso: Tu madre no cree que merezca el puesto que ocupo porque no provengo de una familia adinerada, mi apellido no es sinónimo de poder, jamás la he reverenciado como está acostumbrada que lo haga todo mundo a su alrededor, nunca he seguido sus órdenes, sin mencionar que considera que Leonardo me ha dado el lugar que tu hermano debería ocupar. Ahora dime; ¿se enteró de lo nuestro y te prohibió que te acercaras a mí?, ¿es eso? ¿Con base en qué? ¿Qué carajos se inventó?

Camila: Tanto odio, ¿solo por eso?

Alonso: ¡Con un demonio, Camila! ¿Qué carajos te dijo? (Pregunta exasperado con las palmas recargadas sobre el escritorio).

Camila: ¿Por qué deduces que me dijo algo?

Alonso: No veo otra razón por que hayas estado alejada estos últimos días.

Camila: Tampoco es que hayas hecho mucho por acercarte.

Alonso: ¡Por favor! (Levanta la vista desesperado). Vine a buscarte y te retiraste temprano los últimos días. (¡Dios! Quiero creerle, en verdad quiero creerle, pero lo que ha enumerado no es suficiente para que mi madre invente algo así, ¡es demasiado! Hasta para ella, pero me cuesta tanto creer que Alonso traicionara así a mi padre. Le da un vistazo al Montblac en su muñeca). ¿Vas a responderme?

Camila: ¿Ya tienes que irte?

Alonso: Tengo una videoconferencia con los alemanes en cinco minutos. (Claro, siempre el maldito trabajo primero).

Camila: ¡Pues ve!

Alonso: No me voy a ir de aquí sin que me respondas. (Sentencia con voz áspera y gesto duro).

Camila: Me dijo que hace aproximadamente cinco años intentaste seducirla. (Su gesto es de asombro e indignación).

Alonso: ¿¿¿Y tú le creíste??? (Escupe entre dientes).

Camila: Aseguró que la manoseaste sin su consentimiento. (Suelta una especie de sonrisa sin una pizca de gracia, exudando rabia por cada poro al tiempo que se frota la sien dando unos cuantos pasos).

Alonso: No me respondiste.

Camila: ¡Es mi madre!

Alonso: Precisamente, no creo que se necesite agregar más. (Añade con desdén, no esperaba esta reacción, está furioso, indignado. Mi teléfono comienza a timbrar pero nuestras miradas parecen encadenadas, ¿por qué no lo niegas? ¿Por qué no te defiendes? Un par de toques en la puerta me permiten separar la mirada). ¡Carajo! ¡¡¡Adelante!!! (Da el paso de mala gana y es Nancy la que aparece con gesto apenado).

Nancy: Lamento interrumpirlo, licenciado, pero la videoconferencia con los alemanes acaba de comenzar, les pedí que esperaran un momento. (Alonso le dedica una mirada asesina).

Alonso: Ahora voy. (Su asistente se retira y él se oprime el puente de la nariz bajando el rostro). ¿Le creíste? (¿En verdad es tanta su indignación o es una estrategia? ¿En quién se supone que debo confiar?).

Camila: No lo niegas.

Alonso: ¡Carajo, Camila!, ¿en verdad crees que soy el tipo de sujeto que aborda así a una mujer?, ¿crees que traicionaría la confianza de tu padre?

Camila: Estás conmigo a pesar de creer que él no estaría de acuerdo.

Alonso: Hay una maldita gran diferencia, ¡con un demonio! No es posible que me creas capaz de una bajeza de ese tipo. (Vuelve a echar un vistazo a su reloj. El sabor a cobre me inunda la lengua por la fuerza con que me muerdo el interior del labio con tal de reprimir las lágrimas, no puedo sostenerle más la mirada así que giro hacia el ventanal con las imponentes montañas de fondo). Tengo que irme.

Camila: ¡Claro! Tienes trabajo. (Añado con desdén, dolida, enojada, perdida).

Alonso: ¿Y qué carajos quieres que haga? ¿¿Que pierda un contrato millonario porque tú no tienes idea de con quién demonios has mantenido una relación el último año??

Camila: ¡Como si fueran tus millones!

Alonso: No, no son míos, ¡son tuyos, de tu padre!, de un hombre que confía en mí con los ojos cerrados y al parecer el único en esta compañía que lo hace.

Se oprime el puente de la nariz una vez más antes de dar un par de pasos hacia mí, me estremezco al sentir que se aproxima pero se detiene y abandona mi oficina a paso acelerado, me desmorono sobre mi silla dejando caer el rostro entre las manos rompiendo en sollozos…

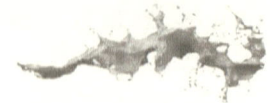

Alonso

Reprimo las ganas de buscarla todo el jodido fin de semana, sabía que la maldita arpía de la señora Zambrano recurriría a cualquier artimaña al enterarse de lo nuestro, aunque no esperaba que hiciera uso precisamente de eso, mucho menos que Camila dudara de mí después de todos estos meses, ¡manosear a una mujer sin su consentimiento! ¡¿Por quién carajos me toma?!

Termino con la frente pegada a la puerta del fondo de mi apartamento en más de una ocasión, con las ansias recorriéndome los dedos y la desesperación volviéndome loco, apenas logro controlarme abandonando mi apartamento para terminar en el gimnasio y la oficina, cualquier lugar es mejor que mi propia casa. Las sábanas parecen tener su silueta dibujada y las paredes el eco de la melodiosa risa que lograba transformar cualquier momento en mágico, contagiándome con esa chispa de vida, endulzando cada momento...

Tienes que recapacitar, Cam, no voy a defenderme de algo que debiste descartar en cuanto salió de la lengua venenosa de tu madre, ¡demonios! ¿Pero qué estoy diciendo? Arpía o no, ¡es su madre!

Gina Zambrano, voy a tener que encargarme de ti personalmente, recordarte por qué carajos estoy en el lugar que piso, el que me he ganado.

Camila

No hemos vuelto a cruzar palabra, es doloroso verlo por los pasillos tan indiferente como al principio, mi alma y mi piel se niegan a creer que sea capaz de agredir a una mujer, si fuera cualquier otra quien me lo asegurara ni siquiera lo pensaría, pero…

Gina: Necesitas quitar esa cara, distraerte, voy al casino, ¿quieres venir? (Me pregunta al cruzármela en la entrada de la casa al regresar de la oficina).

Camila: Mamá…

Gina: ¿Sí, mi amor?

Camila: Necesito que seas sincera esto es muy importante para mí, mamá, lo quiero, lo quiero más de lo que imaginaba, ¿en verdad te abordó? (Pregunto suplicante, rogando por que se retracte, pero la respuesta que consigo es el ardor en mi mejilla tras una bofetada que no vi venir).

Gina: No vuelvas a poner en tela de juicio mi palabra, mucho menos por ese muerto de hambre.

Permanezco congelada por varios segundos sujetándome la mejilla, es la primera vez que me pone una mano encima, y ¿¡qué esperaba?! Si su propia hija está dudando de ella por un hombre, qué clase de hija hace eso…

Alonso

Entrenador: ¡Basta! ¡Suéltalo! (Grita al tiempo que me aparta de encima de Emilio, he perdido los estribos en el calor del combate ¡mierda!, me paso el dorso de la mano por el labio inferior al percibir el sabor metálico, observo agitado cómo el entrenador revisa el rostro de mi amigo, tiene el pómulo inflamado y un ojo que no tarda en cerrársele).

Emilio: ¿Qué mierda te pasa?

Alonso: Lo-lo lamento, se me salió de las manos.

Emilio: ¡Se te salió de las manos!, casi me mandas el maldito ojo a la nuca.

Entrenador: Necesita verte un médico.

Emilio: Sí, sí. (Responde sin darle importancia).

Alonso: Deberías protegerte mejor. (Añado al salir del octágono con él tras de mí para dirigirme a las duchas).

Emilio: Deberías decirme qué carajos te pasa. ¿Perdiste el maldito contrato en el que has estado trabajando con los alemanes?

Alonso: No, yo no pierdo contratos de esa magnitud, los desecho si no me convienen.

Emilio: Disculpa, señor perfecto. (Suelta con sarcasmo y le arrojo una toalla en respuesta). ¡Mierda! Me late el maldito ojo, solo espero que no esté cerrado para el sábado, pretendo entrar en las peleas clandestinas.

Alonso: ¡Estás pendejo! ¿Piensas regresar a esa mierda?

Emilio: Es divertido y su nivel de combate no es tan alto, deberías venir, este sábado será en una quinta privada aquí en Monterrey.

Alonso: Si yo te rompí la cara no quiero saber cómo terminarás después de eso.

Emilio: Me agarraste descuidado.

Alonso: Sí, claro, ve a ver al médico y me mandas la factura.

Emilio: ¡Idiota!

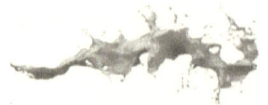

Once y media de la noche y apenas abandono la oficina, solo espero tocar la almohada y caer inconsciente, no quiero pensar en ella, ni siquiera vino hoy a la empresa, o al menos no la vi en todo el maldito día…

¡Qué demonios! Algunos sonidos me despiertan, siempre he tenido el sueño ligero, pero pareciera que alguien estuviera forcejeando con la puerta, así que me levanto suponiendo que es el vecino del apartamento de enfrente ya que este edificio siempre ha sido muy seguro, me sorprendo a medio pasillo al ver la puerta abrirse y Camila entrando a trompicones.

Camila: Estúpida puerta.

Alonso: ¡Camila! ¿Qué…? (¡Esta aquí!, ¡volvió! Nos observamos en la oscuridad interrumpida solo por las tenues luces que alcanzan a colarse por las ventanas. Deseaba un acercamiento, aunque no creí que se fuera a dar así, pero no importa, está aquí, regresó a mí. Nos observamos en silencio mientras me acerco a ella a paso lento, admirando la figura de la hermosa ninfa que me ha mantenido surcando de la ira, a la desesperación y melancolía los últimos días cual barco sin rumbo, sin destino en medio de una tormenta, siendo golpeado por las enardecidas olas).

Camila: Yo… (Coloco un dedo sobre sus labios para silenciarla).

Alonso: Estas aquí, eso lo dice todo. (La tomo por la cintura al tiempo que me rodea la nuca con los brazos, nuestros labios se buscan, se necesitan, pero apenas acercarme el maldito olor a tabaco que emana me carcome las fosas nasales, pese a eso necesito sentirla. Nuestros labios se encuentran, los suyos parecen hambrientos e invade mi boca inmediatamente, ¡carajo! Me alejo unos centímetros por el inmediato rechazo al exagerado sabor a alcohol ¿qué mierda bebió?).

Camila: ¿Qué-qué pasa? (Inquiere con las palabras enredadas provocadas por el licor inundando su sangre, embruteciendo sus neuronas).

Alonso: ¡Carajo, Camila! ¡Estás borracha! (Exclamo con la sangre incendiándome de rabia, al tiempo que aparto sus brazos de mi cuello).

Camila: ¡Oh vamos!, no empieces con eso. (Intenta volver abrazarme pero le sujeto los brazos, su maldito estado me indigna tanto o más que el que dudara de mí).

Alonso: Te dije claramente que no quería volverte a ver alcoholizada.

Camila: ¿Quieres dejar esa tontería?, ¡bésame! (Acerca los labios con el aliento alcohólico mezclado con el maldito tabaco pestilente, me contengo para no mandarla al demonio, alejándome para sujetarme del respaldo de una silla con las manos temblando de coraje).

Alonso: ¿Llegaste manejando? (Arrastra las manos por mi espalda desnuda, intentando torpemente seducirme, exponenciando la cólera retumbando en mi pecho).

Camila: ¿Me vas a decir que no me extrañaste?, que no me deseas… (El maldito tono de voz intoxicado me enerva, rodea mi cintura para meter las manos por debajo del bóxer buscando mi miembro).

Alonso: ¿Qué mierda? (Elevo la voz exasperado sujetándole las manos, al girar me encuentro con la mirada cristalina enrojecida y perdida). ¿Así es como te comportas cuando estás borracha? ¿¿Ofreciéndote como una cualquiera??

Camila: ¡Eres un imbécil! (Escupe indignada antes de dirigirse a la puerta, pero la detengo del brazo).

Alonso: No te vas a ir así.

Camila: ¡Suéltame! (Intenta zafarse de mi agarre pero la llevo hasta el sofá obligándola a sentarse pese a sus protestas).

Alonso: Solo te pedí una cosa, una maldita cosa, ¡con un demonio, Camila! (Tomo el teléfono para marcar a recepción, no puedo verla así, es-es demasiado insultante).

Camila: ¡Tú y tus malditas estupideces!, no debí venir.

Alonso: Es lo único coherente que has dicho, no debiste venir. (Solicito un auto en recepción).

Camila: Puedo manejar perfectamente. (No le respondo, no se debe discutir con borrachos, lo he sabido siempre, en cambio le arrebato el bolso, intenta levantarse del sofá, pero basta con un ligero empujón sobre el hombro para regresarla a su sitio. Extraigo las llaves del bolso antes de regresárselo, me giro para no verla sujetándome con fuerza del estante de la sala). ¡Eres un…! (Golpeo el estante provocando un estruendo y con ello su silencio).

Alonso: Ni una palabra más, Camila, ni una maldita palabra más. (Ordeno entre dientes, observándola sin reconocerla, conteniendo la rabia, el asco y la decepción. Respondo al teléfono al primer timbrazo). Tu auto está en la entrada del edificio, fuera de aquí. (Le hago un gesto con la cabeza hacia la puerta. Al levantarse se enfrentan nuestras miradas inundadas de cólera).

Camila: Te vas arrepentir de esto. (La sujeto del brazo guiándola hasta la puerta).

Alonso: Créeme, Camila, ya estoy arrepentido, de-ti.

La dejo fuera de mi apartamento cerrando con un portazo que retumba en las paredes, me sujeto del marco de la puerta pegando la frente a ella, ¿por qué haces esto, Camila? Golpeo la madera antes de dirigirme en busca de las llaves para entrar a la habitación que mantengo cerrada al final del pasillo, necesito-necesito calmarme o voy a terminar destruyendo el maldito apartamento.

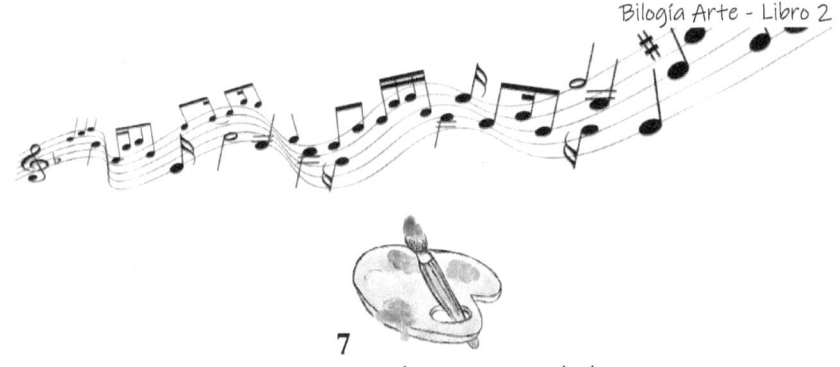

7

"La música expresa lo que no se puede decir
y aquello sobre lo que es imposible estar en silencio"
Victor Hugo

Alonso

Si los días anteriores habían sido difíciles, después de su visita a casa, han sido una tortura, no logro sacarla de mi cabeza un maldito segundo, concentrarme en la oficina es prácticamente imposible.

Creí que en cualquier momento Leonardo me llamaría para despedirme o exiliarme del país, pero parece no estar al tanto de nada, si su mujer no ha abierto la boca es porque debe estar planeando algo para destruirme o la bomba ya hubiese explotado, sabe que deshacerse de mí no es algo sencillo.

¡Mierda! Aparto la vista de la pantalla para girar el cuello llevándome la mano a la nuca, ¿cómo demonios llegamos a esto?

Sé que me quiere y yo la adoro, ¡carajo! Estaba dispuesto a hablar con el viejo, aun arriesgándome a perder todo por lo que he trabajado…

Quizá hubiese bastado con negar lo que su madre afirmaba, en lugar de aferrarme a mi orgullo igual que ella, ¡se supone que somos adultos!, Gina la puso entre la espada y la pared y yo no le ofrecí una salida.

Me levanto frotándome los ojos, dando unos pasos para estirar las piernas.

¡Demonios, Cam! Si tan solo no hubieses llegado en ese estado a mi apartamento, puedo aceptar casi cualquier cosa, menos eso… Necesitamos aclarar esta maldita situación o voy a terminar volviéndome loco o incluso peor, cometiendo un error o tomando una mala decisión. Sabía que la ninfa prohibida sería mi perdición y aun así caí rendido a esas notas dulces que han marcado un ritmo diferente a mi vida, uno al que no quiero renunciar.

Alonso: ¿Se encuentra en su oficina? (Pregunto a su asistente al llegar frente a ella. Es clara su sorpresa al verme, posiblemente esté enterada de todo lo que ha sucedido entre nosotros).

Verónica: Sí, permítame anunciarlo. (Responde tomando el teléfono, pero coloco una mano en él antes de que marque cualquier número).

Alonso: Si se niega a verme, dile que esperaré aquí el tiempo que sea necesario, pero hablaremos.

Sentencio dispuesto a cumplir mi palabra. Realiza la llamada y como lo imaginé, su asistente tiene que advertirle que no me iré, por lo que termina accediendo a que pase a su despacho. Extraigo del saco el frasco transparente con cápsulas de menta para arrojar un par directo a mi boca antes de entrar.

Está hermosa, como siempre, aunque parece más delgada y el maquillaje no logra ocultar del todo la sombra bajo sus ojos, no soy el único que la está pasando mal con esta maldita situación y no permitiré que todo se lo lleve el demonio por las mentiras de su madre y la poca madurez de nuestra parte.

Camila: ¿Qué demonios quieres? (Pregunta de mala gana, suspiro conteniendo mi carácter, no voy a caer en provocaciones esta vez).

Alonso: No vine a discutir, al contrario, necesitamos hablar, aclarar esta situación. (Sonríe maliciosa levantándose para dar unos pasos hacia el ventanal, la sigo con la mirada pero tengo que apartarla parpadeando en varias ocasiones por la molestia que la claridad me provoca).

Camila: ¿Aclarar? Yo tengo todo muy claro.

Alonso: No, no es así, lo sabes. Me conoces, Cam, no hubieses ido a mi apartamento si tuvieras todo tan claro.

Camila: Ese fue un maldito error que no pienso repetir. (Escupe con rabia, fulminándome con la mirada, indignada por como la corrí de casa). Si eso era todo, mejor vete, tengo trabajo que hacer.

Alonso: Puedo ser tolerante lo sabes, Camila, pero llegaste borracha aun sabiendo lo mal que me pone, ¿cómo esperabas que reaccionara? (Añado exasperado, perdiendo momentáneamente la calma con la que me había propuesto entablar esta conversación).

Camila: Sal de mi oficina. (Me froto el puente de la nariz bajando la mirada un momento, ¿cómo demonios la hago entrar en razón?).

Alonso: ¡Por favor, Cam!, entiendo que estés enfadada, yo también lo estaba, lo estoy, pero-pero baja la guardia un momento, seamos razonables.

Camila: ¡Razonables! (Exclama sarcástica alzando la voz).

Alonso: Escucha, sé-sé que tienes trabajo, estás esperando que se autoricen unos presupuestos para dar inicio a la grabación de los comerciales, yo también tengo algunas cosas que resolver, ¿por qué no vamos a cenar?, escoge el lugar que desees, solo danos una oportunidad, si después de hablar decides que lo nuestro no vale la pena, no volveré a insistir.

Camila: ¡Nunca valió la pena! (Sentencia decidida con los brazos cruzados, arrojando ácido a la herida abierta, su imagen se obscurece por una fracción de segundo, ¡carajo, ahora no!).

Alonso: Estaré en mi oficina, por si cambias de opinión.

Camila: ¡Vete al demonio!

Alonso: Tengo días caminando bajo su sombra.

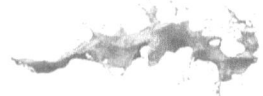

Camila

No voy a darle una sola oportunidad más para que me humille…

Verito me informa al llegar a la oficina que el presupuesto aún no ha sido autorizado, ayer estuve esperando su confirmación todo el día, por lo que le pido me comunique con el departamento de finanzas, donde me aclaran que al ser una suma importante requiere la autorización del director administrativo, el cual tiene desde ayer por la tarde los documentos listos para firma. ¿Qué demonios pretende? ¿Sacarme de mis casillas? Seguro lo detuvo porque me negué a salir con él, pero me va a escuchar.

Irrumpo en su despacho sin anunciarme, sabiendo de antemano lo mucho que detesta que lo haga.

Camila: ¿Quieres explicarme qué…? (Su oficina se encuentra a media luz, con las persianas cerradas. Sale del cuarto de baño sin saco, ni corbata, con unos cuantos botones desabrochados frotándose la frente con gesto dolorido).

Alonso: ¿Camila? (Inquiere con los ojos entrecerrados). Por favor, Cam, ahora no. (Susurra con voz áspera, hay un par de cojines del sofá desacomodados, y la bolsa de hielo se encuentra sobre la mesa).

Camila: Tienes migraña. (Intenta colocarse las mancuernillas).

Alonso: No exactamente, ya-ya ha terminado. (¿Terminado? ¿Qué demonios hace aquí?). ¡Carajo! (Exclama exasperado al no poder colocarse las mancuernillas) ¿Podrías? (Pide extendiendo la mano con gesto frustrado).

Camila: Deberías estar en tu casa. (Me percato de que tiene el cabello húmedo mientras me acerco para ayudarlo, acaba de ducharse). ¿Dormiste aquí? (Asiente con las cejas enarcadas). Debiste irte en cuanto comenzaste a sentirte mal anoche.

Alonso: Ya era tarde cuando comenzó el dolor y ahora tengo una reunión, preferí quedarme a arriesgarme a perderla.

Camila: ¡Estás loco! Tienes que irte, le pediré a Nancy que te pida un auto.

Alonso: No puedo, Cam.

Camila: ¿A qué te refieres con que no puedes?

Alonso: En diez minutos arriban a las instalaciones unos japoneses, tengo que recibirlos, desayunaremos en la sala de juntas.

Camila: ¿Recibirlos? Apenas puedes mantenerte en pie, ¡cancélalo!

Alonso: Esta reunión es muy importante. (¡Dios! Está exhausto).

Camila: ¡Claro!, porque el maldito trabajo siempre es primero. (Suelta un suspiro, está que no se aguanta).

Alonso: Si a mí alguien llega a cancelarme una cita el mismo día, no vuelvo a responderles una sola llamada, los japoneses son mucho más delicados y tienen un proyecto muy ambicioso de hoteles en al menos tres continentes. (Me agradece por las mancuernillas antes de entrar al vestidor para tomar una corbata y rodear su cuello con ella).

Camila: Que los reciba Adrián o algún otro directivo. (Añado tomando las extremidades de la corbata para hacerme cargo del nudo).

Alonso: Se necesita conocer todas las ramas de la empresa, no puedes salir con una respuesta ambigua con potenciales clientes, además, tu padre me pidió que me encargara personalmente. (Se frota la sien cerrando los párpados).

Camila: Papá no sabe que has pasado días aquí metido, que no dormiste anoche y que acabas de tener un episodio de migraña.

Alonso: Dormí unas tres o cuatro horas. Créeme, Cam, si pudiera estaría en cama. (Salimos del vestidor, lo he visto tener episodios de migraña cada mes después de la junta mensual y la pasa terrible, es incapacitante, necesita descansar).

Camila: ¡Eres un necio! (Se deja caer sobre la silla tras su escritorio alzando el rostro con los ojos cerrados). Te irás en cuanto se vayan los japoneses. (Se limita a asentir. Gesticula un gesto de dolor ante el timbre del teléfono, el cual contesta inmediatamente).

Alonso: Ya han llegado, los recibiré en el elevador. (Añade acercándose).

Camila: Alonso…

Alonso: Gracias por preocuparte, estaré bien. Me parte el alma verlo así; vulnerable, sin el desafío en la mirada que siempre porta, dolorido y exhausto. Se acomoda la corbata, arroja una cápsula de menta a su boca, respira profundamente y endereza la amplia espalda antes de abrir la puerta. Lo observo detenerse frente al elevador, el ceño fruncido desaparece en cuanto se abren las puertas, cuatro japoneses con dos grandes guardaespaldas aparecen. Alonso los saluda inclinándose ante ellos con las palmas unidas).

Alonso: E *yōkoso* CEMTY.

Los japoneses responden a su saludo con la misma inclinación e inmediatamente después uno le ofrece la mano comenzando la conversación en inglés. Los observo perderse por el pasillo hasta la sala de juntas, debe tener el estómago revuelto, ¿cómo se supone que desayune con ellos?, ¡es un necio!

Verito me avisa en cuanto los ve salir de la sala de juntas, tomo su portafolio que ya había recogido de su oficina y mi bolso, después de darle un besito a Pechan que me mira con tristeza adivinando que se quedará, pero Verito me ha prometido que se hará cargo de él sin problema.

Observo a los japoneses despedirse con una reverencia que es correspondida por Alonso antes de subir al elevador, en cuanto las puertas se cierran se cubre los ojos con una mano al tiempo que se recarga con la otra en la pared, ¡me duele verlo así!

Camila: Vámonos, ya tengo tus cosas. (Digo en voz baja, sabiendo de antemano lo sensible que debe encontrarse a los sonidos fuertes, al tiempo que presiono el botón del ascensor).

Alonso: Debo…

Camila: Ya le avisé a Nancy, toma.

Le ofrezco sus lentes oscuros, los cuales tuve que extraer de su auto, tomando las llaves de su oficina, sin su consentimiento, pero sabía que las necesitaría. Se las coloca inmediatamente y sin decir más subimos al elevador.

No debería estar haciendo esto, no debería importarme qué tan mal se encuentra, pero no puedo aparentar indiferencia, me duele verlo así, no tengo idea si me mintió o no, pero los ataques de migraña son reales y no estaré tranquila hasta al menos verlo recostado recuperándose de la terrible noche que debió pasar ahí solo en la oficina. Le indico que nos iremos en mi auto y en cuanto sube se aparta los lentes y cubre sus ojos con el antebrazo reclinando el asiento.

Al llegar, baja lentamente del auto volviéndose a colocar las gafas oscuras. En cuanto el chico de recepción nos ve, lo llama diciendo que ayer le llegó un paquete, pero no lo vieron para entregárselo, ¡claro! Pasó el día entero en la oficina. Le entrega una pequeña cajita de regalo con un mini pastel. ¡Ay no! Le agradece tomando ambas cosas para regresar junto a mí frente a la puerta del elevador.

Camila: Te ayudo. (Le quito el pastel de las manos, es de mango, ¡fue ayer!, su cumpleaños fue ayer). Felicidades. (Añado apenada, sonando como una estúpida una vez que entramos al elevador. Me agradece forzándose en curvar un poco los labios, en un gesto que está muy lejos de ser la hermosa sonrisa que tiene).

Alonso: Quita esa cara, no tiene importancia, nunca lo festejo, mi madre es la única que lo recuerda y siempre me envía un obsequio. (¡Dios! Pasó su cumpleaños, solo, en la oficina y con migraña, me siento una cucaracha).

Camila: Ayer me invitaste a cenar.

Alonso: Creí que la fecha ayudaría para que aceptaras.

Camila: No lo mencionaste.

Alonso: No me diste oportunidad, de todas formas, si lo hubiera hecho, el resultado habría sido el mismo. (Recarga la espalda contra la pared bajando el rostro. No puedo evitar sentirme culpable, tiene razón, estaba furiosa, aún lo estoy, ¿cómo es que no lo recordé? Quizá si hubiese aceptado no habría terminado pasando la noche en la oficina. Salimos del elevador al llegar al último piso). Hiciste bien en no aceptar, con la migraña posiblemente habría tenido que retirarme sin llegar a ningún punto. (Me adelanto a abrir la puerta).

Camila: Anda, ve a recostarte. (Asiente perdiéndose en el pasillo con los amplios hombros caídos. Lleno la bolsa de hielo que siempre usa sobre la cabeza en estos casos, y al entrar a su habitación no está en la cama como esperaba. Cierro la cortina y lo veo peleándose con las mancuernillas nuevamente en el cuarto vestidor). Déjame ayudarte. (Incluso con la mirada apagada logra ponerme nerviosa. Me agradece deshaciéndose de la camisa). Solo tú eres capaz de colgar el saco en su lugar en las condiciones en que te encuentras.

Alonso: Ya pasó la peor parte. (Lo observo despojarse de los zapatos y el cinturón, sus músculos parecen más marcados que la última vez que lo vi sin ropa, adoro esos bíceps, noto un punto amoratado al recorrer su brazo con la mirada, justo en la vena).

Camila: ¿Eso es de una aguja? (Inquiero sujetándole el brazo).

Alonso: No es nada. (Le resta importancia quitándose los pantalones. ¡Nada! Uno no se inyecta directo en la vena por nada, o quizá…). ¿Qué demonios está pasando por tu cabeza? (Me interroga molesto sujetándome por los brazos con las cejas enarcadas). Sabes, no me respondas, no quiero saber, no puedo con una sola cosa más, no hoy. (Me suelta de mala gana para apoyarse en la pared e inclinarse al quitarse los calcetines). ¡¿En serio?! ¿Drogas?, ni si quiera tomo refresco, ¡carajo, Camila! (Se yergue frente a mí y tengo que levantar el rostro para enfrentar esa mirada dolorida, decepcionada. No logro articular palabra, tiene razón, él sería incapaz de consumir algo ilegal, igual de incapaz de tocar a una mujer sin su consentimiento, ¡lo sé! Algo dentro de mí no ha dejado de gritármelo, pero…) El dolor me sobrepasó anoche, tuve que llamar a un médico para que me sedara. (Confiesa con una mezcla de coraje y vergüenza).

Camila: ¡Por Dios, Alonso! ¿Por qué no me llamaste? (Suelta una ligera sonrisa exhausto).

Alonso: ¿En serio lo preguntas…? (Sus palabras se me clavan en el pecho, me siento la peor mujer del mundo mundial). No te preocupes, no es la primera vez que tengo que hacerlo, solo que hacía meses el dolor no era tan intenso.

Entra a su habitación para sentarse sobre la cama dejando caer el rostro entre las manos, ¡Dios! Quiero abrazarlo, cuidarlo, pero ya nos hemos dicho demasiadas cosas hirientes, ya no quiero equivocarme. Necesita descansar, detengo la mano al percatarme de estar a punto de acariciar su cabello.

Camila: Descansa. (Susurro conteniendo el nudo de lágrimas atascadas en mi garganta, pero antes que pueda dar un paso me sujeta por la muñeca).

Alonso: ¿En verdad tengo que pedirlo? (Inquiere sin levantar el rostro, se estremece antes de lograr responderle y termina de desplomarse sobre el colchón, enterrando el rostro en la almohada ocultando el malestar con los grandes músculos de la espalda contraídos, ¡mi amor!, no lo puedo dejar así. Me siento a su lado, recargada en la cabecera de la cama para acariciar su cabello, se arrastra inmediatamente a mi regazo abrazándome por la cintura y suelta un jadeo de alivio en cuando pongo la bolsa de hielo sobre su sien).

Camila: Tranquilo, descansa…

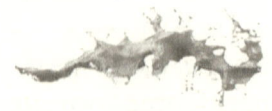

Un par de horas después de caer dormido se remueve entre las sábanas mencionando mi nombre con voz áspera buscándome a su lado.

Camila: Aquí estoy, tranquilo, descansa. (Le toco el hombro y se gira con los ojos entrecerrados y gesto aliviado, me observa un segundo antes de capturarme contra su pecho con los fuertes brazos).

Alonso: Creí que te habías ido. (Susurra en mi oído antes de pegar los labios a mi frente, extrañaba tanto su calor, su olor).

Camila: ¿Cómo te sientes?

Alonso: Mejor, ya es solo la resaca. (Responde pegando su frente a la mía).

Camila: Has dormido muy poco, necesitas descansar.

Alonso: ¡Gracias!

Camila: Ni lo digas, no hay nada que agradecer.

Alonso: Cam... debí negarlo-debí negar lo que te dijo tu madre, debí darte la seguridad que necesitabas (me sorprende con su declaración). Me enfureció, me dolió que dudaras, que no confiaras en mí, pero no pensé en cómo debías sentirte tú, sé que la conoces pero al final del día ella sigue siendo tu madre y...

Camila: Por favor, Alonso, ahora no. (Le pido suplicante, aún no está bien y eso es lo que me importa ahora).

Alonso: Necesitamos aclararlo, ya dejamos pasar mucho tiempo, o al menos a mí me parece una maldita eternidad.

Camila: Lo sé, lo sé... pero ahora no, necesitas descansar, has dormido muy poco, cargando con demasiadas presiones, era esto lo que me temía, tarde o temprano ibas a colapsar. (Añado acariciando el hermoso rostro masculino que se esfuerza por mantenerse despierto).

Alonso: No te preocupes, estoy bien, solo necesito dormir. Prométeme que lo hablaremos, amor. (Asiento con un nudo en la garganta, el músculo adolorido tras mi esternón se estremece al percibir una caricia con esa última palabra). No tienes una idea de cómo me has hecho falta, bonita. (Susurro su nombre con las lágrimas agolpándose en mis pupilas, sus labios acarician los míos con apenas un roce que logra estremecerme, respondo al beso con los labios temblorosos recibiendo un soplo de vida del cálido aliento. Lentamente se abre paso al interior de mi boca pero en cuanto nuestras lenguas se encuentran percibo sus músculos tensarse apartándose de mis labios soltando un ligero jadeo dolorido). ¡Demonios! Lo siento, Cam, aún no… (Se disculpa ocultando el rostro en mi cuello).

Camila: ¡Shhh…! No te preocupes, lo sé, tranquilo. (Acaricio su cabello sabiendo que aun en la resaca de la migraña llega a tener punzadas, no puedo ni imaginarme lo mal que debió estar para tener que sedarse). Por favor, descansa.

Alonso: ¿Estarás aquí cuando despierte?

Inquiere en un susurro buscando mi mirada, estrujándome el pecho con las esmeraldas apagadas, asiento y me besa la frente antes de volver a relajarse, el agotamiento mortal que aferra su cuerpo tira de él y poco después vuelve a caer dormido conmigo entre los brazos…

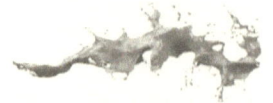

Alonso

Al separar los párpados la bella imagen de la ninfa prohibida aparece justo a mi lado, en mi cama, como la he deseado tener cada noche desde la primera vez que cambió el tono mi vida con esa cálida sonrisa. Mi miembro se crispa y endurece de inmediato reclamando el contacto que me ha sido negado sin merecerlo.

Baja el celular al darse cuenta que la observo, nuestras miradas se conectan transmitiendo toda esa añoranza, necesidad, anhelo, sed, amor que nos ha estado consumiendo.

Acaricio el sedoso mechón dorado que cae sobre su rostro, continuando el roce por su brazo al tiempo que me acerco atraído por la satinada piel. Respiro su aliento y la temperatura de mi sangre se eleva con el contacto de mi dureza contra su muslo.

Alonso: Te amo…

Las palabras son expulsadas de mi pecho en un susurro sin planearlo antes de apoderarme de sus labios con lentas y profundas caricias. Me recibe dispuesta, dándome acceso a su boca, a su cuerpo, estremeciéndose impaciente al tomarme mi tiempo en desenvolver el regalo divino que me ha dado la vida.

Su ausencia fue un doloroso peso tangible sobre mi cuerpo y su aceptación mi sanación.

Suelta un jadeo al sentir mi peso sobre ella, inundándome de vida y energía.

Camila

Me observa con total admiración y mi cuerpo responde a la potente atracción que siempre lo ha embriagado sin detenerse a pedir el consentimiento de mi razón, por el poderoso espécimen masculino que hacía unas horas parecía derrumbarse y ahora exuda veneración y vigor sexual.

El torrente de energía entre mis piernas se intensifica en palpitaciones al sentirme pequeña bajo su enorme cuerpo.

Camila: ¡Hazlo! (Suplico deteniendo el peregrinar de su boca entre mis senos a mi entrepierna, sujetándolo por los bíceps).

Alonso: No puedo, no voy a lastimarte. (La necesidad por tenerlo dentro llega más allá de la desesperación, el vacío sin él se convierte en agonía).

Camila: He estado vacía sin ti, necesito que me llenes, por favor... (Me he debilitado por su ausencia sobre mi cuerpo, dentro de mi cuerpo. Arrastra una mano a mi centro y el solo roce de sus dedos me estremece, mi humedad le provoca un gruñido que reverbera en mis entrañas. Sus labios regresan frente a mi rostro e intento empujar la cadera al percibir la punta hinchada en mi entrada pero su grande mano me lo impide).

Alonso: Despacio, bonita, yo me encargo.

Alonso

Su centro se encuentra resbaladizo, suave, deseoso y sensible, por lo que accedo a su petición. El calor de nuestros cuerpos parece inundar la habitación aumentando con cada tortuoso roce.

La exorbitante sinfonía de nuestros gemidos, su opresión consumiendo mi longitud y sus hermosas facciones exaltadas con mi hombría invadiendo su interior; se transforma en tormenta recorriendo mi cuerpo concentrándose en mis pelotas haciéndolas arder.

Nuestros cuerpos se reconocen y danzan al unísono lentamente, contengo el ímpetu y hervor de nuestra sangre al tiempo que nos devoramos a besos. En cuanto libero su cadera del fuerte agarre que sometía su pasión se clava con mayor profundidad, la electricidad que nos recorre es tan grande que no nos permite continuar con el beso.

El paraíso se encuentra entre mis brazos hecho mujer y el orgasmo que está pendiente de la punta de mi erección exige a gritos ser liberado. Sus jadeos se intensifican, el delicado cuerpo se tensa aferrándose a mi espalda delirante por alcanzar el orgasmo. Bajo una mano a su trasero para pegarla más a mi cuerpo, con lo que consigo desencadenar las contracciones en su interior succionándome, destruyendo cualquier atisbo de autocontrol, por lo que tomo su mano para llevarla a la base de mi dureza envolviendo sus dedos con los míos a mi alrededor, la completa sensación de profundidad termina por arrojarme entre fuertes gruñidos y convulsiones al devastador orgasmo que sacude cada uno de mis músculos.

Camila

Se deja caer a mi lado pegándome a su pecho, nuestros corazones retumban uno contra el otro al tiempo que besa mi frente.

Alonso: ¿Te encuentras bien? (Inquiere una vez que logra recuperar el aliento). ¿No te he hecho daño, bonita?

Su imponente energía sexual ha sido remplazada por la ternura y devoción con que me abraza, niego con mil emociones formando un remolino en mi garganta. Las grandes manos recorren mi espala y percibo cómo es arrastrado por el cansancio de regreso al mundo de los sueños. ¿Qué demonios hice? ¿Qué se supone que debo hacer?

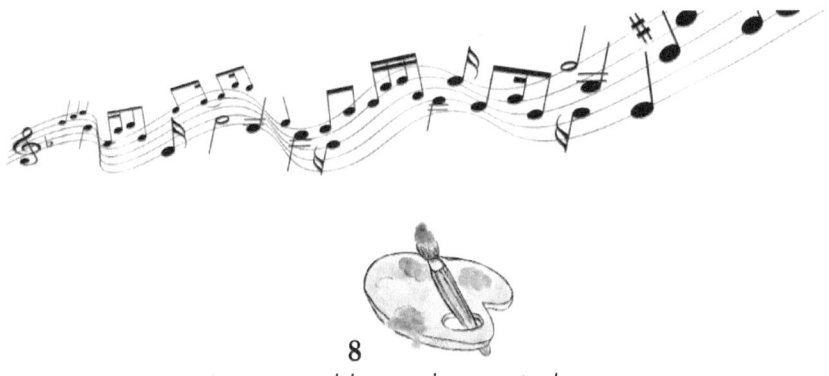

8

"Un escritor debe tener la precisión de un poeta
Y la imaginación de un científico"
Vladimir Nabokov

Luna

He debido hacerme cargo de todo con respecto al viaje, reservaciones de hotel, avión, la renta del automóvil, incluso tuve que estar tras de él para que hiciera su equipaje, Damián parece un chiquillo, prácticamente le tuve que enseñar a acomodar su ropa en la maleta, no me quiero imaginar cómo la preparaba antes. Pero eso no me molesta, en realidad es divertido, mi artista siempre encuentra la forma de hacer de cualquier actividad algo entretenido.

Pero aunque intenta ocultarlo, sé que algo le preocupa, según las redes sociales, programas y periódicos, su exposición resultó un éxito en todos los lugares donde se ha presentado, pero se mantiene intranquilo, quizá sea la persona a la que me quiere presentar, de la cual se niega a dar cualquier detalle.

Admirar las hermosas montañas de mi Monterrey me reconforta el alma, no me había percatado de lo mucho que las extrañaba, tan imponentes y resguardando la ciudad, tan solo de verlas ya se me antojó la carne asada.

Damián me ha dicho que estará ocupado y que no regresará al hotel hasta tarde, así que tengo el día libre para ver a mamá y a Areli, las he extrañado muchísimo y seguro habrá mucho que platicar con ambas.

Mi madre parece haberse resignado a mi decisión de dedicarme a pintar, estoy segura que cuando vea las obras de Damián no tendrá ninguna duda y sus temores desaparecerán, me encantaría presentárselo, seguro mi artista se la ganaría en un segundo con esa sonrisa encantadora. Areli casi me tortura con tal de que le enseñe una foto de él y a pesar de que confío en ella, no traicionaría la confianza de Damián divulgando su verdadera identidad, resguardar su privacidad es MUY importante para él.

Alonso seguramente sigue igual de testarudo trabajando sin parar, me encantaría verlo, recibir su apoyo, pero sé por mi madre que no ha cambiado de parecer con respecto a mi decisión, por lo que prefiero no llamarlo, no quiero otro enfrentamiento con él.

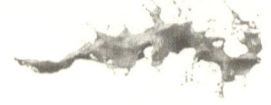

Damián

Damián: Ya regresé, como cada año y sí, aquí traigo la botella y los cigarros mentolados de mariquita que te gustaban. (Tomo asiento en los escalones de la capilla familiar donde descansan los restos de mi mejor amigo). Mañana comienza mi exposición en la ciudad, ya recorrió el mundo, ¿puedes creerlo? La gente y los malditos críticos de arte en verdad son estúpidos, quizá tres pinturas de toda la exposición realmente valgan la pena…

Sé que te prometí que este año lo enfrentaría, le cerraría la boca con miles de dólares, el único idioma que él conoce, pero, debo retractarme, ¡espera, déjame explicarte! Acabo de terminar mi próxima exposición y es la primera vez que considero que todas las pinturas merecen recorrer el mundo y eso se lo debo a la musa, encontré a mi Calíope, a la musa de musas… te gustaría, es del tipo de chica que no debería acercarse a tipos como yo. (Destapo la botella de tequila y doy un sorbo directo de ella).

¡Mierda! No había tomado tequila hacía meses, la última borrachera que me puse casi voy a que me internen…

Se llama Luna, no es broma, ¡Luna!, Zeus y Afrodita debieron crearla para mí, no te burles, en verdad es diferente, sabes que soy un enamorado de las mujeres, fiel al hedonismo, pero… creo que me enamoré, (suelto una risa estúpida), al menos así lo llaman, es la primera vez que lo admito en voz alta, a todos nos llega la hora ¿no?, tú también te habrías enamorado de ella, Luna es… magia, es arte…

En fin, por eso es que esperaré un año para callarle la boca con la próxima exposición, con pinturas realmente majestuosas, no solo con el precio con que se venden, sino con un trabajo digno de los mejores museos. Aún estoy lejos de ser el mejor, me pusiste una vara muy alta, hermano, pero sigo avanzando, lo entiendes ¿verdad?

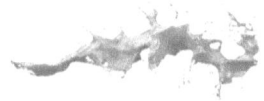

Alonzo

Busco el cálido cuerpo de mi chica con los ojos aún cerrados sin encontrarla, me obligo a separar los párpados, me giro lentamente al no verla, pero me encuentro solo entre las sábanas frías. La llamo por su nombre con voz cauta, aún con la pesadez de la resaca en las sienes sin recibir respuesta, por lo que me incorporo de la cama.

Un ligero mareo me golpea en cuanto me pongo en pie ¡mierda! Necesito beber y comer algo, camino aturdido al cuarto de baño pero se encuentra vacío, ¡no pudo irse!

La busco en el resto del departamento pero no hay señales de ella ¡carajo! Marco a su celular pero lo deja timbrar hasta mandarme a buzón, intento contactarla nuevamente pero no me responde, ¡qué mierda!

Llamo a Rojas para cerciorarme que todo esté en orden, me asegura que no ha sucedido nada fuera de lo normal y que la señorita Zambrano ha arribado a su casa hace un par de horas.

No lo entiendo, se fue sin despedirse, sin ningún motivo, simplemente se fue, ¿a qué estás jugando? ¡Con un demonio Cam…!

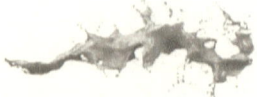

Nancy me notifica en cuanto Camila arriba a la empresa como se lo he pedido. Acomodo mi corbata frente al espejo, no la entiendo, creí que habíamos aclarado nuestra situación, pero no se tomó la molestia de responder a mis llamadas ni al mensaje que le dejé, por lo que no tengo idea en qué posición se encuentra ahora.

Me froto el puente de la nariz, aún cargando con los estragos de la resaca. ¡Carajo!, extraigo del interior del saco el frasco con cápsulas de menta y arrojo una directo a mi boca antes de dirigirme a su oficina.

Le solicito a su asistente me anuncie, pero se niega a recibirme argumentando que se encuentra ocupada, ¡qué mierda! Debería irrumpir en su oficina como siempre lo hace ella y obligarla a darme la cara, pero… ¡No!, ya no, estoy cansado de sus estupideces, traté de entenderla, de comprender la posición en que se encuentra, pasé por alto el que haya llegado ebria a mi casa, la busqué, ayer hicimos el amor, y ahora simplemente se niega a recibirme, ¿¡a qué carajos está jugando?!

Alonso: Dile… olvídalo, gracias.

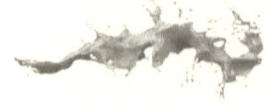

Luna

Anoche apenas y me di cuenta de su llegada, debió ser entrando la madrugada, olía a alcohol y tabaco.

Entro al cuarto de baño, para comenzar arreglarme, muero por verlo en el traje que lucirá esta noche, se verá guapísimo, espero que el vestido que Areli me ayudó a elegir le guste.

*Damián: ¿Cómo está mi chica consentida?... No puedes decírselo a nadie, pero llegué ayer a la ciudad… Estuve algo ocupado, pero hoy tengo pensado algo especial para nosotros, así que cancela al imbécil con el que sea que vayas a salir… Te mandaré la ubicación por mensaje, te quiero ahí a las ocho de la noche, radiante y provocando la envidia de todas las mujeres, y el deseo de todos los hombres, como siempre… Sí, yo también.

Mi corazón enmudece al escucharlo hablar por teléfono, ¿a quién demonios le habla con tanto cariño?

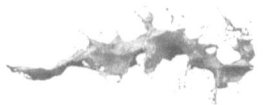

Me estoy asfixiando en estas malditas cuatro paredes, necesito salir de aquí pero no voy a cambiar este enclaustramiento por el de casa. Por lo que prefiero escribirle a Emilio.

*Alonso: ¿Hoy son las peleas clandestinas? ¿A qué hora y en dónde?

*Emilio: ¿Quién eres? ¿Secuestraste a mi mejor amigo?

*Alonso: ¡Idiota! Pásame los datos.

*Emilio: Te desconozco, pero no puedes llegar así nada más como si fuera una carne asada, necesitas invitación o ir con alguien que tenga una, vente a la casa y de aquí nos vamos.

*Alonso: Allá te veo.

Me doy una rápida ducha en la oficina, los últimos días he traído varios cambios de ropa, ya que ha habido ocasiones en las que he preferido no ir a mi apartamento.

Manejando rumbo a casa de Emilio recibo una llamada de mi madre, lo cual no es muy común.

*Mónica: Luna estuvo hoy en casa, casi todo el día. (Comenta entusiasmada).

*Alonso: Me alegro que al fin se haya dignado a visitarte, ¿cómo está?

*Mónica: Está contenta, le gusta mucho lo que hace.

*Alonso: A cualquier haragán le hace feliz no tener responsabilidades.

*Mónica: No hables así de tu hermana, está trabajando de aprendiz y ayudante de un artista.

*Alonso: Mmmmm ¿y ya te dijo en dónde está viviendo?

*Mónica: No, eso no lo mencionó, pero hoy se inaugura la exposición de su maestro, en el Museo de Arte Contemporáneo.

*Alonso: Mmmm ¿irás a verla?

*Mónica: Me gustaría, creí que me desocuparía temprano, pero la boda de la que nos estamos haciendo cargo esta noche con la florería es muy grande, no alcanzaré a llegar, deberías ir tú, mi amor.

*Alonso: Yo no fui requerido, madre.

*Mónica: Ya han sido muchos meses de estar alejados, estoy segura que le dará gusto verte, ¿no crees que ya es hora de hacer las paces?

*Alonso: Mientras ella siga dedicándose a esa estupidez no hay forma, mamá, lo sabes.

*Mónica: Haz un esfuerzo, mi amor, no quiero que mis hijos estén tan alejados, no tienes que aceptarlo, solo acércate a ella, te extraña, lo sé.

*Alonso: Mamá…

*Mónica: Por favor, mi amor, hazlo por mí. (No estoy con el mejor de los ánimos para buscar un acercamiento en este momento, no hemos hablado en meses y la última ocasión que lo hicimos, terminamos en malos términos, imaginarla en ese maldito mundo, desperdiciando su vida, su inteligencia, cualidades y no poder hacer nada me enfurece. Pero no puedo negarme al tono suplicante y preocupado de mi madre. Le duele que estemos distanciados y no lo niego, a mí también me pesa, ¡carajo!).

*Alonso: De acuerdo, mamá, iré un rato, pero no te prometo nada.

*Mónica: Gracias, mi amor.

Al colgar con ella, le envío un mensaje a Emilio, notificándole que ha habido un cambio de planes de último momento y no podré asistir, ¡peleas clandestinas! ¡¿En qué demonios estaba pensando?!

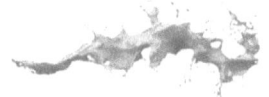

Damián

Aguardo en el bar del hotel a que termine de vestirse y maquillarse, nunca he entendido por qué las mujeres tardan tanto en arreglarse y no voy a desaprovechar mi tiempo en el cuarto cuando puedo pasarlo tomándome una buena copa.

Su belleza me deja sin palabras y eso no es fácil de conseguir, mi musa le hace honor a su nombre, ilumina la noche con cada paso que da, segura, sublime y etérea.

Damián: Seré la envidia de todos los simios disfrazados de caballeros esta noche.

Luna: ¡Gracias! (La tomo de la mano para invitarla a darse la vuelta y admirar cada rincón del vaporoso vestido lila, las piernas le lucen espectaculares encima de los finos tacones plateados).

Damián: Afrodita debe sentirse celosa esta noche.

Luna: Tú también estás muy guapo.

Damián: ¿Te parece? (Inquiero de forma retórica fingiendo acomodar las mancuernillas de la camisa).

Luna: Mucho. (Me da un rápido beso en los labios).

Damián: Recuerda, no menciones mi nombre, ni si quiera el imbécil de mi agente tiene permitido saludarme.

Luna: No te preocupes, lo tengo muy presente, me alejaré en cuanto mi madre anuncie que ha llegado para que no nos relacione.

El evento se encuentra más concurrido de lo que imaginé, al entrar al museo lo primero que se aprecia después de la agradable recepción donde nos ofrecen una copa de *champagne* como bienvenida, es una biografía artística, con palabras rebuscadas y acentuando los "logros", opiniones de "expertos", entrevistas en revistas, programas de televisión y el sinfín de lugares donde se han expuesto mis pinturas, dejando fuera cualquier dato personal, explicando que prefiero mantenerme en anonimato para darle protagonismo únicamente a mis pinturas.

Damián: Demasiada paja presuntuosa, ¿no te parece?

Luna: Es una biografía digna de tu trabajo, te lo mereces.

Damián: Palabrería barata de Ricardo, nada de lo que aquí se expone merece la mitad de esos halagos.

Luna: En ocasiones pecas de modesto.

Damián: Mi joven Luna creciente, yo peco de todas las formas posibles, exceptuando la modestia.

Entro con ella tomada de mi brazo, algunas miradas se pierden en su imagen provocándome una sonrisa orgullosa. Un viejo pese a venir acompañado con la que supongo es su esposa y rondar los setenta años, al pasar de largo gira para observarle el trasero, por lo que bajo la mano y se lo oprimo mostrándole el dedo medio, el respingo que provoco en Luna y la mirada encabronada y sorprendida del viejo me parten de risa.

Luna: Shhhhh ¿qué haces? (Pregunta avergonzada por las miradas que los presentes me dedican gracias a la sonora carcajada).

Damián: ¡Ooohh vamos!, venimos a pasarla bien. (Le arrebato la copa que apenas ha probado para beberla de un solo trago y robarle un par más al mesero más cercano). ¿Quieres ver las pinturas o nos vamos directo al bar?

Luna: Quiero ver las pinturas, por supuesto.

Damián: Mmmmm creo que la pasaríamos mejor en la barra del bar.

Luna: Al finalizar podremos hacer una parada ahí. Ahora vamos.

La velada es armonizada por un piano y violonchelo con música clásica, dando un aura tranquila y elegante a la exposición, nada parecido a las imágenes expuestas.

Frente a la primera pintura un par de chicas alaban el trabajo del artista, con exclamaciones exageradas sin tener el menor conocimiento de lo que hablan.

Damián: ¡A mí me parece una mierda! (El par de chicas junto con Luna me observan reprobatoriamente).

Luna: ¿Pero qué dices?

Damián: Es lúgubre, sin originalidad, con una técnica de difuminado espantosa, parece de principiantes, se supone que el pintor es un GRAN artista, me siento estafado.

Chica 1: ¿Es usted experto en arte?

Damián: ¿Experto?, no es necesario, hasta un topo lo vería.

Luna: Con permiso. (Se disculpa para arrastrarme del brazo fulminándome con las bellas y brillantes pupilas). ¿Qué estás haciendo?, compórtate, no puedes hablar mal de las obras.

Damián: ¿Por qué no? Quién mejor que yo para criticarlas.

Luna: Porque si estás aquí, es porque te gustan.

Damián: No es verdad, la mitad de esta gente no tiene idea sobre mi trabajo, la mayoría ha sido obligado a asistir por su pareja o para pretender frente a los demás que tiene una idea de lo que ve, pero no entienden un carajo de arte.

Luna: No se necesita ser experto para apreciar el arte, con experimentar sensaciones a través de lo que se observa es suficiente, y tus obras transmiten, transmiten demasiado, así te empeñes en no querer verlo. ¡Ahora compórtate!

Damián: Me excito cuando me regañas. (Agrego con picardía).

Luna: Damián, ¡por favor!

Damián: No vuelvas a pronunciar mi nombre.

Luna: Lo siento, tendré cuidado, pero anda, quiero ver el resto. (La acompaño a ver un par de pinturas más, pero mis comentarios parecen avergonzarla, incluso me gano un pellizco con ellos). ¿Y la persona que me ibas a presentar?

Damián: Ya debería estar aquí, pero es mujer y tarda años en arreglarse, la puntualidad nunca ha sido una de sus cualidades. Esperémosla en la barra.

Luna: Quiero disfrutar del resto de la exposición.

Damián: Solo las últimas tres valen la pena, deberíamos saltarnos las patéticas.

Luna: Mi intención es apreciarlas todas.

Damián: Imposible, demasiado para mis pupilas, te espero en la barra.

Luna: Pero, ¿me vas a dejar sola?

Damián: No quieres que exprese mi opinión, no soy solo un caballero de compañía, si no querías que hablara debiste dejarme amarrado y desnudo a la cama para usarme cuando regresaras, tengo pensamientos ¿sabes? (Agrego simulando indignación).

Luna: No seas tonto. (Adoro hacerla sonreír y ruborizarla, le doy un rápido beso en los labios).

Damián: Además, no voy a desaprovechar las bebidas gratis.

Divertido le guiño un ojo antes de emprender la huida. En el lugar se respira una gran y jodida falsedad, debí traer a Luna cualquier otro día, no a la inauguración donde están invitados los medios, políticos y "personalidades" de mierda, tú también estarías asqueado Julián.

Le pido al barman me sorprenda con su especialidad, no tengo idea de qué jodida mezcla me ha dado, pero qué más da, sabe bien, por lo que al terminarla reconozco el buen gusto de mi agente en cada detalle del evento, por algo no lo he despedido. Me pido otra bebida igual.

La iluminación es perfecta para cada sala de la planta baja del museo donde están expuestas mis pinturas, justo como lo solicité, en unas blanca, en otra luz cálida y en otra una mezcla de tonalidades azuladas. La fecha de publicación y los datos en cada obra tienen detalles con finos relieves dorados y justo a los costados de las pinturas, dos pares de audífonos donde se reproduce la canción que especifiqué era perfecta para contemplarla.

Un par de jóvenes llaman mi atención, recorren con la mirada cada trazo, controlando las ganas de tocar el lienzo para percibir con las yemas el relieve de la pintura, debatiendo sobre lo que transmite, los tonos y las técnicas empleadas, posiblemente se encuentren estudiando arte, creo que son los únicos que realmente se encuentran en este lugar por las obras.

Una atractiva joven a mi lado con gesto fastidiado, pide al barman una piña colada.

Damián: ¿En serio? Una piña colada no mejorará tu noche.

Chica: ¿Y qué lo hará? (Pregunta coqueta).

Damián: Dale uno igual al mío. (Expresa un sonido gutural de satisfacción al dar el primer sorbo, como si hubiese metido la mano entre sus piernas, una clara invitación a provocarle más de esos gemidos).

Chica: Excelente recomendación, Daniela Landeros. (Tomo la mano que me ofrece al presentarse).

Damián: Un gusto, el chico *sexy* de la barra. (Me gano otra sonrisa calienta huevos y disfruto de la danza provocativa previa al apareamiento con la chica dispuesta a jugar, entre brindis estúpidos). ¡Salud! Por el exageradamente falso peluquín de aquel viejito de traje a rayas. (Las risas salen naturales entre las estupideces que decimos y el alcohol de la bebida).

Daniela: Salud por las *boobies* operadas de aquella restirada.

Las copas siguen pasando frente a nosotros al tiempo que nos ganamos las miradas reprobatorias de algunos cuantos a nuestro alrededor, afortunadamente la barra está al fondo tras el pequeño escenario de los prodigiosos músicos que definitivamente deberían ser remplazados por una banda de *rock*.

Daniela se acerca invadiendo mi espacio personal tocando mi brazo y hombro valiéndole madre la delicadeza de la coquetería, pidiendo a gritos me la lleve al hotel más cercano, y ¡demonios! Si otro fuera el momento me la habría llevado hace horas, ¿Calíope dónde estás? Salva a este simple mortal de caer rendido ante los placeres de la lujuria.

La mano juguetona baja por mi pecho hasta llegar en medio de mis piernas ¡carajo! Trago con dificultad el sorbo del licor y echo una mirada a mi alrededor, estando frente a la barra nadie parece notarlo, al menos no por el momento.

Damián: No tengo nada ahí para ti.

Daniela: ¿De verdad? Creo que me gustaría verlo por mí misma. (¡Mierda!, no se suponía que respondiera eso).

Damián: ¿Y pretendes arrodillarte a descubrirlo? (No puedo evitar seguir con el maldito juego).

Daniela: Ooooh sí, cuando busco algo, siempre lo consigo. (Frota mis pelotas con la delicadeza y firmeza necesaria, ¡mierda! Sabe lo que hace y mi pincel como buena bestia irracional reacciona instintivamente).

Damián: No lo dudo, eres persuasiva, pero lamento romper tus ilusiones, el chico *sexy* de la barra viene acompañado, pero seguro cualquier otro estará encantado de que busques dentro de sus pantalones.

Daniela: ¿Acompañado? Yo no veo a nadie, parece que soy la única interesada en el chico *sexy* de la barra.

Damián: Mi-mi... (¡Demonios! Se siente bien), chica está viendo las feas pinturas.

Daniela: ¿Quién cambia todo esto, (aprieta mi pincel provocándome un estremecimiento), por unas simples pinturas? Vamos, llévame a un lugar menos aburrido.

Damián: No puedo, el chico *sexy* de la barra irá a buscar a su chica, entiendo que debe ser difícil tenerme tan cerca y no poder saborearme, pero el juego terminó. (Pretendo girarme para ir tras Luna).

Daniela: No lo creo. (Me sujeta por la nuca con la mano libre uniendo sus labios con los míos).

Luna: ¡¡¡Damián!!! (¡Carajo! Aparto a la chica por los hombros).

Damián: Luna, ¿cómo va esa frase…? Ah sí, *no es lo que parece*. (Bromeo intentando mitigar la rabia que la tiene con los puños apretados en los costados, pero no parece surgir efecto, me tambaleo un poco al acercarme a ella, la dichosa bebida tenía más alcohol de lo que imaginé).

Luna: ¿Cómo pudiste? (La detengo por el brazo para evitar que se aleje).

Damián: Aquí no ha pasado nada, estábamos jugando ¿verdad? (Me dirijo a Daniela que asiente al tiempo que da el último sorbo a su bebida sujetándose de la barra para mantener el equilibrio, no sé quién de los dos está más ebrio, ¿qué carajos tenía esa mierda? ¿Alcohol etílico?).

Luna: ¡Suéltame! (Exige entre dientes con los ojos enrojecidos iluminados por la ira y la decepción, ¡mierda!).

Damián: Espera, te juro por Zeus que…

Luna: Basta con tus idioteces, te estabas besando con ella en mis narices ¡suéltame! (Mantengo el agarre para evitar que se marche).

Damián: Yo no la besé, fue ella quien se me acercó, yo ya iba a buscarte.

Luna: Te estaba tocando, eres un cínico ¡¡¡suéltame!!!

Demanda en voz alta tirando de mi agarre.

Alonso

Busco a Luna entre los presentes por un momento, pero no hay señales de ella. Me detengo a disfrutar de las melodiosas notas del violonchelo y el piano que combaten por calmar la tormenta de emociones que se fragua en mi interior, pero se detienen abruptamente, permitiendo escuchar una discusión ¡¡Luna!!

Lo siguiente que tengo enfrente es a un imbécil sujetando por el brazo a mi hermana que demanda ser liberada, la rabia forma una red por mis venas encendiendo cada fibra de mi cuerpo.

Alonso: ¡Qué la sueltes! (Estampo el puño contra la mandíbula del imbécil que termina rebotando contra la barra, al sujetarlo por la solapa del saco detengo el puño en alto listo para impactarlo nuevamente ¡¿qué carajos?!) ¿Leo? (Me giro hacia Luna que parece estar temblando con la mirada cristalina y las facciones desencajadas, claramente sorprendida de verme). ¿Qué carajos haces con Leo Zambrano?

Luna: ¿Leo-Leo Zambrano? ¿El hijo de tu jefe?

Damián: ¿Qué demonios? (Logra zafarse de mi agarre al estar observando a mi hermana). ¿De dónde se conocen?

Luna: ¿Leo? Hemos estado viviendo juntos todos estos meses y ni siquiera me diste tu verdadero nombre… (Se abraza a sí misma dejando caer un par de lágrimas que terminan de enfurecerme. Sujeto al hijo de puta aplicando una llave sobre su brazo pegándolo con fuerza a su espalda).

Alonso: ¿Viviendo juntos? ¡Es una niña, cabrón!

Damián: A ti qué más te da con quien me acues…

Fuera de mí, aplico tanta presión como es posible hasta que suelta un grito y el brazo deja de poner resistencia. Lo giro para estampar otro golpe directo al rostro, la sangre que brota de su nariz y boca no me detienen ¡voy a destrozarlo! Se traga mi puño un par de ocasiones más antes de que un par de sujetos intenten apartarme, alcanzo a escuchar mi nombre de los labios de Luna, de mi hermana, la que este hijo de puta se llevó a la cama siendo prácticamente una niña.

Me zafo del par de sujetos a base de codazos y puñetazos, el malnacido se encuentra prácticamente desfallecido boca abajo en la barra, lo giro del hombro pero apenas puede mantenerse en pie, mi nombre se escucha entre los gritos y exclamaciones de mujeres, y tras un gancho al hígado Leo termina de rodillas en el suelo.

Un sujeto de seguridad viene frente a mí, pero lo recibo con una patada deshaciéndome de él para levantar el rostro de Zambrano por el cabello, pero antes de hundirle el puño en las facciones irreconocibles por la sangre, el rostro aterrado de Camila aparece junto a mí sujetándome el brazo.

Camila: ¡Suéltalo! ¡Lo vas a matar! ¿Estás loco? (¿Qué demonios hace aquí?).

Alonso: Juro que si se vuelve acercarse a mi hermana, ni tú podrás detenerme.

Lo arrojo al piso antes de girarme para encontrar a mi pequeña hermana hecha un mar de lágrimas. La sujeto por los hombros y la obligo a caminar tras el tumulto que se ha arremolinado alrededor de la trifulca, alcanzo a escuchar a Camila pidiendo un médico, pero no me detengo hasta sacar a mi hermana del maldito lugar.

Alonso: ¿Estás bien? (Pregunto al llegar junto al auto).

Luna: Casi lo matas.

Alonso: ¿Te lastimó? ¿Tú estás bien? (Inquiero preocupado recorriéndola con la mirada, asegurándome de que ese imbécil no le haya puesto una mano encima antes de que yo llegara. Asiente sin poder pronunciar más palabras, con las lágrimas atascadas en la garganta ¡carajo! La atraigo a mi pecho y rompe en llanto desgarrándome el alma con cada sollozo provocado por ese malnacido). Tranquila mi niña, nadie va a lastimarte, yo me haré cargo de todo. (Agrego acariciando las ondas castañas permitiendo que se desahogue).

Una vez que logra tranquilizarse la subo al auto para dirigirme a casa de mi madre. En el camino evita mi mirada, observando todo el tiempo por la ventana con silenciosas perlas dolorosas rodando por sus mejillas, Luna no debería estar pasando por esto, apenas es una jovencita.

Al llegar a casa le abro la puerta, pero antes de entrar requiero respuestas.

Alonso: Necesito que me expliques cómo es que terminaste viviendo con ese imbécil.

Luna: Ahora no, Alonso. (Pretende rodearme pero no se lo permito).

Alonso: ¡Responde! ¿Qué hacías con Leo Zambrano?

Luna: Yo no sabía que era el hijo de tu jefe.

Alonso: ¿Entonces quién carajos creías que era?

Luna: Él es el creador de las pinturas que se estaban exponiendo esta noche, es el artista Damián A., así es como lo conocí todo este tiempo. (Reprime un sollozo).

Alonso: Un seudónimo, ¿vivías con alguien que te dio un seudónimo? (Aprieto los párpados conteniéndome para no gritarle).

Luna: Creí que era su verdadero nombre y la A la inicial de su apellido.

Alonso: ¿Dónde lo conociste?

Luna: Por favor, Alonso.

Alonso: ¿¿Dónde lo conociste?? (Repito en un tono más alto, dejándole en claro que va a responder a cada una de mis preguntas, le guste o no).

Luna: ¡Qué más da!

Alonso: Acabo de romperle la cara al hijo de uno de los empresarios más poderosos del país, ¿dónde y cómo carajos lo conociste?

Luna: Lanzó una convocatoria para un aprendiz y ayudante hace meses, la abrió con su perfil de pintor, nunca ha revelado su rostro, nadie sabe quién es, por eso no tenía idea de su nombre, ni que era de la misma ciudad.

Alonso: Él vive en Guanajuato ¿cierto? (Asiente y me froto el rostro sin poder creer la magnitud de la estupidez que cometió). ¿Me estás diciendo que te fuiste a vivir a otro estado, sin avisar a tu familia, sin dinero, con un cabrón desconocido?

Luna: Es un artista reconocido mundialmente.

Alonso: ¡Carajo, Luna! No tenías una maldita idea de quién era, pudo ser un maldito enfermo asesino, te pudieron secuestrar, ser víctima de trata de blancas, vender tus órganos, ¡¿en qué carajos estabas pensando?! (Exclamo furioso).

Luna: ¡¡¡En dedicarme a pintar!!! Tú nunca me apoyaste, ¿recuerdas? (Me grita dolida).

Alonso: No me vengas con esa mierda, Luna, eso no tiene nada que ver con que hayas decidido largarte a vivir con un completo desconocido, exponiendo tu integridad, poniendo tu vida en manos de cualquiera, ¿en qué cabeza cabe?, me gritaste a la cara que eras mayor de edad, que eras libre de tomar tus propias decisiones, ¿crees que esa es la decisión que un adulto responsable toma? ¡Demonios! (Me froto la frente por una ligera punzada).

Luna: Bien, me equivoqué, ¿ya estás contento? (Exclama resentida, exasperada, y me tomo un momento para responderle con más calma).

Alonso: No, por supuesto que no. (Levanto la vista y respiro profundamente intentando encontrar las palabras correctas). ¡Carajo, Luna!, te quiero, eres mi hermana y jamás me complacerá verte sufrir. (No logra reprimir las lágrimas y vuelve a romper en llanto, detesto verla así, la aprisiono contra mi pecho para consolarla, sintiéndome culpable por saber que pude evitar esta situación, si hubiese abierto el maldito archivo, si hubiese leído la maldita investigación ni de puta broma habría permitido que viviera con ese imbécil). Nunca debí dejarte ir.

Luna: No es tu culpa, fue mi decisión, una estúpida decisión.

Alonso: Pero soy tu hermano mayor, mi trabajo es cuidarte, asegurarme de que nadie te haga daño.

Luna: No puedes cuidarme todo el tiempo. (Asegura levantando el rostro).

Alonso: No me retes, huerca fea. (Esboza una ligera sonrisa ante la forma cariñosa en que siempre le he hablado).

Luna: ¡Te extrañé mucho!

Alonso: Y yo a ti, hermanita, ya no llores. (Le seco las lágrimas con los pulgares). Ya estás en casa y yo me encargaré de que todo vaya bien, pero necesitas decirme por qué discutían en la exposición.

Luna: Se estaba besando con otra. (Comprimo la mandíbula por el coraje).

Alonso: ¡Hijo de puta! (Se llevó a vivir con él a una niña a base de mentiras baratas, la presume en la inauguración de su exposición para terminar embriagándose y besando a otra en sus narices). No te preocupes, si aprecia su vida no volverá acercársete.

Luna: ¡Por Dios! ¿Estará bien? Casi lo matas a golpes.

Alonso: Lo estará, solo le di la paliza de su vida.

Luna: Nunca te había visto tan furioso.

Alonso: Nadie se mete con mi hermanita.

Le doy un beso en la frente antes de abrazarla por los hombros y guiarla al interior de la casa, a mamá le hará muy feliz tenerla de regreso, igual que a mí, aunque lamento profundamente que haya sido después de una lección tan decepcionante para ella.

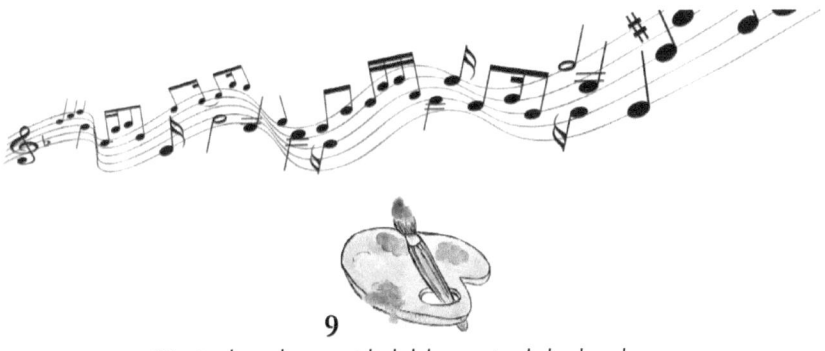

9

"Enviar luz a la oscuridad del corazón de los hombres,
tal es el deber del artista"
Schumann

Camila

¡Dios! Nunca creí a Alonso capaz de ser tan bárbaro, si no llego a tiempo esta golpiza pudo traer consecuencias irreparables, ¡es un salvaje!, le dislocó el hombro, el pobre tiene el rostro prácticamente irreconocible, hinchado y amoratado, con el labio reventado, y un ojo casi cerrado.

Aparentemente se recuperará sin repercusiones, pero las heridas tardarán en sanar.

Se me parte el corazón al verlo así, tan lacerado, cuando siempre está sonriendo y bromeando. Le tomo la mano observándolo dormir tranquilamente gracias a los analgésicos y relajantes que llegan directo a su vena por el suero, en el cuarto de hospital, debatiéndome en llamar o no a mi madre, ya que papá se encuentra de viaje nuevamente, tendré que esperar a que despierte para que él tome la decisión, pese a que es la adoración de mamá, sé que no la soporta por mucho tiempo y verlo en el estado en que se encuentra desataría un sinfín de atenciones y preocupaciones que a Leo solo le molestarían, lo conozco.

Cruella de Vil ya odiaba a Alonso, después de esto, ni de broma permitirá que siga en la compañía. Papá y Leo tienen una muy mala relación, de hecho, se podría decir que una inexistente relación, las pocas veces que visita la ciudad prefiere pasar las noches en un hotel y apenas pisa la casa, pero es su hijo, mi padre no pasará por alto que uno de sus empleados mandara a su hijo al hospital, así ese empleado sea Alonso.

¿Qué carajos lo llevó a golpearlo de esta forma tan salvaje?

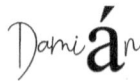

Damián

Apenas mover el cuello una alerta de dolor me recorre el rostro y el resto del cuerpo ¡mierda! La mano de una mujer sostiene la mía ¡Luna! Intento separar los párpados, pero solo consigo despegar uno, el izquierdo duele y pesa demasiado, tardo un poco en enfocar la imagen, pero la melena rubia me advierte que es mi hermana la que se encuentra a mi lado.

Camila: No te muevas, ¿cómo te sientes? (Inquiere con el gesto cargado de preocupación, la respuesta correcta sería; "como si me hubieran pateado entre tres cabrones antes de arrojarme de un tercer piso y ser arrollado por un camión de basura". ¡Demonios!

Los labios me punzan al separarlos, ¿ese hijo de puta me golpeó con un mazo o qué demonios?).

Damián: ¿Anotaste las placas del camión? (Intento bromear, pero apenas reconozco mi voz. Mi encanto parece no surgir efecto, tengo la boca seca, como si me hubiese atragantado con un puñado de arena del desierto y el rostro me late tirante, igual a un globo con exceso de aire a punto de reventar). Quita esa cara, Rosita Fresita, no se siente tan mal como se ve, (miento, se siente de la chingada y puedo adivinar que me veo peor), regálame un poco de agua. (Me incorporo lentamente pero una punzada en el hombro y costado me paraliza).

Camila: No te levantes, moveré la cama. (Oprime algunos botones y la cama se eleva desde la cintura hacia arriba, permitiéndome estar lo suficientemente incorporado para beber. El solo presionar el popote con los labios inflamados duele).

Damián: ¿Cuál es el diagnóstico... además de una putiza? ¿Me rompió el brazo?

Camila: Afortunadamente no, te lo dislocó, pero ya ha sido acomodado. Te mantendrán en observación un par de días, si no tienes mareos, náuseas, o ves cosas raras, te darán de alta, los golpes irán sanando, pero será lento. (Al menos solo son golpes, pudo ser peor), ¿qué fue lo que sucedió? ¿Por qué Alonso te estaba golpeando de esa forma tan brutal?

Damián: No es para tanto, me agarró desprevenido. (Mi voz no transmite lo que pretendo, me duele hasta el maldito cabello).

Camila: No es momento de bromear, si no lo detengo te mata a golpes, estaba hecho una bestia, ¿cuál fue el problema que tuvieron? ¿Qué tiene que ver su hermana en todo esto?

Damián: ¡Luna! ¿Dónde está Luna?

Camila: Supongo que es la jovencita que Alonso se llevó anoche, ¿de dónde conoces a su hermana?

Damián: Mi celular, necesito llamarla.

Camila: No tengo idea dónde quedó tu celular, estabas inconsciente, con el rostro ensangrentado, te trasladamos en ambulancia, ¡Dios! Estaba tan asustada.

Damián: Lo lamento, (debió asustarse mucho, nunca ha soportado ver sangre, ni siquiera en las películas), prometo que la siguiente vez que me vayan a partir la cara me abstendré de invitarte.

Camila: Deja de decir tonterías y empieza a soltar información.

Damián: Necesito hablar con Luna, todo fue un malentendido.

Camila: Dudo que te sepas su número de memoria, además Alonso me advirtió que no volvieras a acercarte a su hermana.

Damián: ¡Su hermana!, ¿cómo carajos mi Calíope resultó ser hermana de el no hijo de Zambrano…? Hay mucho que tengo que contarte, pero antes dime que no le has avisado a nadie que estoy aquí, que mi madre no está a punto de entrar histérica por esa puerta.

Camila: No, supuse que no la querrías tener sobre ti.

Damián: Eres un sol, ¿cuándo podré salir de aquí?

Camila: No lo sé, tal vez cuando puedas beber por ti solo, ¡responde! ¿Por qué demonios Alonso te estaba matando a golpes? (Pregunta exasperada).

Damián: Tranquila, estoy bien, solo son golpes, siéntate que la historia es algo larga. ¿Habías escuchado sobre el pintor Damián A.?

Camila: El de la exposición de anoche, por supuesto, quién no, su trabajo es de lo más impactante y renombrado en todos lados, ¿qué con él?

Damián: ¿En serio? Debes pasar mucho tiempo en redes sociales.

Camila: Lo mismo que todo el mundo, supongo.

Damián: Bien, yo soy Damián A.

Camila: ¿Qué? (No respondo, prefiero darle un poco de tiempo para que lo asimile y se me pase el dolor por el movimiento de la mandíbula mientras maldigo a don perfecto y a todos sus antepasados perfectos de mierda). ¿Lo dices en serio? (Asiento). Pero-pero ¿por qué nunca me lo dijiste?

Damián: Te lo iba a decir anoche, por eso te invité a la exposición.

Camila: Pero el trabajo de Damián, es decir, tu trabajo, tiene varios años con exposiciones internacionales, ¿por qué ocultarlo? Cuando deberías estar gritando que esas maravillosas obras son tuyas, que no te la pasas perdiendo el tiempo y de vago como papá lo cree.

Damián: Por él precisamente, no quiero que se entere, no quiero que meta sus narices y mucho menos me relacionen con él.

Camila: No-no lo entiendo.

Damián: ¿Qué credibilidad puede tener el que las pinturas del hijo de un millonario lleguen a exponerse en diversos países? (Las pupilas celestes tan parecidas a las mías, bajan contrariadas, meditando mis palabras).

Camila: Entiendo, se diría que llegaste hasta ahí por tu apellido y el dinero de papá, pero ¿por qué ocultárnoslo a nosotros?

Damián: ¿Crees que mamá se quedaría callada más de veinticuatro horas? (Niega con la cabeza). ¿Crees que el señor Zambrano le daría el crédito a una o dos exposiciones en unos cuantos países? Cuando su enorme empresa tiene presencia prácticamente en todo el mundo ganando millones de dólares, para él eso no es nada, no importa lo que haga, nunca será suficiente.

Camila: Estoy segura que cambiaría mucho su forma de verte, estaría obligado a respetar lo que haces, además no has estado solo en unos cuantos países.

Damián: No, es verdad, el último par de colecciones recorrió cuatro continentes y las piezas se vendieron en cantidades estratosféricas, pero no quiero que me relacionen con él, no quiero su apellido y su dinero ensombreciendo mi trabajo, yo soy capaz de hacerlo solo. (Al moverme un poco, me ataca un dolor en el costado). ¿Tengo una costilla rota o me perforó algún órgano?

Camila: No, es solo el golpe.

Damián: *Pfff* lo bueno.

Camila: Así que el más guapo de mis hermanos es el famoso pintor sin rostro Damián A., no lo puedo creer.

Damián: Tonta, soy tu único hermano, o ¿tu papá ya te presentó a otro hijo? Uno digno de su herencia o ¿ya adoptó a Alonso?

Camila: No lo digas ni de broma, a mamá le daría un infarto, bueno y ¿dónde entra Luna en todo esto?

Damián: Tras una convocatoria terminó siendo mi aprendiz y ayudante, una cosa llevó a la otra y ya sabes, viviendo juntos tenía que suceder.

Camila: ¿Me estás diciendo que Luna dejó la licenciatura en Economía para irse a vivir contigo a Guanajuato? (Se cubre la boca con una mano realmente sorprendida).

Damián: Ella ha nacido para pintar, no para los números, ese imbécil la había obligado a estudiar esa mierda.

Camila: ¿Y Alonso se enteró de eso anoche?

Damián: Algo así... Yo esperaba en la barra a Luna mientras ella observaba la exposición. (¡Mierda! Mi mandíbula se va a zafar, juro que caerá rodando al suelo). Una chica con la que conversaba me besó y Luna apareció justo en ese maldito momento, le estaba explicando que no había sucedido nada y de pronto llegó don perfecto con los puños por delante, no entendí qué mierda había sucedido, yo no tenía idea que él era su hermano.

Camila: Alonso adora a Luna, es prácticamente como su hija, ahora entiendo por qué estaba tan furioso.

Damián: Anoche además de revelarte quién soy, pretendía presentártela, pero todo se fue al carajo. (Me observa con esa ternura que solo mi hermana rosa posee).

Camila: Es la primera vez que quieres presentarme a una chica, la quieres en verdad, ¡estás enamorado!

Damián: Enamorado... esa es una palabra demasiado aburrida, ¿no crees?

Camila: Te besaría si no estuvieras tan golpeado.

Damián: Ni se te ocurra, ¿en este maldito hospital no hay analgésicos?

Camila: ¿Te duele mucho?, llamaré al médico.

Damián: Sí, llámale y una vez que me drogue necesito que me consigas el número de teléfono de Luna.

Camila: No creo que sea prudente, esperaremos hasta que salgas de aquí.

Damián: ¿Tengo cara de ser una persona prudente?

Camila: En este momento prefiero no hablar de tu cara. Alonso me advirtió que no te acercaras a ella, démosle tiempo a que se tranquilice.

Damián: Me importa un carajo ese imbécil.

Camila: Pues no debería, te recuerdo que es el que te puso en esa cama.

Damián: Necesito hablar con Luna.

Camila: Luna es como su hija, acaba de enterarse que su hermanita estuvo viviendo todo este tiempo contigo, necesitará algunos días para tranquilizarse, te prometo que hablaré con él y le explicaré lo que sucedió, Alonso es un tipo razonable, sin embargo Luna es un tema muy delicado para él y no será fácil convencerlo, además, ahora no estamos en los mejores términos. Pero si Luna te quiere como tú a ella, no podrá hacer nada.

Damián: Ella cree que la estaba engañando.

Camila: No puedes culparla, conociéndote cualquiera lo creería.

Damián: Yo no tengo la culpa de ser irresistible. Llama ya al maldito médico, el rostro me va a reventar.

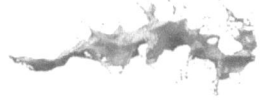

Camila

Damián: No entiendo por qué tuvimos que esperar tantos días en el hospital. (Se queja al tiempo que se zafa los tenis empujando un pie contra otro, desde niños le ha encantado andar descalzo, recuerdo que yo me quitaba los zapatos solo para imitarlo. Los golpes están tomando un color morado intenso en su rostro dando la impresión de ser dolorosos, afortunadamente ya no está tan hinchado después de tres días, pero aún tiene un ojo medio cerrado tintado de rojo por un derrame que se ve escalofriante y tendrá que usar el cabestrillo por lo menos diez días, lo cual seguramente lo volverá loco, pero no tanto como él me está volviendo loca a mí).

Camila: Porque al solo enderezarte comenzabas a llorar como un niño y debían tenerte en observación, prevenir que la golpiza que te dieron no tuviera consecuencias y comenzaras a escuchar voces.

Damián: Demasiado tarde, no necesitaba que me partieran la madre para eso, ahora desaparece y consígueme el número de Luna o mejor aún, su dirección, iré a buscarla.

Camila: ¡Estás loco! ¿Qué quieres? ¿Que te maten?

Damián: El imbécil de don perfecto por mí se puede ir a la mierda, Luna debería estar aquí, conmigo. (Me emociona y enternece escucharlo hablar así por una chica, siempre fue un conquistador, pero no de esos que presumen serlo o que coleccionan corazones rotos, Leo siempre conquistaba a las chicas sin proponérselo, con ese pícaro y despreocupado encanto, el cabello y los tatuajes rebeldes y el *valemadrísmo* que le caracteriza, estoy segura que muchas veces no se percató que varias de ellas no solo coqueteaban, en verdad habían quedado prendadas de su descaro, pero nunca les prestó demasiado interés, siempre tuvo de donde escoger, pero esa desesperación por hablar con Luna me confirma que en verdad está enamorado).

Camila: Luna debe ser una niña muy especial. (Igual que su hermano).

Damián: Es más que eso. (Asegura con la mirada iluminada, con esa chispa cargada de sensaciones que solo la persona amada logra provocar).

Camila: No te preocupes, hoy hablaré con Alonso y le explicaré lo sucedido, no será sencillo, pero entenderá, ya sea por la buena o por la mala.

Damián: ¿A qué te refieres con eso?

Camila: Alonso es muy razonable, pero como te dije, su hermana es su adoración, en dado caso que no comprenda las cosas, tendré que hablar con papá.

Damián: Ni se te ocurra, Zambrano no tiene por qué enterarse que estoy aquí.

Camila: Alonso lo escuchará a él, además, por muy distanciados que estén eres su hijo.

Damián: ¡Por favor, Camila!, el padre que tú has conocido es muy diferente al que yo he padecido a pesar de ser el mismo, Zambrano le dará la razón sin dudarlo, además no lo quiero metido en mis asuntos, se enteraría de quién soy, no se lo dirás, prométemelo. (La seguridad con que lo dice me hace dudar, ¿en verdad papá le daría la razón a Alonso?)

Camila: De acuerdo, no le diré nada, te lo prometo.

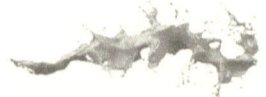

Han pasado cuatro días desde lo ocurrido, ya debe estar tranquilo o al menos eso espero, me estremezco al recordar la forma enajenada con que arremetía contra el rostro de Leo que sangraba a borbotones. ¡Dios! No me quiero imaginar qué pudo haber pasado si no llego a tiempo para detenerlo.

Su asistente me anuncia y me da paso a su oficina. Lo encuentro tras el escritorio, con la mirada fija en la *laptop* al tiempo que teclea, mantiene un gesto glacial, Michael Corleone ha regresado con todo y el exquisito traje de tres piezas en gris oscuro, camisa en un tono más claro y corbata negra con rombos plateados y mancuernillas por demás elegantes, detesto que me provoque una fiebre uterina con tan solo la maldita e imponente imagen de ejecutivo implacable.

Alonso: ¿Qué se te ofrece? (Pregunta de mala gana sin siquiera mirarme el muy cabrón).

Camila: Tenemos que hablar.

Alonso: Cierto, lo intenté la semana pasada, pero estabas muy ocupada según me comentó tu asistente.

Camila: Me refiero a lo que sucedió el viernes.

Alonso: Aaaaah, ya veo, supongo que lo nuestro carece de importancia, pero no entiendo qué quieres hablar al respecto.

Camila: Cómo, ¿qué?, casi matas a mi hermano a golpes.

Alonso: Ese "casi" existe solo porque tú lo impediste, espero que te haya dado las gracias.

Camila: No puedo creer que seas tan-tan-tan ¡animal! (Se levanta con las cejas enarcadas colocando las manos sobre el escritorio).

Alonso: ¿Yo soy el animal? El hijo de puta se llevó a vivir a MI hermana con él, es una niña, la sedujo, le mintió y se burló de ella en sus narices, partirle la cara es lo mínimo que se merecía.

Camila: ¿De dónde demonios sacas eso?, mi hermano no la sedujo, se enamoraron que es diferente y no le mintió él en verdad la quiere.

Alonso: No me salgas con esa mierda, la sedujo con mentiras, hasta hace cuatro días Luna no sabía ni su maldito nombre. (¿¿A ella tampoco se lo dijo??).

Camila: Bueno, eso-eso tiene una explicación, Leo no quiere que lo relacionen con papá y su apellido.

Alonso: Y por eso le ocultas tu nombre a la mujer con la que vives, ¿porque la amas? (Escupe sarcástico). Además estaba borracho besándose con otra en sus narices.

Camila: Él no la besó, fue la chica quien lo besó a él. (Los grandes hombros de Alonso suben y bajan igual que su pecho, conteniendo la ira que exhala por cada poro de su enorme cuerpo exaltado).

Alonso: ¿Esa fue la mentira que te soltó? Y claro, tú eres tan ingenua que se lo creíste, porque todo el maldito mundo te dice la verdad menos yo. (Continúa con el maldito tono sardónico que no pienso permitirle).

Camila: No es mentira, Leo la quiere y Luna a él, fue un malentendido de pareja, no tenías por qué demonios meterte y mucho menos molerlo a puñetazos. Me lo llevé inconsciente en ambulancia al hospital, ¡por Dios! Lo pudiste dejar en coma o con consecuencias irreversibles. (Me provoca un estremecimiento al golpear el escritorio).

Alonso: Pero no fue así, ¿no? Mándame la maldita factura del hospital y punto.

Camila: ¡Por favor!, esto no se trata de dinero y si así fuera obviamente saldrías perdiendo.

Alonso: ¿Qué más quieres, Camila? (Escupe entre dientes con la mandíbula apretada, trago saliva esperando no terminar arrojada por la ventana con lo que voy a decirle).

Camila: Leo quiere hablar con Luna. (Observo llamas en sus pupilas al tiempo que rodea el escritorio para plantarse frente a mi rostro).

Alonso: Que no se le ocurra a ese maldito drogadicto de mierda volver acercarse a mi hermana.

Camila: ¿De qué estás hablando? Leo no es ningún drogadicto, ¿de dónde sacaste eso?

Alonso: Realmente has vivido encerrada en tu maldita burbuja rosa, tengo diez años trabajando con tu padre y sé más de tu familia que tú.

Camila: Leo siempre ha sido reventado, de espíritu libre, probablemente en algún momento de rebeldía probó algo, pero de eso a acusarlo de drogadicto hay una maldito abismo.

Alonso: A diferencia de la gente en que confías, yo no hablo a lo pendejo.

Camila: Pues en esta ocasión te equivocas.

Alonso: ¿Y por qué demonios crees que tu padre lo exilió?

Camila: Papá no haría eso, Leo decidió irse. (Exhala con fuerza frotándose la frente).

Alonso: Escucha, tengo cosas muy importantes que resolver aquí y obviamente tú no has dormido bien en días, te ves cansada, seguramente porque has permanecido cuidándolo igual que lo hiciste conmigo la semana pasada, eres noble, Cam, pero ni tu madre ni tu hermano comparten esa cualidad contigo. Ve a descansar y aconséjale que regrese al agujero de donde no debió haber salido, ya le hizo suficiente daño a Luna, no voy a permitir que la vuelva a lastimar.

Camila: Leo es un gran artista, siempre lo ha sido, quizá por eso estás confundido, pero incluso ahora el mundo reconoce su trabajo y nada habla mejor de él que el que no quiera que se le relacione con el apellido y dinero de papá, no es un drogadicto y en verdad quiere a tu hermana, lo sé.

Alonso: ¡Trabajo!, toda esa bola de "artistas" no son más que un puñado de vagos y viciosos, parásitos para la sociedad que sí producimos, que haya gente estúpida que paga miles de dólares por esas porquerías que llaman arte, no significa que sea un trabajo. No arrastrará a mi hermana a esa mierda.

Camila: No puedo creer que hables de esa forma de una de las más sublimes formas de expresión.

Alonso: Y yo no puedo creer que estés defendiendo a ese parásito.

Camila: Es Luna quien debe tomar la decisión, no tú.

Alonso: Luna es una niña, ¿ese hijo de puta cuántos años tiene? ¿Veintisiete? ¿Veintiocho?

Camila: No te queda hablar de edades, tú me llevas diez años.

Alonso: Hay una gran diferencia entre tú y mi hermana.

Camila: ¿Qué me estás queriendo decir con eso? (Las pupilas comienzan a arderme por el ácido acumulándose en ellos).

Alonso: No creo que sea necesario aclararlo.

Camila: Me estás ofendiendo.

Alonso: ¡¿Y qué crees que hiciste tú al dudar de mí?! (Grita furioso). Tu hermano no es más que un parásito drogadicto y tu madre es una… (El escozor en mi palma al girarle el rostro de una bofetada me arde tanto como la mirada irreconocible que centellea rencor, ¿cómo demonios terminamos en esto?).

Camila: No te voy a permitir que sigas ofendiéndome, ni a mí ni a mi familia. (Intento retirarme pero me sujeta por el brazo).

Alonso: Tú fuiste la que vino a tratar de defender lo indefendible, ahora te vas a tragar la verdad. El espíritu libre de tu hermano fue exiliado por atascarse de anfetaminas, cocaína y marihuana, fui yo quien por órdenes de tu padre se encargó de investigar quién, dónde y qué cantidades consumía, ni de jodida broma quiero a una lacra de esas al lado de mi hermana. (¡No!, eso no puede ser verdad). Y tu madre es una arpía manipuladora a la que no le importas un carajo, lo único que desea es venderte al mejor postor como una maldita mercancía para adornar la mansión de algún millonario, igual de inútil que las pinturas del vicioso de tu hermano. Como si no estuvieran pudriéndose en dinero, solo para seguir alzando el cuello ante la maldita falsa sociedad que pretende reinar. Los maneja a ti y a tu padre a su antojo, el viejo tiene una venda en los ojos que no le permite ver que tiene por mujer a una golfa ofrecida que le ha puesto los cuernos bajo su propio techo. (Me detiene la mano en el aire antes de que llegue a tocar su rostro). La verdad duele, pero sigue siendo verdad... (No lo reconozco, jamás creí que Alonso pudiera hacerme tanto daño con unas cuantas palabras. Logro zafarme de su agarre, doy varios pasos hacia atrás al tiempo que su rostro se va emborronando por las lágrimas). ¡Carajo!... Camila, espera.

Salgo de su oficina directo al ascensor con un profundo dolor en el alma, necesitando huir de aquí cuanto antes.

¿Por qué me haces esto, Alonso?, me sujeto el pecho sufriendo sus palabras, como si cada una me estrujara por dentro.

Es mentira, ¡tiene que ser mentira!, mi mundo parece desquebrajarse a mi alrededor. Yo hubiese notado si Leo consumiera drogas, mi padre no lo habría exiliado de ser así, lo ayudaría, no le habría dado la espalda, es un hombre inteligente, noble y Leo es su hijo, lo ama a pesar de sus diferencias, a pesar de no querer seguir sus pasos en la cementera. Mi papá no sería capaz.

Si bien mi madre está lejos de ser una buena persona, jamás engañaría a papá, lo adora, se la vive celándolo, ¡NO! Eso no es más que otra mentira para librarse de la acusación del intento de seducción.

Enciendo el auto pero los sollozos no me permiten echar a andar, las lágrimas no paran y el aire parece estar envenenado…

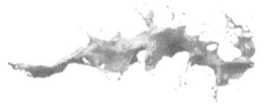

Alonso

¡Mierda! ¿Qué hice? ¿¡Qué carajos hice!?

Pero cómo demonios se le ocurre venir aquí a abogar por su hermano después de lo que le hizo a Luna. ¿Cómo carajos quería que reaccionara cuando mi hermana no ha parado de llorar por culpa de ese malnacido? Tiene diecinueve años, debería estar estudiando, forjándose un futuro brillante sin complicaciones, con todas las comodidades que me he esforzado por darle para que no padezca lo que yo, no estar sufriendo por un malviviente incapaz de valorar la hermosa niña que es.

¡Carajo Camila!

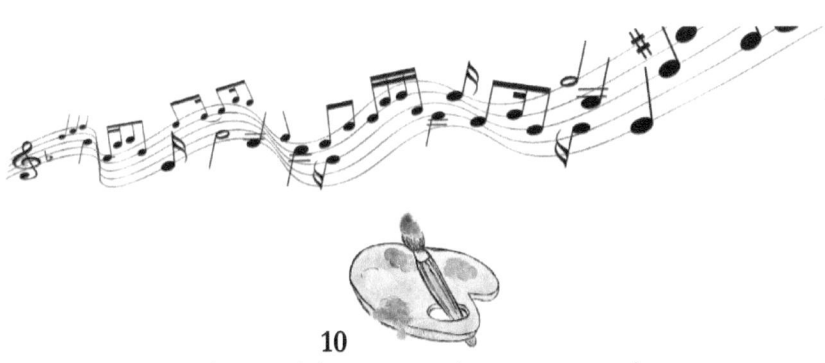

10
"No he entendido un compás de música en mi vida,
pero la he sentido"
Igor Stravinsky

Damián

Mi imagen en el espejo es por demás patética, aunque refleja justo como me siento. ¡Mierda! Me estremezco apenas tocarme el pómulo, hacía años no me partían la cara de esta forma, el imbécil de Alonso debió ser pandillero o ¿¡dónde mierda aprendió a golpear así!?

El párpado que apenas puedo levantar es digno de una película de *Halloween*. Levanto el rostro para dejar caer un par de gotas del medicamento, pero como cierro el párpado por reflejo, debo dejar caer un par más, espero que esta cosa me quite la sensación de arena en el ojo, porque ni siquiera puedo frotarlo.

Comienzo a volverme loco... más de lo normal, tenía la esperanza de que Luna apareciera, al menos para recoger sus cosas y así tener la oportunidad de aclararle lo sucedido, pero ha preferido abandonar sus pertenencias a arriesgarse verme.

Unos cuantos golpes a la puerta anuncian la llegada del imbécil de Ricardo, afortunadamente ha encontrado mi teléfono.

Ricardo: ¡Genio!, me alegra verte de pie. (Intenta disimular el desagrado frente a mi aspecto, pero no lo consigue).

Damián: ¿Traes el celular? (Inquiero desesperado por contactarla).

Ricardo: Sí, claro. (Apenas lo extrae del interior del saco se lo arrebato, intento encenderlo pero claramente se ha quedado sin batería, ¡carajo!, entro para conectarlo al cargador). Fui a verte al hospital, pero te encontrabas dormido, espero que tu hermana te haya dado mis saludos. (Obviamente no me dio la gana recibirlo, pero no tengo ganas de aclarárselo en este momento).

Damián: ¿Contuviste los chismes amarillistas sobre la pelea?

Ricardo: Me costó varios miles, la golpiza que te dieron era demasiado tentadora para no sacarla a la luz, pero afortunadamente pude contenerla, al menos en los medios más importantes.

Damián: Mi nombre no se vio relacionado con las obras, ¿verdad?

Ricardo: En absoluto, tu identidad sigue siendo un misterio, ahora dime, ¿qué demonios pasó? ¿Le estabas bajando a la novia?

Damián: Nada que te interese.

Ricardo: Bien, ya que no tienes ganas de conversar, avísame en cuanto quieras interponer la demanda, ya tengo los abogados listos.

Damián: ¿De qué demanda hablas?

Ricardo: La que supongo interpondrás contra el sujeto que casi te mata. (Suelto un intento de carcajada que suena más a una queja, ya que aún no puedo abrir del todo la boca y el jodido costado todavía duele, sin mencionar el hombro, en conclusión soy una jodida bola de malestares).

Damián: No habrá ninguna demanda, ese imbécil es la mano derecha de Leonardo Zambrano, los abogados de la cementera hundirían a los tuyos en dos patadas.

Ricardo: Entonces lo conoces, tu padre seguramente se encargará de ajustar cuentas con él por lo que te hizo. (Sí claro, seguramente lo felicitará). ¿Cuánto tiempo tendrás que usar el cabestrillo?

Damián: Un par de semanas, más o menos. (Respondo de mala gana, sabiendo que su interés está muy lejos de ser preocupación por mi salud, lo que le interesa es que regrese a Guanajuato para que continúe pintando, algo que por primera vez en mucho tiempo coincidimos. Pero no pienso regresarme sin Luna). ¿Me permites?

Hago un gesto hacia el teléfono, señalando que voy hacer una llamada, por lo que termina despidiéndose de mala gana. Al encender el aparato tengo la estúpida ilusión de encontrar algún mensaje suyo, pero no hay ninguna señal de interés de su parte.

La llamo, pero deja sonar el teléfono hasta que me manda al buzón de voz, ¡mierda! No me puede creer tan estúpido para besarme con otra en sus narices sabiendo de antemano que lo tomaría de esa forma. Vuelvo a llamarla, pero no me responde, por lo que opto por mandarle un mensaje.

*Damián: Calíope, responde, necesitamos hablar, te aseguro que todo fue un malentendido.

Envío el mensaje pero ni siquiera lo abre, llamo nuevamente pero nada ¡carajo!

*Damián: Por favor, Luna, no seas infantil, necesitamos aclarar las cosas, dime en dónde estás e iré a buscarte.

Paso una maldita eternidad esperando alguna señal de vida de su parte, pero simplemente prefiere ignorarme. La llamo en dos ocasiones más, pero al tercer intento apaga el teléfono, ¡demonios!, me contengo para no arrojar el móvil contra la pared. El ojo comienza a punzarme mientras camino de una esquina a otra por el recibidor de la habitación, si continúo aquí encerrado terminaré en una discusión interminable con las voces en mi cabeza, peor que James McAvoy en la película de *Múltiple*.
Me cambio de ropa, una tarea que me resulta por demás torturante, al tiempo que maldigo a Alonso hasta el cansancio y espero a que el teléfono se cargue lo suficiente para poder salir con él en mano, para enviarle un mensaje a Camila.

*Damián: Rosita Fresita, ya tengo de regreso mi celular, le llamé a Luna pero no me responde, debe estar que echa chispas, si pudieras conseguirme su dirección serías la mejor hermana del "mundo mundial" como dices tú.
*Camila: Imposible, hoy hablé con Alonso y está furioso. Dale tiempo a Luna para que asimile tu estupidez. ¿Cómo te sientes?
*Damián: Respétame, soy tu hermano mayor.
*Camila: ¿Cómo es posible que no le dijeras ni tu nombre? Omitiste mencionar ese pequeño detalle.
*Damián: Veo que estuviste charlando con don perfecto, tengo mis razones, pero se lo iba a decir esa noche, ya le había mencionado que le iba a presentar a alguien.
*Camila: Pues olvídate de verla por varios días más, conociendo a Alonso es capaz de haber mandado a colocar seguridad fuera de casa de su madre, donde supongo debe estar, enfócate en recuperarte.

¡No!, ¡quiero verla!, la quiero entre mis brazos de regreso a nuestro universo, a mi Parnaso, a las tintas y lienzos, poesía y caricias, donde no hay nombres, posiciones, verdades o mentiras, donde los sentimientos se transforman en imágenes, donde solo existen Calíope y Apolo fundiéndose a la luz de la Luna entre acuarelas de pasiones…

Luna

¿¡Qué pretende!? ¿Por qué reaparece?

Observo la fotografía de una de sus pinturas con el número señalando que me ha enviado un par de mensajes que muero por leer, pero me resisto a hacerlo. No quiero escucharlo, no quiero leerlo, no quiero que vuelva a mentirme y no quiero ser la estúpida que todo le cree.

¿Cómo es posible que no me confiara ni su nombre?, ¡ni su maldito nombre!, las pocas personas con las que convive no tienen idea de quién es, ni siquiera que pinta, incluso a mí me inventó un seudónimo al presentarme. Podría entender que lo ocultara al principio, pero fueron meses, meses en los que creí que nuestra conexión iba más allá de la atracción, o el gusto por la pintura, en los que asumí que me entendía, que me quería, en los que el tiempo perdió valor mientras admiraba su pasión, en que no importaba si era de día o de noche, en los que viví a través de sus ojos, talento y caricias.

Fueron meses maravillosos y en un abrir y cerrar de ojos un suspiro de verdad ha derrumbado el colorido castillo de ilusiones, ¡soy una estúpida!, *"he tenido tantas mujeres como pinturas ha creado"*, me lo dijo, yo solo era la que tenía en casa.

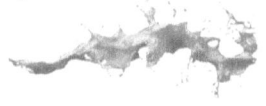

Alonso

Al dirigirme al departamento de Sistemas observo salir del elevador a la maldita arpía de Gina de Zambrano, hacía meses... quizá años que no se aparecía por CEMTY. Lo admito, su belleza es imposible de ignorar, las miradas de todos los presentes es atraída por su imagen, pero su mirada trasmite un aire de superioridad y prepotencia detestable.

Nuestras miradas colisionan, levanta la ceja izquierda y la comisura de los labios en señal de triunfo, a eso es que ha venido, a disfrutar del maldito golpe bajo.

Avanza con la cadencia y seguridad de una modelo de Victoria Secret hasta plantarse frente a mí con la blanca dentadura expuesta en una amplia sonrisa.

Gina: Alonso, tú siempre tan elegante. (Me planta un beso en la mejilla al tiempo que acaricia la solapa de mi saco). Siempre me ha encantado tu buen gusto por las corbatas. Hermès, ¿cierto? (Añade condescendiente fingiendo acomodarla, lo cual no es necesario, está perfectamente alineada, me aseguro de ello cada vez que salgo de mi despacho).

Alonso: Señora Zambrano. (Respondo asintiendo de mala gana sin intentar ocultar mi desagrado).

Gina: Te advertí que tarde o temprano me desharía de ti. (Arroja el veneno aún con la sonrisa en un tono bajo para que solo yo pueda escucharla).

Alonso: No veo que tus porquerías hayan surgido ningún efecto, hasta donde sé, continúo siendo el director administrativo de CEMTY.

Gina: Disfruta tus últimos días de poder.

Alonso: No es de estrategas cantar victoria antes de tiempo, pero qué se puede esperar de una mujer a la que solo le trabajan las piernas. (Arremeto sarcástico).

Gina: ¡Imbécil!, ¿y qué me dices de ti?, cavaste tu propia tumba al acostarte con mi hija.

Alonso: ¿Eso es lo que crees? (Suelto una sonrisa burlona), ya deberías saber con quién estás tratando, a diferencia de ti, yo no doy pasos en falso.

Gina: Veré rodar tu cabeza.

Alonso: No acostumbro apostar, pero en esta ocasión haré una excepción, te apuesto mis pelotas a que el día que deje CEMTY será porque se me vino en gana, no por tus sucias artimañas.

Gina: Vendré personalmente a cortártelas, ya puedo sentir tus suaves pelotas en mis manos. Mientras tanto iré a comer con mi niña.

Alonso: No importa cuánto te esfuerces fingiendo una empatía que claramente no sientes intentando envenenarla, tu hija sabe quién eres, se lo has demostrado toda su vida.

Gina: No necesito envenenarla, soy su madre y mi niña siempre ha deseado mi aprobación. Buen día, Alonso.

Ni el beso de Judas fue tan falso y cargado de tanta traición como el de esta víbora, pero en algo tiene razón, Camila siempre ha deseado el cariño y aprobación de su madre, una carencia infantil compleja de admitir y por la que inútilmente se ha desvivido los últimos meses buscando un acercamiento con Gina, quien no ha hecho más que aprovecharse de la situación.

Lo peor de todo es que tarde o temprano se verá obligada a estamparse con la dolorosa realidad que ofuscado le grité a la cara, vi el dolor en sus ojos y su lindo mundo cuartearse, no quiero imaginar el sufrimiento que le provocaría tener pruebas irrefutables de lo que le aseguré, Camila no se merece algo así y yo no quiero ser el causante de que su mundo se desmorone.

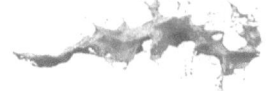

Camila

Mamá me sorprende llegando de improviso a la oficina para invitarme a comer, es la primera ocasión que lo hace y el gesto es como una caricia para mi alma herida y confundida que tanto necesitaba.

Le platico sobre los comerciales en los que estoy trabajando, parece interesada en ellos y me da sus puntos de vista con respecto a las modelos a utilizar, parece que realmente le importa y si algo he de admirar de ella es su buen gusto, así que tomo en cuenta sus observaciones.

Logra que olvide por un momento el mundo de marañas que no me había podido apartar de la cabeza desde que hablé con Alonso.

Entro a mi habitación en compañía de Pechan, estoy exhausta física y emocionalmente después de un largo día de trabajo; Alonso y sus palabras no se apartan de mi mente, Leo está vuelto loco, los comerciales y el idiota de Adrián con su patético intento de conquista… Me desmorono en la cama y antes de reunir la fuerza suficiente para levantarme, un par de toques a la puerta y la voz de mi madre me obligan a levantarme.

Gina: Nena, ¿qué tal el resto de tu día?

Camila: Bien, cansado, pero todo bien.

Gina: En la tarde no te quise contar para no arruinarte la comida, pero me encontré a Alonso antes de verte.

Camila: ¿Y? ¿Qué con él? ¿Te dijo algo?

Gina: Sí, sé que estás enamorada de él, y una mujer enamorada es una mujer ciega, si lo sabré yo que le he soportado un sinfín de infidelidades a tu padre, porque aunque me tache de loca y exagerada, sé que tiene alguna amante que lo acompaña en esos viajes.

Camila: Mamá, yo no creo capaz a mi papá de algo así.

Gina: Claro, porque aquí la mala del cuento siempre soy yo, pero al menos ahora tengo pruebas para desenmascarar a Alonso y te apresures a sacarlo de CEMTY antes de que yo le diga a tu padre que ese desgraciado te embaucó.

Camila: ¿De qué estás hablando, mamá?

Me ofrece su celular con un audio en la pantalla para reproducirlo, oprimo *play* y es la gruesa voz amenazante de Alonso la que aparece.

Alonso: Señora Zambrano.

Gina: Te advertí que tarde o temprano me desharía de ti.

Alonso: No veo que tus porquerías hayan surgido ningún efecto, hasta donde sé, continúo siendo el director administrativo de CEMTY.

Gina: Disfruta tus últimos días de poder.

Alonso: No es de estrategas cantar victoria antes de tiempo, pero qué se puede esperar de una mujer a la que solo le trabajan las piernas.

Gina: ¡Imbécil!, ¿y qué me dices de ti?, cavaste tu propia tumba al acostarte con mi hija.

Alonso: ¿Eso es lo que crees?, ya deberías saber con quién estás tratando, a diferencia de ti, yo no doy pasos en falso.

Gina: Veré rodar tu cabeza.

Alonso: No acostumbro apostar, pero en esta ocasión haré una excepción, te apuesto mis pelotas a que el día que deje CEMTY será porque se me vino en gana.

El celular vibra en mi mano, pero es el temblor de ella el que lo provoca, nunca imaginé que Alonso fuera capaz de hablarle de esa forma a mi madre, "él no da pasos en falso", ¿qué demonios quiso decir con eso?, ¿fui yo su estrategia?

Gina: Te lo dije, siempre me ha odiado por rechazarlo, es un patán muerto de hambre y sabe que te tiene comiendo de su mano, por eso se siente seguro en su puesto, te estuvo utilizando todo este tiempo, mi niña, no te ama, nunca te amó, y yo no permitiré que siga burlándose de ti, de todos nosotros. (Añade indignada arrebatándome el celular de la mano). Te enviaré la grabación para que tú también la tengas. (El músculo en mi pecho no se quiebra, para eso se requeriría de fuerza y yo ya no la tengo, simplemente enmudece lentamente como una hoja de papel cayendo a un precipicio sin fondo, apagando su vida con el vacío oscuro que lo rodea). ¡No Camila Zambrano! ¡No es momento de llorar!, es momento de sacar las garras y hacerle pagar por la humillación que te hizo pasar, por haberte usado todo este tiempo y por manejar a tu padre como a un títere.

Camila: No te preocupes, mamá, siempre he sabido defenderme cuando ha sido necesario.

Aunque nunca contra alguien a quien amo...

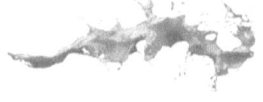

Alonso

El viejo ha regresado justo para estar presente en la videoconferencia con los alemanes, finalmente después de semanas de mucho trabajo entre cotizaciones, presupuestos, balances, cálculos, proyecciones y demás de todos los departamentos, he logrado cerrar el maldito contrato.

Al terminar la llamada golpea la mesa, eufórico, el estruendo resuena en los ventanales de la sala de juntas donde nos encontramos, está feliz.

Leonardo: ¡Sabía que lo conseguirías, muchacho! (Me da una palmada en el hombro al levantarse, al tiempo que yo aspiro profundamente pasándome una mano por el rostro, sintiendo como si acabara de librarme de un enorme peso de los hombros, por momentos creí que no lo conseguiría, los hijos de puta son meticulosos hasta el cansancio; entre ellos, Luna y Camila, por poco acaban con mi cordura).

Alonso: Fue un maldito estira y afloja durante semanas.

Leonardo: Los mejores contratos siempre son así. ¿¡Tienes idea de cuántos millones vamos a ganar con esto!?

Alonso: En realidad, sí, los suficientes para abrir la sucursal en Tailandia.

Leonardo: ¡Exacto!, esto amerita un brindis, quita esa cara, deberías sentirte orgulloso.

Cruza la puerta que se conecta a su oficina, para dirigirse seguramente a la cantina que tiene en ella. ¡Orgulloso!, sí, lo estoy… supongo, quizá después de dormir al menos unas quince horas continuas pueda disfrutarlo.

Antes de seguirlo ordeno los documentos frente a nosotros y me encargo de apagar las *laptops*, pretendo alcanzarlo pero lo escucho saludar a su hija, por lo que me detengo antes de cruzar la puerta.

Leonardo: Mi amor, tus besos y los de tu madre son lo único que me faltaba para un día perfecto. (Cam le da un par de besos a su padre al tiempo que él prepara su bebida).

Camila: ¿Me invitas una? (Me exaspera que beba, ¡apenas es medio día!).

Leonardo: Por supuesto, sirve que brindas conmigo.

Camila: Papá, ¿en dónde conociste a Alonso? (Me paralizo antes de cruzar la puerta).

Leonardo: Eso fue hace mucho, mi amor, él trabajaba en una empresa y me advirtió de un fraude que su jefe pretendía hacerme, desde ese momento se ganó mi confianza.

Camila: Es decir que traicionó la confianza de su jefe. (¿A qué demonios viene eso?).

Leonardo: Su jefe era una rata asquerosa, ¿por qué lo preguntas?

Camila: Porque quiero saber de dónde lo conoces, de dónde salió, ¿sabías que su padre terminó en prisión por robo? (Irrumpo en la oficina con la cólera borboteando entre mis venas).

Alonso: ¿Esa es toda la información que conseguiste en Google? ¿O tienes algo más que añadir? (La rubia se estremece con el golpe de mis palabras, antes de girarse para darme la cara exclamando mi nombre). Tu información es errónea, Camila, mi padre no terminó en la cárcel por ladrón, fue por alcohólico, cuando se quedó en la calle, cuando perdió a su familia y terminó hundido en la miseria por el maldito vicio, robó para conseguir alcohol, no fue un vulgar ladrón, fue un miserable borracho y, ¿sabes cómo terminó? ¿¿Tienes esa información?? (Inquiero alzando la voz al tiempo que camino hacia ella, sin embargo no obtengo ninguna respuesta, se ha quedado petrificada). Fue asesinado en una trifulca dentro de la prisión hace once años.

Leonardo: Hijo. (La voz del viejo detiene mi amenazador avance hacia su hija, que ha dado un paso hacia atrás evitando mi cercanía).

Alonso: ¿¿Quieres los detalles?? (Escupo con rabia ante la joven que ha palidecido). Los dejo para que festejen el nuevo contrato, con permiso. (Agrego chocando las pupilas con el viejo antes de retirarme de su oficina. La sangre me hierve y los puños me tiemblan por la fuerza con que los mantengo apretados). No estoy para nadie.

Ordeno de mala gana a Nancy antes de azotar la puerta de mi oficina, pateo una de las sillas frente a mi escritorio perdiendo el control por un momento ¡¡qué mierda!! Camino de un lado a otro con la rabia quemándome por dentro, reprimiendo las ganas de destruir el lugar, ¿qué carajos pretendía? ¿¡Desprestigiarme con esa mierda!? Esto tiene que ser obra de la zorra de su madre, esa maldita víbora.

Termino con las palmas sobre el escritorio, con la furia contenida, ¿cómo es posible que jugaras tan bajo? Te di un valor que no tienes, eres igual a ellos, ¿en qué carajos estaba pensando cuando te consideré diferente?, ¡soy un imbécil!

Camila

Lo observo abandonar la oficina de papá sin lograr emitir palabra, estoy helada, la sangre se me ha caído a los pies, ¡asesinado!, su padre fue asesinado…

Leonardo: Creí que ya se llevaban bien. (Agrega a mis espaldas, tocándome el brazo al ofrecerme el *whisky* que me había preparado ¡Dios! ¿Qué demonios hice?, tomo el vaso de manera automática).

Camila: ¿Lo sabías? (Asiente chocando su vaso con el mío). Voy-voy a hablar con él.

Leonardo: No, mi niña, dudo que quiera recibirte en este momento.

Camila: Necesito-necesito disculparme. (Añado más para mí misma, sintiendo el latir de mi pecho desbocado, temiendo lo que debe estar pensando en este momento de mí).

Leonardo: Siéntate, dale espacio, por SU bien, no te expongas a que te haga una grosería, lo aprecio mucho pero aunque tu madre lo dude, tiene límites. Alonso es muy cordial, pero te inmiscuiste en un tema muy delicado. (Papá me sienta tomándome del brazo al ver que no reacciono a su petición, ¡alcohólico!, ¡su papá era alcohólico!, por eso tanta aberración a la bebida, a los vicios).

Camila: No tenía idea de que su papá hubiese fallecido, mucho menos de esa forma.

Leonardo: Sí, debió ser muy duro y mucho antes de eso, debido a los vicios de su padre, ya se hacía cargo de su familia. Como te dije, Alonso me previno de un fraude que el hijo de puta de su jefe me tenía preparado, le ofrecí trabajo y al poco tiempo de contratarlo cuando le tomé la confianza suficiente para pedirle que me acompañara tanto a las reuniones sociales como de negocios, se negaba a probar cualquier bebida alcohólica, al principio creí que quería mantener las apariencias de buen muchacho frente a mí, pero llegó un punto en que hablé con él, le pedí que se relajara un poco, que no era necesaria esa estupidez conmigo, que podía beberse un par de copas sin problema, fastidiado por mi insistencia me comentó lo de su padre. El muchacho desde el primer día demostró sus habilidades en los negocios y números, además de su lealtad. (Doy un largo sorbo al licor que trago con dificultad, debe estar odiándome). ¿A qué ha venido todo esto? Fue tu madre, ¿verdad? (¡Dios! Cómo pude... su papá alcohólico, asesinado y yo llegando a su casa ahogada de borracha...) No entiendo a tu madre, al principio le caía muy bien, incluso me pedía que lo invitara a las reuniones, después con el asunto de tu hermano... no sé, comenzó a compararlos, cuando obviamente hay una enorme diferencia.

Camila: Por supuesto, no hay comparación, Leo es tu hijo, además de un gran artista.

Leonardo: ¡Artista! (Exclama con desdén). Tu hermano es un vago, Alonso es un muchacho que sacó adelante a su familia con esfuerzo, con dedicación, trabajando dieciocho horas diarias, con objetivos y metas definidas, dando empleo, produciendo, me recuerda a mí cuando tenía su edad. (Añade orgulloso). Acabamos de cerrar el contrato con los alemanes, y ese es mérito completamente suyo.

Camila: Tienes razón, ustedes dos son muy parecidos, pero que tú no logres apreciar el talento de mi hermano, no significa que no lo tenga, nos vemos más tarde, papá.

Le doy un beso antes de abandonar su oficina sin prestar atención a lo que añade. La culpa me apuñala el pecho, si hubiera sabido... si tan solo... Me detengo frente a la puerta de su despacho, con un terrible miedo de lo que seguramente debe estar pensando, de lo que debe estar sintiendo, muy parecido a lo que me provocó hace un par de días, peor quizá, mucho peor...

Nancy: Señorita Zambrano, ¿puedo ayudarle?

Camila: ¿Está en su oficina?

Nancy: Sí, pero... en verdad no creo que sea buena idea, me indicó que no se encontraba para nadie, parecía muy alterado.

Alterado, frustrado, decepcionado, furioso, agotado, debería estar festejando el cierre del contrato, pasó semanas sumergido en ello, ¿para qué? Para que yo terminara arruinándoselo.

Papá tiene razón, no querrá escucharme, además, ¿qué podría decirle para que me disculpara? ¿Qué podría decirme él después de lo que me mostró mamá?, ya nos dijimos demasiado, ya nos hicimos suficiente daño…

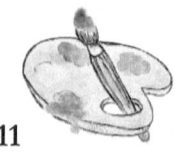

11

"La pintura es poesía que se ve y no se siente,
y la poesía es pintura que se siente y no se ve"
Leonardo da Vinci

Alonso

Los intentos de mi madre por mejorar el ánimo de Luna son en vano, la comida familiar del domingo transcurre en una conversación plana y sin emociones, ni siquiera la música que siempre corea entusiasmada la extrae del trance depresivo en el que se encuentra. Las profundas ojeras opacan sus delicadas facciones, sus pupilas parecen apagadas, incluso estoy seguro ha perdido peso desde que regresó. No hay ni pizca de la jovencita radiante, divertida o desafiante de hace unos meses. ¡Ese hijo de puta la consumió!

Alonso: Y bien, huerca fea, ¿cuáles son tus planes?

Luna: ¿Planes? (Inquiere confundida).

Alonso: Tienes días en casa sin hacer nada y sin salir *"el ocio es la madre de todos los vicios"* necesitas alguna actividad, la universidad está a mitad de semestre, pero podrías tomar algún curso.

Luna: No estoy de ánimos para tomar ningún curso y de una vez te digo que no volveré a estudiar economía.

Alonso: Me lo imaginaba, pero no tiene que ser algo relacionado con economía, debe haber algo más que llame tu atención.

Luna: No estoy para pensar en eso ahora. Con permiso.

Se levanta de la mesa sin mayor aspaviento para retirarse a su habitación.

Mónica: Después de un par de días la invité a ir conmigo a la florería pero se negó, prácticamente la obligué a que me acompañara al cine, es para lo único que ha salido de casa, no habla, no canta, ni siquiera ha pintado, creí que su amiga Areli vendría a verla, pero si se han comunicado ha sido solo por teléfono. Ya hablé con ella, me aseguró que estará bien, que solo necesita tiempo.

Alonso: Ese tiempo lleva ya una semana, no podemos verla así y no hacer nada.

Mónica: Las penas del corazón pueden tardar en sanar una vida entera. (Añade con tristeza, sé a lo que se refiere, ese imbécil la marcó, aún lo recuerda como el hombre del que se enamoró, con el que bailaba y le cantaba al oído, puedo ver la melancolía en su mirada, en cambio yo lo único que tengo presente son las exigencias absurdas, los gritos, la miseria en que nos hundió, la piltrafa en que se convirtió, el pestilente aroma a alcohol y tabaco que siempre lo acompañaba).

Alonso: Eso no le sucederá a mi hermana.

Me levanto para ir a buscarla, necesito encontrar las palabras correctas para sacarla de ese maldito estado sin provocar un enfrentamiento.

Tras darme el paso, la encuentro recostada sobre su cama con el celular en las manos. El caballete y las pinturas que hace poco más de un año defendía como si fuese lo más importante de su vida, se encuentran abandonados en una esquina.

Alonso: Vengo a despedirme, pero antes necesito pedirte un favor.

Luna: Sí, dime.

Alonso: Mientras decides qué es lo que quieres hacer con tu vida, ¿podrías ayudar a mamá en la florería?, la he visto algo cansada. (Se toma un momento para responder).

Luna: Claro, yo le ayudo. (Le doy un beso en la frente antes de emprender la retirada). Ya no tengo ocho años, sé lo que estás haciendo. (Me provoca una leve sonrisa su comentario y regreso a su lado para responderle).

Alonso: Ya no tienes ocho años, pero sigue funcionando.

Luna: Estoy bien, solo necesito un poco de tiempo.

Alonso: Lo sé, pero no puedes pausar por completo tu vida, necesitas ocuparte en algo para no continuar pensando en lo mismo.

Luna: Puedo no pensar, pero no logro no sentir.

Alonso: Te entiendo… (No importa cuánto lo intente, Camila no se aparta de mi pecho un solo instante pese a las altas cargas de trabajo en la oficina). Pero al menos te sentirás productiva, evitará la apatía, no me gusta verte así. (Le doy un rápido toque en la nariz).

Luna: ¿Eso es lo que tú haces?, ¿no crees que necesitas tomarte un tiempo? (¿¿Yo?? ¡¿Un tiempo?!).

Alonso: Para mí esa nunca ha sido una opción, pero no estamos hablando de mí, sino de ti, así que ¡a trabajar, huerca fea! (Le doy otro beso en la frente antes de levantarme de su lado). Ah, y ve a caminar por las tardes o solo me verás el polvo al subir la cascada Cola de Caballo, iremos el próximo domingo.

Luna: Eres un mandón, manipulador y arrogante. (Añade al tiempo que me arroja una almohada que capturo en el aire).

Alonso: Mmmm cierto, pero como soy tu hermano mayor, te aguantas.

Le arrojo de regreso la almohada provocándole una sonrisa con ello, con lo cual me voy un poco más tranquilo a casa, al menos con respecto a ella.

Damián

Damián: ¿Qué te sucede?

Camila: Nada, ¿por qué lo preguntas?

Damián: Tengo un humor de los mil demonios, estoy harto, desesperado, frustrado, pero eso no me impide ver que no estás bien, ¿qué sucede? ¿Problemas con tu papá maravilla o con mamá la diva? (Se obliga a sonreír, pero esa mueca no hace más que confirmarme que algo anda mal).

Camila: No les digas así, grosero. En realidad mi relación con mamá ha mejorado las últimas semanas.

Damián: ¿En serio? ¿Qué pasó? ¿La exorcizaron? (Niega colocando los ojos en blanco).

Camila: Desde niños tú siempre has sido su consentido, se desvive en atenciones cuando te ve, te halaga y presume todo el tiempo, ha peleado con papá por defenderte un sinnúmero de ocasiones, ¿por qué no la soportas?

Damián: Porque yo no soy bueno como tú, no veo bondad donde no la hay y no deseo que me quieran.

Camila: No es que yo sea buena y tú no, es solo que todos tenemos cualidades y defectos, yo trato de enfocarme en las cualidades, mamá no es mala, solo… es diferente a nosotros, todos lo somos, su vida no ha sido color de rosa como pareciera.

Damián: ¡En serio! (Suelto incrédulo). ¿Qué cualidad le has encontrado a mamá? Además de la hipocresía, la doble moral, su vanidad que no conoce límites y ese especial timbre de voz elegante con el cual sobaja y hunde en la porquería el amor propio de las personas que no son dignas de admirar su belleza.

Camila: Eres muy duro con ella, yo adoro a papá, pero recuerdo que pasaba muy poco tiempo en casa, sus discusiones eran porque él no dejaba de trabajar.

Damián: ¿Y en verdad crees que lo extrañaba?, Rosita Fresita, lo dicho, eres demasiado buena.

Camila: ¿Por qué habría de discutir con él si no fuera así?

Damián: Porque no es estúpida, ¿cuándo te acompañó a las clases de *ballet*? ¿O a cualquier otra maldita actividad? Zambrano estaba trabajando, acaudalando millones, ambicionando que su nombre se escuchara en todo el mundo, aplastando a los imbéciles que se cruzaban en su camino, ¿y ella? ¿Qué hacía ella?, porque yo no recuerdo que estuviera a nuestro lado, fuimos criados por profesores y el personal de servicio.

Camila: Ella, bueno, ella estaba ahí, solo que también tenía compromisos sociales.

Damián: Si ese argumento te hace feliz, está bien. No me hagas caso, no quiero ensuciar con mis porquerías tu mundo.

Camila: No soy estúpida, Leo, sé que mamá está lejos de ser una buena persona, pero tampoco es un demonio.

Damián: No, no lo es, para demonios, los de mi infierno.

Camila: ¿Tu infierno?

Damián: No me hagas caso, entonces, ¿qué tienes? ¿Andas en esos días difíciles? O ¿has estado en abstinencia y eso te tiene mal?, porque a mí me pone del carajo.

Camila: ¡¡¡Leo!!!

Suelto una carcajada por el sonrojo que le provoco y continúo molestándola un poco más, pero no logro que me confíe lo que le preocupa, no la culpo, he estado demasiado apartado en el afán de olvidarme de todo, soy un egoísta, la he abandonado a su suerte en medio de esas sanguijuelas, los cuales seguramente son quienes la están drenando. Mi hermana necesita salir de ese nido de víboras o terminarán por devorarla.

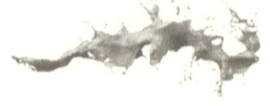

Alonso

Termino de afinar unos cuantos detalles con Leonardo antes de su próximo viaje, parece tranquilo y satisfecho, ha tenido como objetivo desde hace mucho tiempo abrir una sucursal en Tailandia y con el capital que entrará, del contrato con los alemanes, podrá cumplirlo. Gina aún no le ha dicho nada sobre mi ahora inexistente relación con su hija, pero lo hará, por lo que necesito hablar con él antes de que eso suceda, en cuanto regrese del viaje.

Alonso: Creo que es todo, que tengas buen viaje, me comunico mañana por la tarde contigo. (Añado al tiempo que me levanto para retirarme).

Leonardo: ¿Has hablado con Camila? (¿A dónde quiere ir con eso?, niego en respuesta). Comprendo tu reacción del otro día, pero confío en tu buen juicio, odiaría enterarme de algún enfrentamiento entre ustedes. (¿Qué carajo?).

Alonso: Sé perfectamente que tú no amenazas, ¿es una advertencia?, creí que después de todos estos años me conocerías mejor.

Leonardo: Es un simple comentario, como dije, confío en tu buen juicio. (Suelta un suspiro). Estás muy tenso, estresado, ahora que regrese deberías tomarte un par de días. (Añade tranquilamente, como si eso en verdad fuera posible).

Alonso: Un par de días, ¡claro! (Exclamo incrédulo), lo vemos a tu regreso.

De camino a mi oficina, la encuentro hablando con su asistente, las saludo con la mayor cortesía e indiferencia que la rabia y la daga que clavó sobre mi espalda me permiten, responde en voz baja evitando mi mirada, esta situación se está volviendo insoportable.

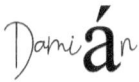

Damián

No despierto, tan solo separo los párpados, me encuentro sumergido en una infinita y silenciosa nada desde su abandono.

Los colores en mi rostro han cambiado a una paleta de verdes y amarillentos nauseabundos. El cuerpo ya casi no duele, es mi cordura la que parece estar yéndose a la mierda.

No importa cuántas llamadas realice diariamente, no responde o bien prefiere apagar el teléfono, los mensajes los ha dejado en "visto" en una clara invitación a que me mantenga en el infierno en el que me ha condenado.

Camila se ha negado a darme la dirección de Luna, convencida que es por mi seguridad, ¡¡seguridad!!, la única seguridad que tengo es que me estoy perdiendo en un bosque de telarañas del que no estoy seguro poder salir sin su ayuda…

Anoche, después de dos días navegando entre sus redes sociales y mi correo electrónico, logré recuperar el archivo que me envió para la convocatoria de la beca, casi reviento la *laptop* contra la pared, pero conseguí su dirección. Eran alrededor de las cuatro de la mañana cuando me estacioné frente a su puerta, el temor a que me mandara al demonio ayudó a contener mi estupidez. Estuve a punto de tocar el timbre, ¡soy un imbécil!, solo habría conseguido que me echaran como a un perro o peor aún, llamaran a la policía.

Termino de alistarme, y antes de salir en busca de mi Calíope tomo mi celular, la cajetilla de cigarros, la jodida tarjeta de la habitación que ya se me ha extraviado en tres ocasiones y la libreta cosida a mano que compré a un *hippie* caminando una noche por el paseo Santa Lucía en el centro de Monterrey, la única que me ha acompañado en las infinitas noches de su abandono.

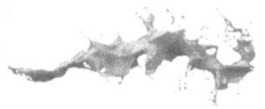

Alonso

Como cada noche que el viejo se encuentra de viaje, Rojas me informa la hora en que arriba a su hotel, dormirá acompañado, igual que el último par de noches, lo cual me mantiene tranquilo.

Apago la pantalla frente a mí y camino hacia el ventanal perdiendo la mirada en el sinnúmero de luces que iluminan la ciudad, frotándome la nuca mientras decido si irme a casa o dormir aquí como muchas otras noches.

Un estruendo interrumpe mis pensamientos, por lo que salgo de mi despacho para ver qué lo ha provocado, es muy tarde y el edificio debería estar solo habitado por los guardias.

Al doblar el pasillo encuentro a Camila entre penumbras, no logro ver su rostro pero reconocería su silueta entre cientos, se sostiene del escritorio de su asistente, con varias cosas repartidas en el piso, las que seguramente provocaron el estruendo.

Alonso: ¿Camila? ¿Todo bien? (Inquiero extrañado de encontrarla aquí, al tiempo que me apresuro a llegar a su lado). ¿Camila?

Camila: Yo... estoy... (Alcanza a decir en un tono apenas perceptible, la sostengo por la cintura al ver que las piernas le flaquean).

Alonso: ¡Camila, Camila! (Exclamo sujetando su mejilla con las pulsaciones aceleradas, pero apenas logra mantener los párpados abiertos. ¡Carajo!, la levanto entre brazos para llevarla a mi despacho y recostarla en el sofá). Bonita, bonita, ¡mírame! (Suplico con el temor palpitando en mis venas, al tiempo que aparto los hilos dorados sobre su frente y acaricio su mejilla).

Camila: Estoy, estoy bien. (Responde en un susurro obligándose a separar los párpados, por lo que me permito expulsar el aire que no me había percatado mantenía aprisionado en mis pulmones. Acaricio su frente con los labios, ¡demonios!).

Alonso: ¡Estás helada!, no te muevas. (Extraigo del vestidor una manta para cubrir su perfecta figura). Te llevaré a la clínica.

Camila: ¡No!, no es necesario, no fue nada.

Alonso: ¿¡Nada!?, te desmayaste en mis brazos, estás helada y pálida.

Camila: No me desmayé, solo, solo fue... (Intenta incorporarse pero se lo impido colocando una mano sobre su hombro).

Alonso: No te levantes, pudo bajarte la presión o... no sé, tiene que revisarte un médico.

Camila: Prácticamente no he comido en todo el día, debió ser eso, y en la mañana no hacía frío, no tenía idea que fuera a bajar tanto la temperatura, por eso no traigo abrigo.

Alonso: Espera. (Extraigo una barra de proteína del primer cajón de mi escritorio para ofrecérsela. Me agradece al tiempo que se incorpora). Con cuidado. Aun así debería revisarte un médico. ¿Te ha pasado en otras ocasiones?

Camila: Estoy bien, en verdad. (El color poco a poco va regresando a sus mejillas, lo que me tranquiliza un poco).

Alonso: ¿Qué haces aquí a esta hora?, son las once de la noche.

Camila: Cerré los ojos un momento y ya no supe de mí hasta ahorita. ¿Y tú, no piensas irte? (¡Dios, es preciosa!, el timbre de su voz le da un soplo de vida a mi alma, la piel me arde por la necesidad de su contacto, por el deseo de perderme en las celestes pupilas y robarle el aliento acariciando su lengua con la mía, formando un solo cuerpo con nuestra unión, con nuestra pasión... ¡Mierda!, me alejo un par de pasos obligándome a apartar la mirada de su bella imagen, ¡esto se acabó!, ella terminó con todo y de la peor manera, lo nuestro nunca debió ser y yo lo sabía desde un principio, ¿cómo es posible que me dejara estafar por una niña?, ¡soy un imbécil!).

Alonso: Sí, de hecho estaba a punto de retirarme. Te pediré un auto, no es conveniente que manejes así. (Me acerco al escritorio para tomar el teléfono y solicitar un auto en recepción).

Camila: Debes estar odiándome. (Añade acercándose, cubriéndose la espalda con la manta, ¡odiarla!, no, lo que estoy odiando ahora mismo es no poder dejar de amarla).

Alonso: ¿Eso es lo que crees? (Levanta los hombros en respuesta).

Camila: Cualquier otra ocasión te habrías ofrecido a llevarme.

Alonso: No es la primera vez que te pido un auto.

Camila: No, me he equivocado otras veces. (Baja la mirada provocando convulsiones en mi pecho herido, traicionado, ¿qué carajos pretende?). Alonso, yo-yo no tenía idea, yo-lo lamento tanto.

Alonso: ¡¿Lo lamentas?! (Acoto sarcástico, conteniendo las llamas de su traición con los puños apretados). ¿Qué es lo que lamentas? Haberte inmiscuido en un tema al que no tenías derecho o traicionarme queriendo ensuciar mi trabajo frente a tu padre con una porquería de esa magnitud. (Intenta abrir la boca pero no se lo permito). Porque, aunque mi padre hubiese sido un maldito estafador, eso no me convierte en uno y tú no eres estúpida, lo tenías bastante claro antes de ir a soltar tu veneno.

Camila: Yo-yo estaba muy enfadada y no-no pensé... en verdad lo lamento.

Alonso: Ahórrate las disculpas baratas que no remedian una mierda, has dejado claro quién eres. (Las pupilas se le iluminan por una cortina de falsas lágrimas que no hacen más que provocarme rabia. Llamo al personal de seguridad solicitando un auto para la señorita Zambrano). Espera el auto en recepción. (Agrego cortante al tiempo que tomo mi portafolio y mi abrigo del vestidor. Con un ademán la invito a salir de mi despacho, me observa con el semblante empañado por una pena que me parte el alma, pero me niego a creer. Se despoja de la manta y al pasar frente a mí para cruzar la puerta le ofrezco mi abrigo, me observa confundida sin sujetarlo). Estamos a cuatro grados allá afuera.

Camila: No te entiendo.

Alonso: ¿Qué es lo que no entiendes?, has dejado claro quién eres, Camila Zambrano, el problema es que no tuviste la capacidad para darte cuenta a quién jodidos tienes enfrente.

Cierro la puerta tras ella y camino directo al ascensor para presionar el botón, pero sus palabras me detienen.

Camila

¡Ya no puedo!, estoy cansada, cansada de tener el alma quebrada, llena de culpa, sintiéndome miserable, traicionada, utilizada, drenada... Ya no puedo luchar conmigo misma, dudando de cada paso, de cada palabra, sin saber en quién confiar, en quién creer.

Extraigo el celular del pantalón para reproducir el audio de su conversación con mamá, se detiene al escuchar su voz y se gira con las cejas enarcadas.

Alonso: Señora Zambrano.

Gina: Te advertí que tarde o temprano me desharía de ti.

Alonso: No veo que tus porquerías hayan surgido ningún efecto, hasta donde sé, continúo siendo el director administrativo de CEMTY.

Gina: Disfruta tus últimos días de poder.

Alonso: No es de estrategas cantar victoria antes de tiempo, pero qué se puede esperar de una mujer a la que solo le trabajan las piernas.

Gina: ¡Imbécil!, ¿y qué me dices de ti?, cavaste tu propia tumba al acostarte con mi hija.

Alonso: ¿Eso es lo que crees?, ya deberías saber con quién estás tratando, a diferencia de ti, yo no doy pasos en falso.

Gina: Veré rodar tu cabeza.

Alonso: No acostumbro apostar, pero en esta ocasión haré una excepción, te apuesto mis pelotas a que el día que deje CEMTY será porque se me vino en gana.

Camila: No es excusa, no debí inmiscuirme en un tema tan delicado y mucho menos intentar ensuciar tu trabajo con papá, pero después de escuchar esto, no lo pensé, me dejé llevar por la rabia. (Se pasa la mano por el mentón en un gesto de incredulidad).

Alonso: Hija de… (Doy vuelta en el pasillo para ir en busca de mi bolso). Esa grabación no está completa. (Asegura con voz grave).

Camila: Posiblemente, pero con lo que dice es más que suficiente, además, no estoy pidiéndote una explicación, ya hemos dicho demasiado, Alonso.

Alonso: ¡No!, esa es otra de las artimañas de tu madre.

Camila: Antes era solo su palabra, este eres tú insultándola, asegurando que acostarse conmigo no fue un paso en falso. Quizá mi madre exageró las cosas al decir que tú la tocaste sin su consentimiento, porque ¡No!, no te creo capaz de algo así, además no eres estúpido, papá habría acabado contigo si mamá se lo hubiese dicho, pero no lo hizo, ella mencionó unos motivos que tampoco creo, pero es claro que te detesta y por lo que se escucha en esta grabación, tú a ella también. No tengo idea de qué sucedió entre ustedes, lo único que tengo claro es que me ha usado en su afán de aplastarte y tú, tú tampoco has sido honesto.

Alonso: Yo no te he utilizado, tu madre vino aquí a provocarme con la clara intención de entregarte esa grabación.

Camila: En un principio no quería enfrentar la verdad porque no quería perderlos, no quería perder a ninguno, tú eres el hombre que además de desear, me hacía sentir protegida, amada, el hombre del que me había enamorado a pesar de las enormes diferencias, el cual se ganó mi respeto y admiración… Y ella, es mi madre y por fin me estaba dando la oportunidad de conocerme, de brindarme el cariño que tanto añoré desde niña… Fui cobarde, pero ahora-ahora las cosas han cambiado.

Alonso: ¿Qué quieres decir con eso?

Camila: Que es claro que los perderé a ambos, que ahora tengo cosas más importantes en qué pensar y ninguno de ustedes es relevante.

Alonso: ¿De qué demonios estás hablando? (Me toma por los brazos provocándome un escalofrío con las facciones contrariadas. No es momento de flaquear, Camila).

Camila: No pensaba decírtelo, pero tarde o temprano te enterarás y no quiero jugar igual que ustedes, con medias verdades… Estoy embarazada. (Suelto sin más, su respiración se congela, sus facciones quedan inertes al tiempo que se destruye el último suspiro de esperanza que no sabía que quedaba, ¿¡qué esperaba!?, me zafo de su agarre aún dudando de la fuerza de mis piernas por sostenerme, dando un par de pasos hacia atrás conteniendo el ácido que se acumula en mis pupilas). No te atrevas a preguntar si es tuyo, no te estoy pidiendo nada, ni siquiera tu apellido, puedo hacerme cargo perfectamente sola.

Añado con la mayor seguridad que me es posible, continúa inerte, no estoy preparada para que me desprecie, intento girarme al no poder sostenerle por más tiempo la mirada, pero la repentina opresión de sus fuertes brazos me lo impide, me mantiene pegada a su pecho por un largo tiempo en completo silencio con tal fuerza que llega a dificultarme la respiración, pero me niego a apartarme, no quiero que me suelte, no quiero desprenderme del calor y la protección de su amplio pecho.

Comienzo a vibrar, no sé si es su cuerpo o el mío el que tiembla, las lágrimas que había logrado contener caen cual cataratas sobre su camisa humedeciéndola.

Alonso

Embarazada, dijo ¡embarazada!, Camila mi-mi Cam está ¡¡embarazada!! ¡¡Por Dios!! El músculo en mi pecho sale disparado con un golpe de adrenalina, expectativa y-y la mayor calidez que había experimentado. La aprisiono contra mi pecho deseando mantenerla ahí el resto de mi existencia.

Mi Cam embarazada, ¡¡embarazada!!

Aflojo lentamente el abrazo al tiempo que busco las celestes pupilas tomando su mejilla.

Alonso: ¿Estás-estás segura? (Inquiero con una voz que no reconozco, suplicando porque me confirme lo que acaba de decir. Asiente lentamente con las mejillas húmedas y las finas facciones agotadas. ¡Mi Cam!, beso su frente y recorro su espalda con lentas caricias). ¿Desde-desde cuándo lo sabes?

Camila: Tres días.

Alonso: ¡¿Tres?! ¿Cómo es posible que no vinieras antes a decírmelo? (Pronuncia mi nombre en medio de un sollozo). Está bien, está bien, lo entiendo, pero no te preocupes, bonita, yo me haré cargo de todo. (Caigo en cuenta que no trae chaqueta, busco con la mirada el abrigo que no supe en dónde carajos ni en qué momento solté. Lo levanto de un escritorio contiguo para cubrirla con él frotando sus brazos y espalda al tiempo que beso su frente). Vamos a casa, necesitas descansar.

Camila: ¿De qué hablas? (Pregunta extrañada alejándose un par de pasos, provocando con ese gesto fragmentar mi seguridad, no soporto su lejanía, la sigo manteniendo una mano sobre su espalda baja). Tú y yo no estamos juntos.

Alonso: Cam, esto lo cambia todo.

Camila: No, no veo por qué, ya nos hemos lastimado lo suficiente, ni siquiera has sido capaz de disculparme y yo-yo estoy cansada, Alonso... (Un escalofrío acompañado de temor me recorre el cuerpo, está dolida, agotada, llorosa, pero muy segura de lo que acaba de decir, ¡no! ¡No voy a perderla! No voy a perder a mi mujer ni a mi hijo por mi orgullo, mucho menos por las calumnias de la zorra de Gina).

Alonso: Tienes razón, hemos dicho demasiado, pero somos adultos, si no acepté tu disculpa es-es porque soy un imbécil y me importas, me dueles demasiado. Discúlpame, bonita, cuando hablé de más estaba furioso, reaccioné visceralmente y las veces que he callado te juro que es por no lastimarte, discúlpame, Cam. (Las frágiles manos sobre mi pecho impidiendo mi cercanía queman, aumentando la angustia que me atraviesa los pulmones).

Camila: Alonso, ni siquiera sé si puedo confiar en ti.

Alonso: ¿Confiar? Ese ha sido el maldito problema desde un principio, ¿qué necesitas para confiar en mí? (Me observa en silencio, confundida, con unas grandes sombras bajo la celeste mirada). Tu madre te ha asegurado que quiero la presidencia de esta empresa, cuando lo único que he hecho es pagarle con lealtad en agradecimiento a tu padre, pero si lo que necesitas es que renuncie, lo haré, dejaré CEMTY para comprobarte que no me interesa el puesto del viejo.

Camila: No, tú-tú no renunciarías.

Alonso: Si eso te traerá de regreso a mis brazos, si me permitirá ver crecer cada día a mi hijo, a nuestro hijo, por supuesto que lo haré. (La incredulidad y preocupación en sus facciones es palpable). No te preocupes, bonita, los últimos años he recibido muchas ofertas de trabajo tanto dentro como fuera del país, si he permanecido en CEMTY es por lealtad al viejo, sabes que no soy millonario pero te aseguro que les daré una vida cómoda.

Camila: En verdad lo harías. (Susurra deslizando las manos por mi pecho, dejando caer la desconfianza, regalándome con ese gesto la visión de una vida juntos, de una familia).

Alonso: Por supuesto, mi amor, (me acerco con los labios temblorosos a los suyos, el roce de la suave piel me regresa a la vida, una vida sin la tortura de su ausencia, el calor que emana mi pecho es apenas soportable, pero me contengo para no sumergirme en su boca). Ahora vamos a casa, necesitas descansar.

La llevo bajo mi brazo hasta el auto, donde no dejo de sostener su pequeña mano un segundo, ¡embarazada! ¡Embarazada!, ya puedo verme acunando a una preciosa nena con su sonrisa y las mejillas sonrojadas, una nena igual de hermosa que ella, arrullándola pegada a mi pecho para que concilie el sueño. Compraré una casa para ellas, con un lindo jardín para que pueda jugar con sus muñecas y Pechan en cuanto dé sus primeros pasos, porque sé que de esa bola de pelos no me libraré... ¡Embarazada! ¿Cuánto tiempo tendrá de embarazo?, busco su mirada para preguntárselo pero tiene los párpados cerrados, está agotada y hace un rato no se sentía bien, debo llevarla al médico mañana mismo.

La llevo hasta el apartamento sin dejar de abrazarla, queriendo saciar la sed de mi cuerpo con su contacto, las últimas semanas fueron una maldita pesadilla por su larga ausencia.

Al darle el paso a casa se queda congelada.

Camila: Nunca te pregunté siquiera si te gustaría tener hijos, fui yo la que se olvidó de tomar las pastillas, si no estás seguro de esto y lo haces solo por cumplir... (Interrumpo la tontería que está diciendo tomándola por las mejillas).

Alonso: ¡Mírame!, es verdad, nunca tocamos el tema y no te voy a mentir, jamás me había planteado tenerlos, pero en el instante que lo mencionaste, el jodido mundo, tu madre, la empresa, las discusiones, TODO se puede ir al carajo. ¡Te amo! Eres mi mujer y estás esperando un hijo mío, no solo los quiero, los necesito a mi lado. (Se lanza a mis brazos, donde tengo que refrenar mi fuerza al abrazarla para no hacerle daño). Confía en mí, todo estará bien, solo confía en mí. (La guío hasta el cuarto vestidor, donde la despojo del ligero suéter, y la blusa después de encender la calefacción).

Camila: Yo puedo. (Añade en tono suave).

Alonso: Déjame cuidarte. (Una ligera sonrisa aparece en sus labios).

Camila: Aún traes puesta la corbata.

Alonso: En ocasiones ya no me doy cuenta de ella. (Aflojo el nudo de la corbata antes de desabrocharle el sostén para deslizarlo por sus hombros. Beso su frente reprimiendo las ganas de admirar los perfectos senos, no necesita una noche de pasión, necesita una cálida y confortable cama, necesita mi pecho para descansar y mis brazos para sentirse segura, protegida y eso es justo lo que le daré, así la dureza entre mis piernas me esté mentando la madre. Le coloco la playera de una de mis pijamas apenas rozando su piel para continuar con el pantalón, una vez con la rodilla al piso rodeo su cintura pegando la mejilla al aún plano vientre, su respiración se detiene al tiempo que sus dedos se hunden en mi cabello y me siento el ser más afortunado del maldito universo). Todo estará bien, yo me voy a encargar de eso, se los prometo. (Deposito un beso en la blanca piel antes de levantarme animado por un sollozo de mi mujer, si normalmente es llorona, no me quiero imaginar los siguientes meses, pero no me importa, la mimaré hasta al cansancio). Ya no llores, mi amor. (Obstruyo el paso de las perlas cargadas de sentimientos que recorren sus mejillas con los pulgares para llevarla a la cama entre mis brazos. Mi pijama le queda enorme y aun así logra verse terriblemente sensual). Te prepararé un sándwich para que cenes.

Camila: No, estoy bien así.

Alonso: No comiste.

Camila: En realidad, sí lo hice… y mucho.

Alonso: No más mentiras, ¿de acuerdo?

Asiente y la arropo con la colcha antes de perderme en el cuarto vestidor para despojarme del traje, apenas puedo creer que la tengo de regreso en casa, en mi cama y ahora con un bebé en el vientre, nuestro bebé.

Regreso a su lado e inmediatamente se acurruca en mi pecho, hundo la nariz en los hilos dorados, ¡ese aroma! ¡Es embriagador!, huele a ella, a sensualidad, a dulzura, a generosidad. Cada terminación nerviosa, cada célula de mi cuerpo la reconoce, llenándome de deseo, de ternura, de necesidad.

Camila: Todo esto será muy complicado, nos querrán separar, lo sabes, ¿verdad? (Claro que lo sé, Gina la repudiará, la sociedad a la que pertenece no se cansará de despellejar su buen nombre, su apellido estará en boca de todo el mundo, el viejo querrá arrancarme las pelotas, aunque dadas las circunstancias no estoy seguro si el aprecio que siempre me ha demostrado lo detendrá de encargarse de que sus contactos me cierren la puerta en las narices, al final del día, dudo que no quiera conocer a su nieto, ya no tiene las fuerzas de hace unos años, él tiene el dinero, pero los malditos contactos, el cerebro para las estrategias y los negocios ahora son míos).

Alonso: Lo nuestro será perfecto yo me encargaré de todo, bonita, ahora descansa, mi amor.

Camila

El calor de su cuerpo borra todas las dudas, los miedos e inseguridades que aparecieron en el instante en que Leo mencionó si estaba en mis días y no pude recordar la última fecha en que había tenido mi periodo.

El nerviosismo se convirtió en pánico durante los terribles segundos que esperé a que aparecieran las dos líneas en la prueba de embarazo, rogando a que fuera un error, leyendo las instrucciones tres veces para verificar que las dos líneas significaban positivo, que estaba embarazada, ¡embarazada! Debía ser un error, pero una segunda prueba me lo confirmó.

Deseaba sentirme feliz, un nuevo ser, producto de la entrega y el amor se estaba formando dentro de mí, pero solo podía pensar en la desilusión, en la decepción en los ojos de mi padre cuando se lo dijera, en el desprecio y los gritos de mi madre y una angustia terrible me consumía imaginándome las reacciones de Alonso, sobre todo después de lo que dije sobre su padre, pero ninguna de mis visiones se asemejó a la realidad…

Ya no logro mantener los párpados abiertos a pesar del deseo por contemplar sus maravillosas facciones, estoy agotada, las últimas setenta y dos horas han sido las más desgastantes de mi vida… las dulces caricias de sus grandes manos borran todos los miedos, logrando relajar mis músculos y arrullándome con el latir de su corazón.

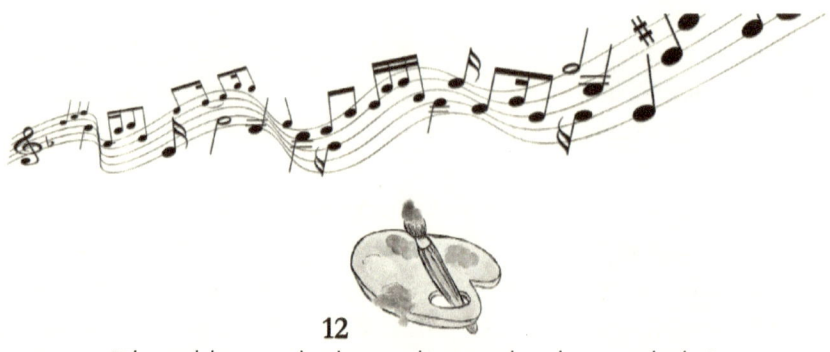

12
"El arte debe perturbar lo cómodo y consolar a los perturbados"
Banksy

Damián

No recuerdo la última vez que me hormiguearon las manos, no tengo una maldita idea de lo que le diré, quizá debí practicar como imbécil frente al espejo, pero cada vez que me paraba frente a él, de mis labios no salía nada coherente.

Nadie respondió a los timbrazos que di a la casa, por lo que extraigo la cajetilla de cigarros de mi camisa y doy una profunda calada al encender el primero. Me recargo en el auto que mantengo rentado, a este paso seguramente me saldrá más costosa la renta que el comprarme uno nuevo.

El humo de mi tabaco difumina la imagen de los grandes árboles al otro lado de la calle, sobre los jardines de la amplia plaza donde hay un par de parejas adolescentes comiéndose a besos, quemándose por meterse mano bajo la ropa, esa bendita mezcla de expectativa, emoción y deseo que solo mi Calíope ha logrado revivir en mi alma y mantener en mi piel...

¿Dónde demonios estás, Luna?, terminaré en el psiquiátrico si continúo caminando de un lado a otro, tensándome cada vez que un auto circula por esta calle esperando su arribo. Entro al auto, corro el asiento hacia atrás y saco los pies por la ventana para ponerme cómodo. Suelto los primeros trazos con el lápiz que siempre cargo sin una idea fija en la cabeza, solo difuminando nubes hasta que el portón automático se abre y logro verla en el asiento del copiloto del auto que entra al garaje.

Bajo inmediatamente colocándome tras el portón, nuestras miradas se conectan a través del espejo lateral sin apartarse, hasta que las hojas de metal cerrándose interrumpen mi visión. Dudo por un instante en tocar el timbre, me ha visto, sabe que he venido por ella y que no me moveré hasta verla, así que me acerco a la puerta esperando que aparezca, apretando la libreta con más fuerza de la que debería, logrando maltratar con esto unas cuantas hojas.

Su imagen aparta las sombras cual Poseidón separa las aguas. El palpitar de mi pecho retumba en mis oídos con cada uno de sus pasos.

Luna: Me alegra ver que te encuentras bien. (Sus facciones no revelan ninguna emoción). ¿Está roto? (Señala mi brazo con un movimiento de cabeza).

Damián: No, se dislocó pero ya está bien, en unos días más me desharé del cabestrillo.

Luna: Menos mal fue la izquierda o te estarías volviendo loco. (La maldita frialdad con que lo dice me hiela hasta los huesos).

Damián: Mi locura no necesita excusas para salir a flote, es imperecedera, solo se acentúa cuando le da la gana. (La tensión que nos envuelve es la que está a punto de quebrarnos el pecho).

Luna: Creí que ya estarías de regreso en Guanajuato.

Damián: Imposible, no puedo regresar al Parnaso sin mi Calíope. (Me observa con ganas de abofetearme, quizá si no estuviera todavía con el rostro magullado lo haría, lo que seguramente sería menos doloroso que la frialdad que escupen sus ojos). Fue muy complicado conseguir tu dirección.

Luna: No tenías que hacerlo; no contesté una sola de tus llamadas, no respondí a ningún mensaje, lo cual es una clara respuesta, ¿a qué has venido, Damián?, o mejor dicho, ¿a qué has venido, Leo Zambrano? (Inquiere sarcástica ocultando el dolor tras el veneno de las palabras que cree me he ganado, estrujándome los tímpanos con ese maldito nombre con el que estoy condenado a vivir, pese a que lo enterré hace mucho tiempo).

Damián: Cierto, tu sepulcral silencio ha sido un claro mensaje y me has estado castigando con él, sin siquiera darme el derecho de réplica.

Luna: ¿Crees merecerlo? ¡Eres un cínico!

Damián: Lo soy, pero hasta el peor de los criminales tiene ese derecho.

Luna: A algunos no debería dárseles.

Damián: ¿A quiénes mandarías directo a la horca?

Luna: A los asesinos que se encuentran con el cuchillo en la mano.

Damián: Aun a ellos se les da, porque aunque todo los incrimina, puedes llevarte una sorpresa, ha habido ocasiones en que el supuesto asesino solo extrajo el puñal, no lo clavó. Es mejor asegurarse, no te gustaría vivir con una condena errónea sobre los hombros. (Las gloriosas pupilas brillan de rabia, de pena, de frustración). Solo escúchame… no voy a robarte más de una vida en esta tierra y la eternidad en el Parnaso.

Luna: No empieces con tu palabrería hueca. (El gesto dolorido perdura en su rostro el aleteo de un colibrí, lo suficiente para indicar que le importo, no es solo el ego herido por la omisión de una verdad sin sentido la que habla).

Damián: ¿Caminamos? (Señalo la plaza frente a nosotros), por favor. (Termina cediendo a mi petición. Intento hilar las ideas en mi cabeza sin desear profundizar en los recuerdos).

Luna: Estoy esperando. (Demanda de mala gana tras varios metros avanzados).

Damián: Leonardo Zambrano y yo nunca tuvimos una buena relación, pero terminó por fracturarse hace algunos años. Antes de irme a vivir a Guanajuato vagabundeé por varios lugares, no me relacionaba demasiado y a las pocas personas con que llegaba a tener contacto les daba un nombre diferente, no deseaba que me vincularan con él. Pero una vez que me establecí y decidí dedicarme a lo único que lograba dar un poco de sentido a mi vida, enterré a Leo. Llegó a la vida Damián, llegó solo, sin familia, sin amigos, con un objetivo, en un universo de tintas, matices, trazos y pinceles con letras absurdas, donde me sentí real... Mi relación con mis padres, desde entonces, ha sido prácticamente nula, me he visto obligado a verlos unas cuantas ocasiones, con la única que tengo contacto de vez en cuando es con mi hermana, Camila es muy diferente a ellos; es noble, divertida, cariñosa, vive en una burbuja rosa, creyendo que la humanidad no es tan mezquina como sé que es. Es a ella a quien iba a presentarte el día de la exposición, donde iba a revelarle que soy Damián.

Luna: ¿Tu familia no tenía idea de tu seudónimo?

Damián: Siguen sin saberlo y prefiero que continúe así, la única que ahora está al tanto es Camila.

Luna: ¿Por qué?

Damián: No iba abrirme paso en el mundo del arte con el apellido Zambrano a cuestas, los millones de Leonardo hubiesen abierto las puertas de los museos y los ojos de los críticos, no mis pinturas.

Luna: Te hubiese agradecido el que me dijeras todo esto hace meses, no hasta ahora.

Damián: ¿Por qué habría de mencionarlo? ¡¡Leo no existe!! Y detesto tener que revivirlo. Ni siquiera pensé en que tendría que decirte que ese es mi nombre de registro porque evito pensar en ello y no le vi la maldita importancia. Solo deseaba compartir con mi hermana la felicidad de tenerte en mi vida y a ti presentarte a lo único bueno de mi pasado. (Me observa con las pupilas dilatadas, con la incredulidad y la esperanza combatiendo en su interior).

Luna: Me ocultaste quién eres por más de un año, no solo tu nombre, omitiste mencionar que somos de la misma ciudad. Creí que teníamos una relación, una conexión especial, la verdad es que no sabemos nada el uno del otro.

Damián: No vuelvas con eso. (Replico exasperado), nos conocemos como nadie, mis pupilas se han clavado en tu imagen por horas interminables, te he respirado en días asfixiantes, te he sentido incluso estando entumecido, he absorbido tu aliento, he colonizado tu cuerpo, has invadido mis sueños, diluiste mis penumbras acariciado mis sentidos con matices coloridos, si tú, mi Calíope, no sabes quién demonios soy, no hay quién carajos tenga una idea, incluyéndome.

Luna: ¿Y tú sabes quién demonios soy yo?, ni siquiera sabías que Alonso es mi hermano.

Damián: ¡Don perfecto tenía que ser tu hermano! (Exclamo cansado). Y además debió ser pandillero o sicario de Leonardo.

Luna: No digas tonterías, ninguna de las dos, Alonso tiene años practicando artes marciales mixtas.

Damián: Además de ser un maldito genio en las finanzas, es deportista, una estrella más a su curriculum... Lo que te puedo asegurar es que me tomó por sorpresa y ebrio, en otras circunstancias él hubiera sido el que terminara en el hospital. (Bromeo, logrando con esto relajar un poco el ambiente entre nosotros).

Luna: ¿Y esa es toda tu explicación? ¿Crees que porque tú evitas la realidad esta pierde importancia?

Damián: La realidad está sobrevalorada.

Luna: No digas tonterías, Leo.

Damián: ¿No me crees? ¿De qué te sirve una realidad que te mantiene yendo de un infierno a otro? Y por favor, no me llames así. (Le pido al no soportar el maldito nombre en sus labios).

Luna: Uno se esfuerza por cambiar su realidad, no huyes como un cobarde.

Damián: ¡Cobarde! (Suelto una risa sin una pizca de gracia). Se cambia, se modifica, se mejora lo que tiene arreglo, lo que carece de vida, de alma; lo que está muerto simplemente se entierra o se incinera, no lo mantienes en las manos para verlo podrirse día a día... ¿Crees que soy un cobarde?, talvez, pero tú no eres quién para juzgarlo, tú no estuviste ahí, hice lo que tenía que hacer para no hundirme, para no perderme entre culpas, mentiras, reclamos y falsas moralidades y de lo único que me arrepiento, es de haber tardado tanto en hacerlo. (Añado destilando rabia en cada palabra con la respiración acelerada y la cólera contenida. Me siento en una banca bajando la cabeza y cubriendo mis ojos intentando esquivar los recuerdos que bombardean mi razón).

Luna: Damián... (Susurra colocando una mano sobre mi hombro, reacciono abrazándola por la cintura, sosteniéndome de ella para no desplomarme, apretando los párpados concentrándome en su respiración y la caricia de sus dedos sumergidos en mi cabello. No sé cuánto tiempo paso con el rostro pegado a su pecho, no el suficiente para saciar mi necesidad por su contacto, pero seguro mucho más del de un abrazo convencional, sin embargo no hace un solo intento por apartarme. Me alejo sin querer hacerlo tomándola de la mano para invitarla a sentarse a mi lado).

Damián: No fue mi intención mentirte, solo te presenté mi realidad, eres a la última persona a quien desearía lastimar. (Coloca una mano sobre mi mejilla en un tierno gesto al que me aferro cual náufrago a una tabla en medio del océano después de haber perdido su nave tras una devastadora tormenta). Lo lamento.

Luna: Y yo... (Susurra con la mirada compasiva ante mi desesperación).

Damián: Dime que regresaremos juntos al Parnaso, a nuestro mundo entre lienzos y pinturas, donde no existen las verdades ni las mentiras, solo tú y yo.

Luna: No es así de sencillo.

Damián: Claro que lo es.

Luna: ¿Qué me dices de la mujer a la que besabas?

Damián: Te juro que fue ella quien me besó, es verdad que estuve tonteando y bebiendo ella su lado, pero no la toqué, ya iba a buscarte, le dije que iba con mi chica, estaba emprendiendo la retirada cuando me besó.

Luna: ¡Ay, por favor, Damián! (Se levanta con las pupilas centellantes).

Damián: Que Zeus me condene a una eternidad entre las fauces de Cerbero y las burlas de su amo Hades a las puertas del inframundo si te miento.

Luna: Ni una de las tres cabezas de Cerbero ni Hades te soportarían más de una noche.

Damián: Has estado leyendo sobre mitología griega. (Respondo gratamente sorprendido).

Luna: Ese no es el punto.

Damián: El punto es que apenas logro ver entre las penumbras que me invaden y que tus pensamientos han estado ocupados por este intento de artista y un Apolo casi hecho cenizas con tu partida. Sabes que no miento.

Luna: No, no lo sé, ¿cómo saber qué es verdad entre tanta mentira?

Damián: Porque lo sientes... Y porque soy un imbécil, porque soy un jodido caos entre el límite de la cordura y el desvarío, porque eres mi Calíope y yo el más fiel de tus admiradores y no soy tan estúpido como para besar a otra mujer en tus narices sabiendo que lejos de excitarte me arrancarías las pelotas.

Luna: ¿¡Excitarme!? ¡Eres un depravado! (Exclama exasperada comenzando a caminar de regreso a su casa a paso acelerado conmigo tras de ella).

Damián: Eso no voy a negarlo, pero no pondría en riesgo nuestro mundo por mis depravaciones.

Luna: ¿¡Ah no!? (Añade sarcástica con las mejillas enrojecidas).

Damián: No, te convencería de ellas primero.

Luna: ¿Qué? ¡Estás loco!

Damián: Creo que eso ya lo teníamos claro. (Respondo divertido ante un enfado que está muy cerca de una rabieta).

Luna: Eres insoportable, Damián A. (El sonido de mi nombre expuesto por sus labios es reconfortante).

Damián: Lo sé, regresemos a nuestro mundo y házmelo pagar atándome a la cama mientras te leo poemas cursis de amor empalagoso y te satisfaces con mi cuerpo frente al espejo. (La sonrisa que se forma en sus labios fractura la careta de enfado). Te raptaré ahora mismo.

Luna: No puedo. (Niega con la cabeza bajando la mirada).

Damián: ¿Por qué no? ¿Qué te lo impide?

Luna: Necesito... pensar, no puedo desaparecer un día, regresar destrozada por el mundo que fui a buscar y simplemente volver a irme sin decir más, no puedo hacerle eso a mi madre, ni a Alonso, no se lo merecen. Ellos no lo entenderán. (La pesadez de sus palabras me clava una estaca de terror en el pecho, no puedo perderla).

Damián: ¿Y qué más da si no lo entienden? Es tu vida, nuestra vida.

Luna: Son mi familia, me importan y yo a ellos. Al regresar Alonso me hizo ver la estupidez que cometí, a los riesgos a los que me expuse.

Damián: Él te obligó, no te dejó opción y fuiste muy valiente al buscar tu propio camino.

Luna: Sí, valiente y estúpida.

Damián: ¿Te arrepientes? (Inquiero temeroso).

Luna: No, volvería a elegirte sin pensar, pero lo manejaría con ellos de alguna otra forma, una en que no terminara lastimándolos.

Damián: Ahora no tienes que huir, puedes decirles en dónde y con quién estarás, hablaré con ellos si es necesario.

Luna: Mi hermano en cuanto te pares frente a él te volverá agarrar a golpes, te detesta, ni siquiera le diré que has venido a verme.

Damián: No creerás que le tengo miedo a don perfecto.

Luna: Me queda claro que tu instinto de supervivencia es prácticamente nulo, pero... no me entiendes, no quiero volver a defraudarlos, ¿cómo les explico que quiero regresar con el hombre que me mintió?, que me ocultó su identidad por más de un año solo porque él y su falta de cordura crearon su propio universo y enterró su pasado. (Reprime un sollozo que me lastima el alma). Creerían que estás loco y que yo soy una estúpida por creerte.

Damián: ¿Tú me crees? (Asiente sin lograr pronunciar palabra con una perla transparente deslizándose por su mejilla). Eso es lo que realmente importa, es irrelevante lo que ellos piensen.

Luna: A mí me importan, realmente me importan, lamento que no sea igual para ti y estoy aquí si quieres compartirme qué fue lo que fracturó tu relación con los tuyos. Pero mi madre y Alonso, que más que un hermano ha sido como un padre, me adoran, siempre hemos sido muy unidos a pesar de nuestras diferencias y la mentalidad cuadrada de él. Los eché mucho de menos y no tienes idea de lo mal que me he sentido al darme cuenta del daño que les hice con mi imprudencia y a pesar de eso han sido muy comprensivos desde que regresé.

Damián: ¿Y yo te importo?

Luna: Por supuesto, pero no se supone que deba elegir. (La voz se le quiebra y mi alma con ella. La atraigo a mi pecho intentando consolar su angustia).

Damián: Yo no te pondría en esa disyuntiva, tranquila, encontraremos la forma, te lo prometo.

Luna: Será mejor que regreses a Guanajuato, a tu mundo, a tus tintas y lienzos.

Damián: A mis penumbras... ¡No!, no sabiendo que deseas estar a mi lado y que mi oscuridad y locura son las culpables de nuestra separación, no regresaré sin ti.

Luna: Es que yo no sé si pueda regresar, y tú necesitas pintar, necesitas tu estudio, tu Parnaso.

Damián: Sí, lo necesito, pero si regreso ahora, los lienzos terminarán destruidos, me hundiré. El Parnaso ardería y yo con él. Regresarás, regresaremos, mi Calíope. (La mantengo contra mi pecho hasta que su respiración se tranquiliza). Hablaré con Alonso, le explicaré.

Luna: No, no se te ocurra por favor, él ahora no entendería ninguna razón por más lógica que fuera, mucho menos las tuyas.

Damián: Hablaré entonces con tu madre.

Luna: Es muy pronto. (Niega con la cabeza).

Damián: Instantes son eternidades para quien padece... De acuerdo, esperaré el tiempo que tú consideres prudente, pero no me iré, no sin ti. (Su sonrisa triste y la mirada opaca me carcomen el alma, el beso que deposita en mi mejilla me sabe a poco. Se aleja, pero no voy a perderla, no perderé lo que los dioses con tanto esmero crearon para este intento de artista). ¡Espera! (La alcanzo para ofrecerle mi libreta de dibujo). Quiero que tengas algo mío a tu lado.

Luna: No traigo nada para darte.

Damián: Yo te tengo a ti, aquí (señalo mi sien) y aquí. (Llevo su mano al centro de mi pecho antes de depositar un beso en el dorso de la pequeña mano).

Luna: Mi artista oscuro...

Damián: Tu loco amante. (Uno mis labios a los suyos en un suave roce, abducido por la fuerza inexplicable que mi frágil y poderosa musa tiene sobre el casi apagado Apolo. Enciende mis llamas transformando la tierna caricia en una profunda pasión y necesidad insaciable, regocijándome con su sabor, reconociendo cada lugar de su boca, extrayendo un gemido de placer que resuena desde la base hasta la punta de la dureza bajo mis pantalones. Me obligo a separarme al dejarla sin aliento, antes de perder la cabeza y empotrarla contra la pared y arrancarle la ropa). No cubras tu perfecta silueta con la grotesca tela esta noche, disfruta tu desnudez y siénteme en cada rincón de tu piel.

Luna: ¿Tú harás lo mismo? (Pregunta con las mejillas sonrojadas provocadas por la sangre enardecida).

Damián: Esta será la mano que me toque esta noche. (Recorro su brazo con una lenta caricia). La tuya la que sentiré.

Su silueta se pierde tras la pesada puerta de madera, pero sé que no la he perdido, que pese a la distancia estoy con ella, en cada poro, en cada sueño, en cada jadeo.

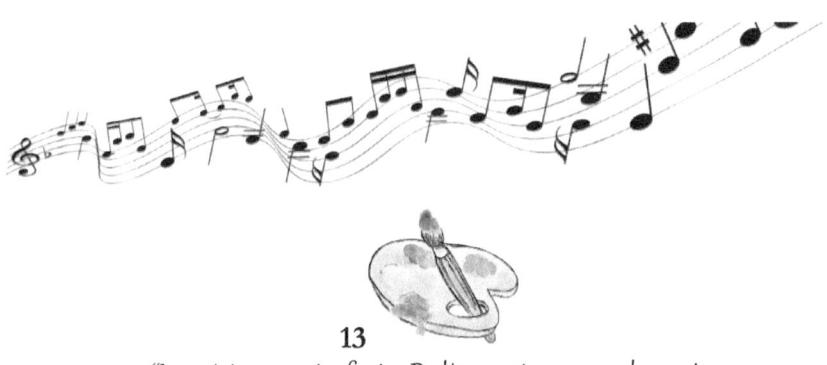

13

"La música era mi refugio. Podía arrastrarme en el espacio que existe entre las notas y acurrucarme en la soledad"
Maya Angelou

Alonso

Apartarme de la cama nunca ha sido un pesar, pero teniéndola así, acurrucada entre mis brazos, con las facciones relajadas, torturándome con su olor mientras tengo las pelotas cargadas, además de una maldita erección matutina apuntando a las deliciosas montañas de carne ¡carajo!, tengo que separar la cadera de ella para no incomodarla. Será mejor que me dé una ducha fría.

Le dejo un jugo de naranja en el buró y al darle un beso en la frente alcanza a separar los párpados.

Camila: ¿Ya te vas? ¿Qué hora es? (Inquiere adormilada).

Alonso: Duerme, bonita, descansa.

No necesito decirlo dos veces, sus párpados se vuelven a unir sin responder siquiera.

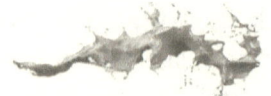

Me aparezco en su oficina en cuanto me notifican que ha arribado.

Alonso: ¿Qué haces aquí?, creí que no vendrías a trabajar. (Le robo un cálido beso en forma de saludo).

Camila: Estoy bien, solo necesitaba dormir.

Alonso: Veo que fuiste a tu casa, ¿todo bien? (Pregunto al verla con otro cambio de ropa).

Camila: Si lo preguntas por mi mamá, no la vi, creo que hablaré con ella una vez que papá regrese de su viaje.

Alonso: No, tú no hablarás a solas con ella.

Camila: Tengo que hacerlo, es mi madre.

Alonso: No voy a permitirle que te ofenda o peor aún.

Camila: Ella no… (La mirada se le entristece al darse cuenta que tengo razón, esa mujer es capaz de cualquier estupidez).

Alonso: Iré yo a hablar con ella o lo haremos juntos, pero no se te ocurra tocar el tema a solas, ¿de acuerdo? (Cede resignada). Necesitamos programar una cita con tu doctora cuando antes.

Camila: Hoy hablaré para programarla.

Alonso: Bien, ¿comemos juntos?

Me es imposible apartarme de la oficina, necesito tener todo listo para entregárselo a Leonardo en cuanto regrese.

¡Renunciar! ¿Cómo carajos se lo plantearé? Una conversación en la que he preferido no pensar… El viejo no tendrá a quién carajos asignar en mi lugar, él ya no puede con este tipo de

presión, ya no tiene la energía que se requiere, ¡maldita sea! Prácticamente está retirado… Con la confianza que ha puesto en mí y yo le saldré no solo con que he mantenido una relación a escondidas con su hija, si no que ha quedado embarazada y le dejo el puesto tirado.

Me levanto tras el estruendo que provoca mi puño contra el escritorio ¡soy un hijo de puta! El viejo tendrá toda la maldita razón en querer arrancarme las pelotas, que me haya enamorado como un imbécil de su princesa dudo mucho que sea excusa suficiente. Debí hablarlo desde un principio con él, como un hombre, como un caballero, no como el jodido cobarde que me siento ahora. Pero ya se lo prometí a Cam y no puedo echarme para atrás.

Y aún falta ver con qué mierda saldrá la zorra de Gina, por su bien, que no se le ocurra decirle a Leonardo lo del intento de seducción o peor aún, mostrarle la grabación, porque si no lo mato yo con la noticia del embarazo, con eso seguro le da un infarto. ¡Maldita perra!, venir a provocarme para grabarme fue un buen movimiento, ¡mi movimiento!

Camila: ¿Llegó la comida?, ¡ay! ¡Perdón!, entré sin avisar es-que-es-que Nancy no está en su lugar y… (Irrumpe en mi oficina, generalmente me irritaría su intromisión, lo sabe y puedo ver cómo se le tintan las mejillas de un carmín adorable, pero lejos de molestarme, su llegada es como una brisa fresca en medio de un calor sofocante. ¡Demonios! Me tiene hecho un pendejo. No puedo esperar a verla con vestiditos holgados por el vientre abultado).

Alonso: No te preocupes, amor. (Respondo despreocupado acercándome a ella para robarle un rápido beso).

Camila: ¿Te sientes bien?, como mínimo deberías estar fulminándome con la mirada. (Añade provocándome una sonrisa).

Alonso: Es verdad, pero por alguna extraña razón, que no logro entender no estoy enfadado. (La aprisiono desde la cintura, al tiempo que ella juega con la solapa de mi saco y finge acomodar mi corbata).

Camila: ¿Será que ya no te molesta?

Alonso: Lo dudo, te aseguro que si a cualquier otra persona se le ocurre hacerlo, le arranco la cabeza.

Camila: Entonces seguro es mi encanto.

Alonso: Eso debe ser, no creo que tenga nada que ver lo profundamente enamorado que me tienes.

Camila: ¿Muy muy profundo? (Inquiere coqueta, por lo que asiento comenzando a preocuparme, mis chicas harán conmigo lo que se les pegue la gana).

Alonso: Solo espero que no te aproveches de eso.

Camila: Mi amor, yo sería incapaz. (Su descaro no hace más que ampliar mi sonrisa).

Alonso: Esa respuesta no me deja muy tranquilo, pero bueno, ¿tienes hambre?

Camila: Me comería una vaca.

No mentía, es la primera vez que la veo terminarse el platillo por completo.

Alonso: ¿Sacaste la cita con tu doctora?

Camila: Sí, la tengo programada para la próxima semana.

Alonso: Cam, eso es demasiado tiempo, llamaré al doctor Sierra, el director del hospital Mugüerza, debes conocerlo, es el médico de tu familia, tendremos la cita hoy mismo.

Camila: Lo conozco, pero quiero a mi doctora.

Alonso: Podemos ir después con tu ginecóloga, ahora lo que quiero... (Se apodera de mis labios, nublando cualquier idea coherente que mis neuronas pudieran hilar. La atraigo sobre mi regazo al tiempo que recorro su boca, sus manos se aferran a mi nuca y percibo la temperatura de su sangre elevarse mientras le robo el aliento y mi dureza choca contra su muslo exigiendo su contacto. Libero sus labios y recorro con la nariz la línea de su cuello, me detengo aspirando profundamente y controlando las ansias por desnudarla apretando los párpados con fuerza).

Camila: ¿Qué pasa? (Susurra anhelando que libere al amante que sé está deseando).

Alonso: Bonita, te deseo desesperadamente, pero estamos en la oficina y tengo mil cosas por hacer.

Camila: Tu trabajo, claro. (Comenta desanimada al tiempo que intenta levantarse de mi regazo, pero la sujeto por la cintura para impedírselo).

Alonso: No es eso, Cam, quiero tomarme mi tiempo para seducirte, saborearte, disfrutarte, volverme loco con cada sonido que expulse esa deliciosa boca que me tiene embrujado. Han pasado semanas desde la última vez que te hice el amor y preferiría no estar presionado con el tiempo o que el maldito teléfono comience a timbrar. Quiero terminar y quedarme recostado contigo entre mis brazos y no tener que darme una rápida ducha para continuar trabajando. (Me pierdo un momento en las celestes pupilas cargadas de comprensión).

Camila: De acuerdo, tienes razón. En un par de horas termino con mis pendientes y voy a casa por algo de ropa y me regreso a esperarte.

Alonso: Prefiero que vayas al apartamento a descansar si no tienes nada más a que regresar.

Camila: Llegarás tarde, ¿cierto?

Alonso: No… es decir, un poco, procuraré llegar alrededor de las nueve. (Se obliga a mostrar una mueca que está muy lejos de la bella sonrisa que me vuelve loco, antes de darme un beso).

Camila: Bien, te esperaré en tu apartamento entonces.

Alonso: Bonita, además del trabajo diario, estoy intentando ordenar todo para entregárselo a tu padre.

Camila: Lo sé, sé que tienes un montón de cosas por hacer.

Alonso: La siguiente semana tendremos tiempo para nosotros, te lo prometo.

Camila: Tranquilo, lo entiendo.

Luna

¡Damián! ¡Mi artista oscuro! No sé qué es más torturante, saber que me mintió o estar consciente de que definitivamente su mente es un absoluto caos al que adoro y a pesar de toda su locura no lo puedo dejar no solo de admirar y desear; lo amo y me veo reflejada en estas pobres flores marchitas estando lejos de él.

Mónica: Vamos, Luna, que muero de hambre. (Cierro la puerta de la florería para alcanzar a mamá que ya me espera en el auto para ir a comer a casa). Hoy has estado más callada que los últimos días, creí que tu estado de ánimo iba mejorando.

Por más que intento no preocuparla, no lo consigo, mi madre no se merece toda la angustia por la que la he hecho pasar. Le aseguro que me encuentro bien e intento sonreírle para tranquilizarla, aunque dudo conseguirlo.

La libreta de mi artista oscuro se encuentra entre mis manos algo maltratada, no la he abierto aún, me produce tanto temor como curiosidad lo que encontraré, una sensación de nerviosismo y hormigueo que me recorre el cuerpo, todo es así de intenso con Damián.

Suspiro profundamente controlando mis emociones y paso algunas cuantas hojas, están llenas con su elegante caligrafía, tan contrastante con su personalidad despreocupada. Hermosos dibujos a lápiz acompañan cada sentimiento transformado en palabras.

El día que dejé de pintar… morí.

Seguramente las penumbras me abdujeron,
¡Estúpidas! No tardarán en arrepentirse de ello.

Mis pasos se olvidaron de los caminos escabrosos

Esos que me he roto los pies de tanto andar.

Las cuerdas vocales de las voces
Que saltaban de neurona en neurona estropeada,
Terminaron destrozadas, al fin enmudecieron.

El silencio enterró mi locura
Con arena solitaria.

Las llamas consumieron al Parnaso,
Cual Sodoma y Gomorra ardió
Por los pecados de este Apolo
Que agoniza en medio de los escombros.

Las musas emprendieron el vuelo
Huyendo sobre pegasos nevados de crines doradas.

Las sirenas ahogaron su canto.
O quizás fue el propio canto
Quien ahogó a las sirenas.

Morí... el día que dejé de pintar.

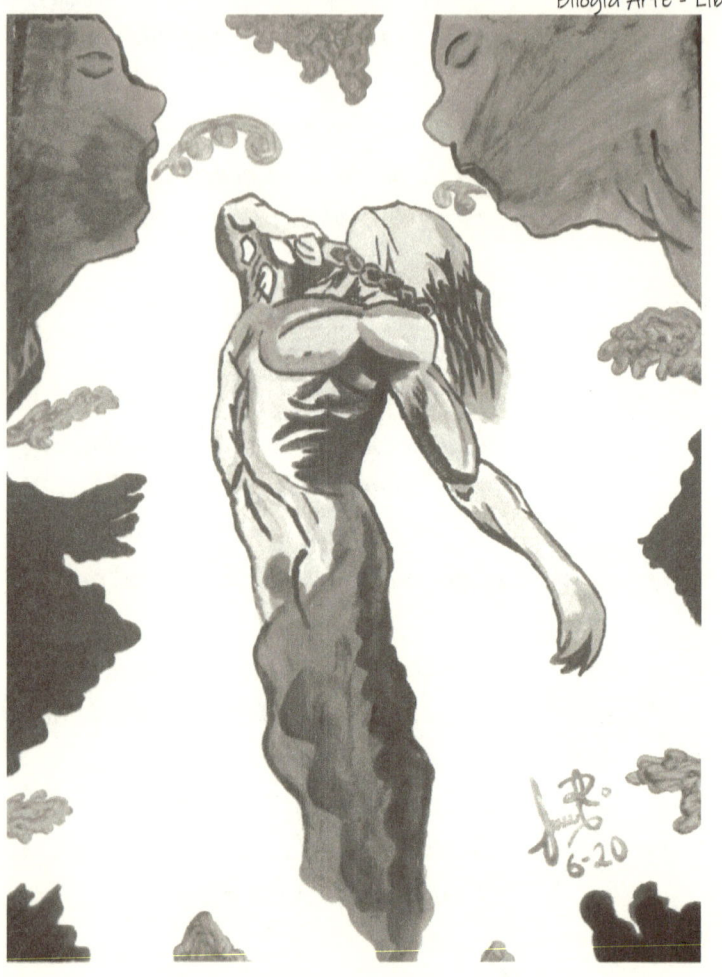

(Pintura realizada por la autora Claudia A. Pérez R. en técnica mixta en junio del 2020).

Leo una segunda ocasión sintiendo sus letras clavándose en mi pecho, reflejando mi sentir, "morí" no solo porque no lo tengo a él.

Luna: Mamá, necesito pintar. (Suelto sin pensar, con la esperanza de que me comprenda).

Mónica: Lo sé, sé que no lo puedes evitar, tu material sigue en el mismo lugar en que lo dejaste al partir, te está esperando, mi amor.

Sonrío por primera vez en semanas, mi madre no me dará la espalda así me equivoque mil veces.

Alonso

Intentando dejar las preocupaciones encerradas en las cuatro paredes de la oficina, lo cual se me complica sobremanera. Tuve que pedirle a Nancy me llamara para recordarme que abandone la oficina a más tardar las nueve de la noche para no regresar tan tarde a casa.

Pero, en cuanto bajo del auto, una incómoda erección se forma bajo mis pantalones por la promesa de recorrer cada rincón de su piel. El sonido de la televisión me recibe y voy directo a la habitación aflojando el nudo de la corbata, ansioso por desnudarla y... ¡Está dormida!, suelto el aire claudicando a la noche apasionada que tenía en mente, ¡Dios! Se ve preciosa con el pijama rosa llena de gatos ridículos en un *short* que apenas cubre las deliciosas montañas de carne que no podré tocar esta noche, necesita descansar y según lo que leí en internet, por su estado, dormirá mucho más de lo normal.

La cubro con el edredón obligándome a no acariciarla pese a las exigencias de mi entrepierna. Una noche más y terminaré ordeñándome yo mismo.

Un cosquilleo sobre el pecho y el calor de una mano bajando por mi torso me provoca un estremecimiento, exigente empujo las caderas ante el primer contacto de su palma escabulléndose entre mis pantalones, la delicada caricia me provoca un gruñido. El deseo prende fuego a mi piel ya de por sí ardiente. La sujeto por la nuca para aprisionarla contra mis labios, nuestras lenguas se entrelazan apasionadas, me desea tanto como yo a ella, su cuerpo implora mis caricias. Su palma baja a mis pelotas y eso termina por desquiciarme, me deshago de su blusa y la giro boca arriba para arrancarle el diminuto *short* provocándole un jadeo que recorre mi espalda. Redescubro sus curvas desesperado, sus senos en puntas erguidas, la pequeña cintura, sus muslos. ¡Gime! La necesito, necesito poseerla ahora.

Separo sus muslos y ¡No! ¡No! Así no. ¡Contrólate! Descanso la frente húmeda sobre su vientre al tiempo que estrujo las sábanas a nuestro alrededor jadeante, estoy hecho una bestia y me esfuerzo por controlarme, intento mesurar mi respiración para sosegar la furia de mi cuerpo ¡Carajo! Estoy tan duro que duele.

Camila: No pares. (Exige en medio de un jadeo).

Alonso: Un segundo, solo-solo dame un segundo.

Camila: No, no te detengas.

Alonso: Bonita, si no paro ahora, yo-yo-Cam, estás embarazada, quiero hacerte el amor con calma, no así.

Camila: ¿Y quién carajos te dijo que las mujeres embarazadas lo queremos lento? Te quiero dentro de mí y ¡te quiero AHORA!

Esa no fue una maldita petición, fue una jodida orden a la cual mi hombría responde vibrando con una ligera punzada de la que voy a deshacerme inmediatamente.

Alonso: ¿Segura no te lastimé? (Inquiero todavía con la respiración acelerada, abrazando por la espalda a mi hermosa mujer una vez hemos satisfecho nuestra pasión, aunque aún me encuentro lejos de saciarme de su calor y esos benditos sonidos que exhala con cada roce).

Camila: Estoy bien. (Asegura al tiempo que recorro el centro de sus senos, antes de pasar un dedo por la punta con algunas marcas enrojeciendo la blanca piel a su alrededor. Se estremece y su respiración se detiene por un segundo ¡mierda!).

Alonso: Fui demasiado rudo, no debí…

Camila: No fuiste rudo, me tomaste justo como lo necesitaba, solo que he tenido los pezones demasiado sensibles el último par de días.

Alonso: ¿Ah sí? (Me separo un segundo para encender la vela aromática que mantengo siempre sobre el buró). Y yo de bruto que no les presté la atención que merecen. (Ronroneo en su oído antes de morder su hombro y girarla para dejarla boca arriba. Recorro la línea de su clavícula llenándola de besos y mordiscos mientras se retuerce bajo mi cuerpo. Sus senos parecen más pesados de lo normal, justo como cuando está a punto de llegarle el periodo, debe ser provocado por los cambios hormonales que está sufriendo. Lleno de caricias su contorno antes de acercarme a la punta rosada. El gemido que expulsa al acariciarla suavemente con la lengua me vuelve roca bajo la cintura). En verdad están muy sensibles.

Responde afirmativamente en un jadeo con los párpados cerrados y los dedos hundidos en mi cabello invitándome a continuar. La lleno de atenciones jugueteando con la lengua yendo de una punta a otra, deleitándome y volviéndome loco de deseo con las brasas de su piel enardeciendo y percibiendo vibrar sus gemidos en mis pelotas.

Una de mis manos desciende descubriendo el manantial entre sus piernas, el vaivén de su cadera se intensifica al tiempo que me amamanto de su pecho, sin perder detalle de sus facciones contraídas de placer entre sombras delirantes producto de la llama danzante al ser testigo de nuestra pasión.

Sus músculos se tensan acariciando las mieles del codiciado orgasmo, el cual termino por arrebatarle penetrándola con un par de dedos y arañando con los dientes el pezón entre mis labios…

Desde que sus caricias me despertaron no he podido alejar las manos de su piel, detesto cualquier maldito tipo de adicción, pero ella es demasiado suave, demasiado estimulante, Cam es simplemente demasiado, si tuviese que admitir alguna adicción, definitivamente sería a su sonrisa, a su piel, a su sabor, a sus gemidos y orgasmos. Ella es una adicción que no necesito ocultar.

Me detengo un instante a saborear el pequeño ombligo y el maldito timbre del despertador me interrumpe.

Alonso: ¡Carajo!

Camila: ¿Qué hora es?

Alonso: Hora de darme una ducha e irme a la oficina.

Camila: ¡Ay no!, no te he dejado dormir.

Alonso: Créeme bonita, lo último que necesitaba era dormir teniéndote a mi lado. (Inhalo profundamente el aroma de su vientre, recordando que en él se está formando un pequeño ser que no puedo esperar por conocer provocándome una ternura inigualable). Descansen, mis nenas. (Le doy un suave beso antes de apartarme pero sus manos me atraen a su boca donde inevitablemente nuestras lenguas renuevan sus caricias). Lo siento, bonita, tengo que irme.

Camila: Lo sé. (Me levanto de la cama pero interrumpe mi camino a la ducha). Quieres que sea una niña, ¿cierto?

Alonso: Quiero tenerlo entre mis brazos no importa lo que sea.

Camila: Pero dijiste nenas.

Alonso: Bueno, creo que será una niña.

Camila: Mentiroso, quieres que sea una niña. (Asegura con una sonrisa pícara).

Alonso: De acuerdo, me descubriste.

Camila: ¿Y si es un niño?

Alonso: Seré el feliz y orgulloso padre de un caballerito.

Camila: ¿Y si es una niña?

Alonso: Me temo que seré el estúpido y ridículamente feliz padre de una nena a la que no permitiré que la toque ni el aire. (Suelta una adorable risa que me regresa a su lado para cubrirla con mi cuerpo en un abrazo). No tienes una bendita idea lo que significas para mí. (Susurro con los labios pegados a su frente). Eres mi aire, Cam.

Camila: Te amo, Alonso.

Alonso: Y yo a ti, ahora descansa, necesitas dormir.

Camila: Lamento haberte despertado.

Alonso: ¿En serio? (Pregunto escéptico).

Camila: No, ya necesitaba tus caricias.

Alonso: Nunca tanto como yo, mi amor.

Le doy un par de suaves besos antes de arroparla y dirigirme a la ducha.

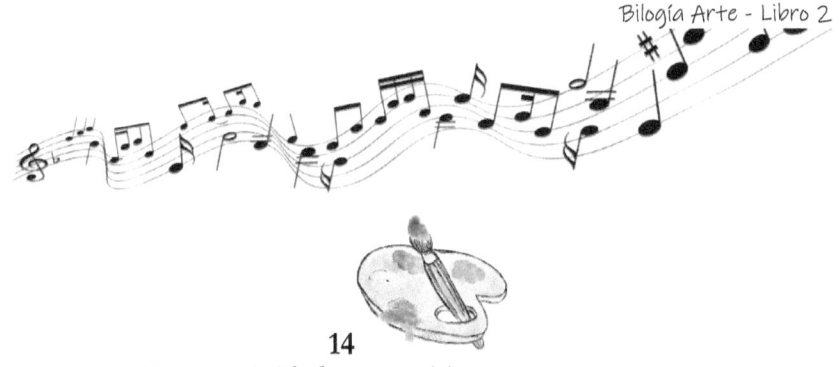

14

"La creatividad es permitirse cometer errores.
El arte es saber cuáles conservar"
Scott Adams

Luna

Sonrío como estúpida al ver un nuevo mensaje de Damián, desde que apareció en la puerta de la casa no ha dejado de escribirme y por más que intente no responderle, es imposible.

Mónica: Te está quedando muy linda, desde niña tu talento era innegable. (Comenta al pasar a mi lado y echarle un vistazo a la pintura en acuarela que estoy realizando aquí en la florería, mientras atiendo el mostrador).

Luna: ¿Por qué entonces no me permitían pintar?

Mónica: Ya lo sabes, mi amor, el mundo del artista está rodeado de vicios y oscuridades en los que no queríamos verte sumergida.

Luna: Todo el mundo está lleno de vicios, mamá.

Mónica: Sí, pero en ese círculo se ve con normalidad, hay una línea muy delgada, a la que muy pocos prestan atención. Te dejo, voy a hacer la entrega y regreso más tarde por ti.

Nos despedimos con un beso y antes de regresar a mi pintura aprovecho para echar otro vistazo a la libreta de mi artista oscuro, me he negado a leerlo página tras página, quiero disfrutar de sus letras imaginándolo con el lápiz de dibujo jugueteando entre sus dedos, con esa línea que se forma entre sus cejas al fijar la mirada celeste cargada de gritos silenciosos e incontenibles sentimientos. Suspiro al pensar que ya hasta me expreso como él.

Mantengo un nerviosismo comparado al abrir un obsequio que se ha hecho esperar por demasiado tiempo.

¡Qué el maldito mundo arda
Mientras el Parnaso viva!

¿Qué vida de mierda llevan los labios que no se besan?

Aprende a reír de tus tragedias y tus errores,
Es tu carácter, tu perfume, es tu miseria
Y el alimento de tu grandeza.

¡Mentira! Yo no estoy loco, son las voces en mi cabeza
Las que han perdido la cordura.
La locura es sinónimo de arte,
El arte es magia.
La magia vida.
¡Y qué jodida sería la vida enlodada de mentiras!

Que los perros ladren y aúllen.
Que su veneno no pueda tocarte.
Que el sol no opaque tu luz,
Que la luna se sonroje
Por tu pasión a la vida.

Fornica, tatúate, fuma,
Besa a quien quieras y merezca tus labios,
Bebe, trabaja, agradece, maldice,
Pelea, entrégate, cáete, resurge, muere...

Pero con pasión y locura.

¡Qué el maldito mundo arda
Mientras el Parnaso viva!

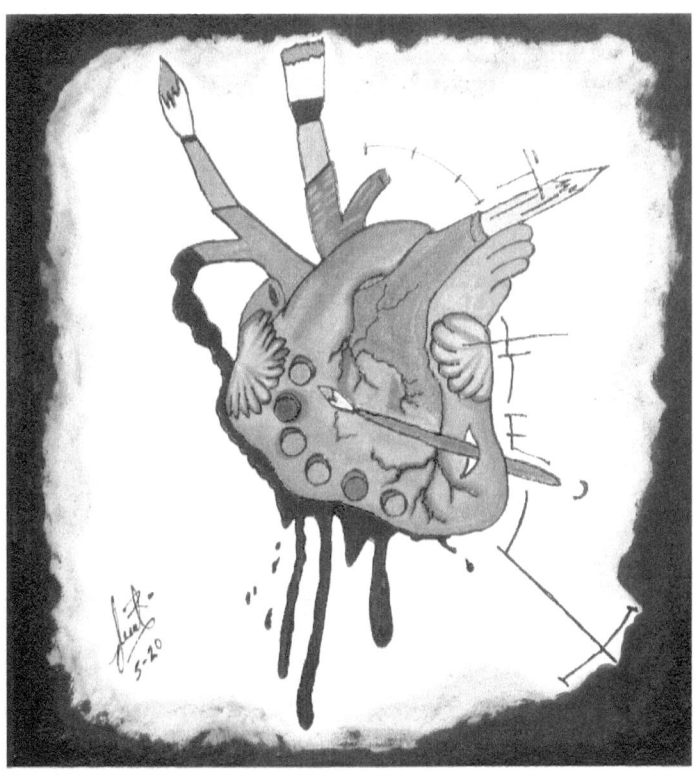

(Pintura realizada por la autora Claudia A. Pérez R. en técnica mixta en mayo del 2020).

Leo y releo el poema gratamente sorprendida, es esta aleación de matices la que me mantiene perdidamente enamorada y muchas veces confundida, sin duda tiene su sello.

Tomo el celular y cedo ante la necesidad de comunicarme con él.

*Luna: ¡Qué el maldito mundo arda, mientras el Parnaso viva! (Lo lee tras varios minutos en los que regreso con mayor entusiasmo repitiendo esa última frase en mi cabeza).

*Damián: Es el primer mensaje que me envías y es justo para burlarte de esa basura, en mi defensa diré que estaba ebrio y si no arranqué la hoja es porque arruinaría la libreta, además el dibujo no quedó tan mal.

*Luna: Tonto, es precioso, sabía que en medio de esa oscuridad había un rayo de luz.

*Damián: La única luz que tengo es la tuya, Calíope.

*Luna: Apolo es luz.

*Damián: Lamento contradecirte, mi pequeña Luna creciente, Apolo es fuego, la luz es solo un espejismo que algunos sedientos llegan a ver en medio del desierto de sus patéticas almas.

*Luna: Yo no tengo sed y te veo, no eres un espejismo para mí.

*Damián: Cuando estoy a tu lado reflejo tu luz, brillemos juntos, Calíope, te invito al cine.

*Luna: ¿¿Al cine?? Nunca antes me invitaste al cine.

*Damián: No es cualquier película, apuesto que te gustará.

*Luna: No lo sé, no quiero mentirle a mi madre.

*Damián: No tienes por qué hacerlo, hablaré con ella, puedo ser un jodido encanto si me lo propongo.

*Luna: Eso lo tengo claro, pero ya te lo dije, no es prudente.

*Damián: Entonces solo dile que irás al cine, pasaré por ti a las siete.

No hay opción a réplica, tampoco es que yo me haya esforzado en ello.

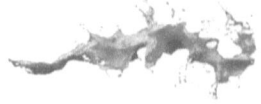

Cómo demonios no estar perdidamente enamorada y deseosa de todo lo que representa Damián A., dejando de lado al artista, es terriblemente atractivo con esa melena, la barba un tanto descuidada, la camisa de manga larga levantada dejando apreciar los tatuajes adornando sus brazos iluminados por los bellos dorados y... ¿flores?

Luna: ¿Flores? (Pregunto sorprendida al ver el sencillo pero precioso ramo de lavanda atado con encaje).

Damián: Son tus favoritas, te dije que podía ser un jodido encanto si me lo proponía.

Luna: Están preciosas, ¡gracias! (Las tomo y me acerco a darle un beso en la mejilla pero captura mi rostro para apoderarse de mi boca penetrando en ella con dulzura).

Damián: No soy un maldito extraño, esos labios son míos y… tu boca también. (Añade en claro doble sentido).

Luna: ¡Tonto! Ya entiendo perfectamente esos comentarios.

Damián: ¡Gracias a todos los dioses! (Exclama dramático levantando la vista). Ya estaba dudando de mi patanería y tu habilidad de deducción.

Añade ladeando el rostro con las pupilas celestes divertidas, los hilos dorados caen frente a su hombro y el aroma que despide estimula hasta la última de mis fibras, fue un solo gesto, un movimiento natural y ya me tiene suspirando. Sonrío por la estúpida felicidad que me produce al tiempo que me abre la puerta del auto como todo un caballero.

Damián: ¿Y bien? ¿Te gustó? (Pregunta tomándome de la mano al salir de la Cineteca Nuevo León, donde se proyectan filmes muy diferentes a los cines comerciales).

Luna: ¡Me encantó!, escuché de ella hace un tiempo, pero no había tenido oportunidad de verla, *Cartas de Van Gogh* es una obra de arte.

Damián: Es un excelente largometraje, una "joya" pero… tengo un concepto muy diferente de obra de arte. (Agrega guiñándome un ojo).

Luna: La luna está preciosa esta noche. (Comento observando la luna llena a través de la ventana del auto).

Damián: Esa es una frase que mis labios deberían pronunciar, Calíope, no los tuyos.

Su grande mano cubre la mía mientras maneja, es extraño verla sin rastros de tinta, es como… como antinatural, ni siquiera sus uñas conservan algo de pintura, lo que me encoje por un momento el pecho. Los dedos sobre el volante tamborilean y mueve la pierna izquierda incesantemente, se encuentra ansioso.

Luna: ¿Qué hacemos en tu hotel? (No me responde, rodea el auto para ayudarme a bajar y con nuestros dedos entrelazados camina con largos pasos que me cuesta un poco seguir). Te hice una pregunta. (Saludo con una sonrisa a una pareja de alrededor de cincuenta años que espera el ascensor a nuestro lado. Una vez dentro, el cuerpo de mi artista cubre el mío atrapándome contra el frío metal. Percibo su cálido aliento golpeando mi piel al tiempo que su nariz acaricia mi mejilla).

Damián: Te arrancaré ese vestido antes de arrojarte sobre la cama y recordarte lo que es una verdadera obra de arte con tus piernas rodeando mi cintura, mientras te embisto como una maldita bestia una y otra y otra jodida vez hasta volverte loca de placer. (Mi sexo se contrae ante la promesa erótica, el calor inunda mi cuerpo centrándose en mi entrepierna y mejillas. El caballero que comparte el reducido espacio carraspea recordándonos su presencia, pero a mi Apolo le importa un carajo. Una de sus manos se apodera de mi nuca con posesión). Te giraré obligándote a levantar el rostro jalando tu cabello, enterraré los dedos en tu cadera y me apoderaré de tu interior, tu cuerpo se llenará de estrellas salinas iluminando tu piel y juro que no pararé hasta que tus piernas en cuatro no puedan sostenerte más. (El hombre vuelve a carraspear, esta vez con más fuerza, Damián se separa de mi rostro apenas un centímetro para dedicarle una mirada retadora pero antes de que pueda pronunciar palabra se abren las puertas del ascensor. Lo tomo de la mano obligándolo a salir para evitar que pueda hacer un nuevo comentario imprudente, pero se detiene justo al cruzar la puerta). Deberías hacer algo parecido, apuesto que tu esposa ya lo está imaginando. (El sujeto lo fulmina con la mirada pero afortunadamente las puertas se cierran antes de que pueda responder, lo que produce una sonora carcajada en Damián).

Luna: Eres-eres ¡por Dios! Ni siquiera sé qué adjetivo dedicarte.

Damián: ¿Viste sus caras? La mujer estaba de mil colores, seguro se lo imaginó todo. (Añade divertido sin prestar atención a mi comentario, lo que inesperadamente me molesta, ¿que se cree?).

Luna: No puedes abochornarme frente a la gente y no puedes ser tan arrogante para traerme a tu hotel sin preguntar, creyendo que estaré dispuesta a acostarme contigo cuando a ti se te pegue la gana después de todas tus mentiras. (La diversión en sus pupilas es remplazada por ardientes llamas, pero no me intimida. Me giro decidida a retirarme, presionando el botón del elevador un par de ocasiones).

Damián: Tú no te vas de aquí. (Gruñe a mis espaldas, a lo que respondo volviendo a presionar el botón del ascensor. Me gira con brusquedad desde la nuca encerrándome contra la pared con mirada amenazante cual depredador con la presa arrinconada). Tú no te vas de aquí porque la piel te arde desesperada por mis caricias, tus pliegues sensibles y húmedos ansían que los separe con esto. (Me lleva la mano a presionar la rigidez que se ha formado bajo sus pantalones, lo que provoca espasmos involuntarios en mi sexo). Y porque a mí se me está cayendo la piel a pedazos sin tu contacto, porque he permanecido sin ti por más tiempo de lo que puedo soportar, así que ¡no! Luna, tú no te vas de aquí hasta que no me funda en tu cuerpo por lo menos tres ocasiones ¡¿te quedó claro!?

Su hombría se clava en mi vientre erizando cada vello de mi cuerpo, no soy capaz de emitir palabra, mis instintos se apoderan de mi razón, lo deseo y lo necesito justo ahora. Lo atraigo desde la nuca y es su boca la que me devora. Tomándome por la cintura me levanta por lo que rodeo sus caderas enganchando mis tobillos a su alrededor, provocándome un jadeo por su contacto contra la carne sensible entre mis piernas. Camina conmigo entre brazos para llevarme directo a la habitación donde seguramente cumplirá con cada una de sus promesas cargadas de pasión…

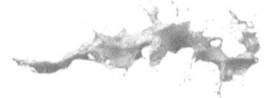

Alonso

El repicar del teléfono me extrae del plácido sueño que me mantenía abrazando a mi mujer, a ella podría caérsele el departamento encima y no despertaría. Respondo aún adormilado.

*Alonso: ¿Sí?

*Joven: Lamento despertarlo, licenciado, pero aquí se encuentra el licenciado Sada, dice que viene a visitarlo.

*Alonso: ¿Emilio-Emilio Sada?

*Emilio: Soy yo, quieres decirle a este sujeto que me deje entrar.

*Alonso: ¿Qué carajos haces aquí? Son las tres de la mañana.

*Emilio: Tuve un-un inconveniente, ¡déjame entrar carajo!

Después de casi negarme, doy la autorización para que le permitan subir. Arropo a Cam y cierro la puerta, confiando en que Emilio estará aquí solo un momento y no se dará cuenta de su presencia.

Lo espero con la puerta abierta para evitar que toque el timbre.

Emilio: ¡Valiente amigo!, por poco no me dejas entrar, cabrón.

Alonso: ¿Qué carajo te pasó? (Inquiero al verlo con la camisa desfajada con manchones de sangre que adivino son de su nariz y boca que comienzan a inflamarse. Entra sujetándose el costado, le pido que pase a la sala en lo que le traigo un poco de hielo y escucho cómo se deja caer con un lamento exagerado, ¡mierda! Solo espero que Camila no lo escuche. Le entrego una bolsa con hielo, un analgésico, un desinflamante y un vaso con agua). ¿Y bien, en qué carajo te metiste?

Emilio: ¡Idiota! ¿Por qué supones que me metí en algún lío?

Alonso: Porque llegas golpeado a las putas tres de la mañana a mi apartamento, y porque te conozco. (Con dificultad alcanza a mostrarme el dedo medio antes de tomarse el medicamento sin siquiera preguntar qué es). Pude haberte drogado.

Emilio: No tengo tanta suerte, eso me quitaría el jodido dolor, creo que me reventaron algún órgano interno. (El gesto dolorido comienza a preocuparme, le metieron una buena putiza).

Alonso: Vamos, te llevo al médico.

Emilio: No, con lo que me diste y una cama será suficiente.

Alonso: Podrías tener algo roto, ¡vamos! (Insisto con una pizca de culpabilidad por tener mayor interés en sacarlo del apartamento que por su salud).

Emilio: ¿Quieres dejarme descansar?, acaban de asaltarme y darme una madriza entre seis cabrones.

Alonso: ¿¡Seis!? (Acoto sarcástico).

Emilio: De acuerdo, solo eran cuatro y tuve que caminar como tres cuadras para llegar a tu casa, los bastardos me dejaron sin camioneta, sin dinero y sin celular.

Alonso: ¿Qué demonios fue lo que sucedió exactamente?

Emilio: Supongo que no tienes un *whisky* o algo más fuerte que tu maldito té verde, ¿no? (Lo observo sin tomarme la molestia de responder a la estúpida pregunta). Deberías tener algo decente para los invitados al menos, se llama jodida cortesía.

Alonso: A la mierda tú y la jodida cortesía.

Emilio: Bien, resulta que estaba aburrido en casa y entonces decidí salir un rato a distraerme, ya sabes, como no se puede contar con los amigos porque nunca dejan de trabajar.

Alonso: Deja el drama y ve al grano.

Emilio: Me fui al casino, un poco de póker, un buen trago y un poco de coqueteo con las *dealers*.

Alonso: Ganaste y te siguieron para asaltarte, en lugar de entregarles las cosas, te pusiste pendejo y te golpearon.

Emilio: Nooo, ¿me quieres dejar hablar?, gracias. (Añade indignado). Gané en una mesa, me fui a tomar una copa, me dirigía a otra mesa donde estaba de *dealer* una chica que ya me había llevado al hotel en un par de ocasiones, para ver si cuadrábamos algo, pero una joven se me acercó haciéndome plática, la *dealer* me miraba de forma extraña, pero creí que estaba celosa, debe ser difícil ver que alguien te está robando todo esto (dice el estúpido señalando su cuerpo).

Alonso: ¿Quieres sintetizar la telenovela?

Emilio: Bien, bien, no le seguí mucho el juego a la joven, y después de ganar unos cuantos juegos volví a cambiar de mesa. ¿Y qué crees?

Alonso: Te siguió a la siguiente mesa.

Emilio: Exacto, ¡eres un maldito genio!, Caty tenía esa mirada braguetera, apuesto a que me estaba imaginando dándole de nalgadas en el motel más cercano.

Alonso: Y tú eres un perfecto imbécil.

Emilio: ¿¡Imbécil!? Tú no la viste, estaba buenísima. Total, que me pidió que nos fuéramos a su apartamento. Antes de que continúes insultándome, le dije que prefería invitarla a otro lugar, porque soy caliente, pero desconfiado.

Alonso: ¿Y? (Pregunto realmente intrigado, este idiota tiene la maldita costumbre de alargar y meterle drama a todas sus estúpidas anécdotas).

Emilio: Me dijo que no, que prefería su apartamento, entonces la dejé, yo no le ruego a las viejas y continué jugando, perdí unas cuantas manos, ya había decidido retirarme y decidí jugarme lo que había ganado en la última mano, total, no pretendía hacerme rico en una noche.

Alonso: ¿Quieres llegar al momento en que te partieron tu madre?

Emilio: ¡Ya voy, carajo! Entonces gané la última mano y Caty se me acercó otra vez y ya con unas copas encima y contento porque había ganado, sin preguntar, cobré mi dinero y salí con ella y el par de... (separa los dedos a la altura del pecho simulando unos enormes senos) atributos que traía por delante. Nos subimos a la camioneta y me dijo que girara en tal calle para ir a su casa, obviamente le seguí de largo y le dije que la llevaría a un buen hotel a celebrar, entonces tomó el celular y comenzó a escribir. Fue entonces cuando me dio más desconfianza.

Alonso: ¿De verdad? ¡Vaya! Eres sumamente suspicaz.

Emilio: ¡Lo sé, lo sé! Manejé varias cuadras sin rumbo fijo exactamente y me percaté de que una camioneta me seguía, aceleré, pero otra camioneta me cerró por el frente, no tengo idea de dónde carajos salió, fue ahí cuando dije; ¡¡¡ahora sí, ya valió madre!!!

Alonso: ¡Imbécil!

Emilio: Espera, por un momento pensé en echarles la camioneta encima, pero recordé que no llevaba la blindada y ya me estaban apuntando con un arma. ¡Este es el momento en que te preocupas, cabrón!

Alonso: Te tengo enfrente sin ninguna herida de bala. (Agrego lo obvio, pone los ojos en blanco y continúa con su relato).

Emilio: Me pidieron que dejara la camioneta encendida y bajara. Le ordenaron lo mismo a Caty y fingieron llevársela por la fuerza a uno de sus autos. Una muy mala actuación de renuencia y pánico por su parte, ¡maldita perra!

Alonso: Por algo se dedica a asaltar y estafar pendejos en los casinos. (Me dedica una mirada de pocos amigos mientras reprimo una sonrisa burlona).

Emilio: No era necesario añadir eso último. Prosigo, no me resistí al asalto como estás imaginando, no soy imbécil. Les entregué lo que me pidieron pero antes de que uno se llevara mi camioneta le grité: Al menos ten los huevos de quitármela a puño limpio, cabrón.

Alonso: Entonces se regresó y te dio la putiza de tu vida.

Emilio: Me dieron entre los cuatro, uno solo no pudo, malditos bastardos hijos de puta.

Alonso: Te estaban asaltando, con esa suspicacia que te caracteriza, ¿cómo es que creíste que pelearían limpio?

Emilio: Una cosa es ser rata y otra no tener huevos.

Alonso: Entonces te quedaste sin el dinero que ganaste, sin camioneta y sin coger. (Añado antes de soltar una carcajada). Sin mencionar la madriza.

Emilio: ¡Eso!, ríete a mis costillas.

Alonso: Por pendejadas como esa, las mujeres aseguran que pensamos con la cabeza de entre las piernas. (Continúo riendo a sus costillas). Y nos preguntamos por qué ellas tienen mayor expectativa de vida.

No puedo parar de reír ante su cara de imbécil, pero la diversión se esfuma de mi rostro al ver aparecer por el pasillo a la razón de cada latido en mi pecho abrazándose a sí misma en su diminuto pijama.

Camila: Mi amor... (Me busca con la mirada adormilada y el idiota de Emilio gira el rostro para verla, incrédula alterna la mirada entre uno y otro un par de ocasiones). ¡Oh, buenas noches! (Saluda sorprendida al percatarse que me encuentro acompañado, cubriéndose los senos sin sostén bajo la delgada tela cruzándose de brazos).

Emilio: Buenas, pero que muuy buenas...

Alonso: Cierra la boca antes de que termine de rompértela. (Lo amenazo al pasar a su lado para acercarme a Cam). Visitas inesperadas, bonita, vuelve a la cama, enseguida te alcanzo. (Le doy un rápido beso en los labios y permanezco observándola mientras regresa a la habitación con ese elegante andar con el que mueve las caderas suculentamente. Emilio me regresa a la realidad al partirse de risa ¡me lleva! Pongo los ojos en blanco presintiendo que es mi turno de sus burlas.

Emilio: ¡Hijo de puta! Ahora entiendo por qué casi no me dejas entrar a tu casa, ¡¡mi amooorrrrrr!! (Exclama la última palabra de forma ridícula antes de volver a carcajearse. Le doy un ligero golpe en la cabeza al pasar a su lado pero eso no detiene sus burlas).

Alonso: ¿Ya terminaste? (Inquiero de mala gana).

Emilio: ¿Terminar?, apenas estoy comenzando. Espera-espera, ¿desde cuándo traes viejas a tu apartamento?, ¿la conozco?

Alonso: No traigo viejas a mi apartamento, tenemos una relación y sí, la conoces. (Dadas las circunstancias, ya no tiene caso ocultarlo).

Emilio: ¿Relación? ¿Tienes una relación?, ¿desde cuándo tienes una maldita relación?

Alonso: Desde hace poco más de un año, pero ha sido de manera intermitente.

Emilio: ¿Un año?, ya dime, ¿quién es?

Alonso: Camila Zambrano. (Me observa seriamente por varios segundos para luego volver a partirse de risa).

Emilio: ¡¿Te estás cogiendo a la hija del viejo Zambrano?!, ya decía yo que todo eso lo había visto en algún lado.

Alonso: Cuidado con tus comentarios, uno más y no te voy a dejar hocico con que decir estupideces. (Sentencio controlando mi molestia, lo conozco y sé que no lo dice con la intención de ofender, pero no está hablando de cualquier mujer). Como dije, tenemos una relación, SERIA. (Enfatizo la última palabra).

Emilio: Espera-espera, si todavía tienes algo entre las piernas es porque tu jefe no tiene idea ¿o me equivoco?

Alonso: No, no te equivocas, pero regresa en un par de días y hablaré con él en cuanto pueda.

Emilio: ¿Por qué el suicidio?, el viejo es capaz de correrte, es más, ese es capaz de correrte del estado, o del país, como lo hizo con el último.

Alonso: Las noticias corren rápido.

Emilio: Los caprichos de los millonarios se cuentan más que las infidelidades, esas han perdido valor, yo si fuera tú, lo mantendría en secreto.

Alonso: Ya lo he mantenido en secreto por muchos meses, no podemos seguir ocultándolo.

Emilio: ¿A qué exactamente te refieres con que no puedes? (Suelto el aire, qué más da, se va a enterar de todas formas).

Alonso: Camila está embarazada. (La sala queda en silencio por varios segundos incómodos).

Emilio: El viejo no solo te arrancará los huevos, los va guisar con machaca y te los dará de desayuno, cabrón. (Trago saliva con dificultad).

Alonso: Sí, bueno, en eso también tienes razón, pero no hay mucho que pueda hacer de todas formas.

Emilio: Supongo que realmente lo quieren tener, si no, no tendrías esa cara de estúpida felicidad sabiendo el jodido problema en el que te estás metiendo con tu jefe. (Asiento ampliando la sonrisa sin poder evitarlo). Bien, pues felicidades. (Se levanta lentamente sujetándose el costado con gesto dolorido).

Alonso: No, está bien, no es necesario.

Emilio: Vamos, ven acá, voy a darte un abrazo, no todos los días embarazas a la hija de tu jefe, cabrón. (Es un imbécil, pero aun así me acerco a recibir orgulloso mi primera felicitación por la próxima llegada de mi primogénito). Si el viejo te corre, en la Cervecería tienes las puertas abiertas, yo podría darte empleo como mi asistente.

Alonso: ¡¡Idiota!!, siempre me han caído propuestas de empleo, si el viejo no amenaza a sus conocidos, no será difícil conseguir algo bueno, o quizá… abra algún negocio.

Emilio: ¿Negocio? ¡Cuenta conmigo!

Alonso: Ya te informaré qué decido, ahora, ¿te pido un auto?

Emilio: ¿Me estás corriendo?, no seas desgraciado, ¿no ves cómo estoy?

Alonso: No te estoy corriendo, pero si te quedas, nos vamos a las siete quince de la mañana.

Emilio: Ni de broma, yo no me voy a levantar.

Alonso: No te vas a quedar aquí.

Emilio: ¿Me crees capaz de seducir a tu mujer?

Alonso: Por supuesto que no, eres estúpido, pero no suicida.

Emilio: Oye, a tu suegra se le va caer el pelo del coraje cuando se entere, esa señora cae tan mal como unas patitas de puerco capeadas a media noche y hasta donde recuerdo le gustaría tener tus pelotas de alfiletero ¿o ya hicieron las paces?

Alonso: No, qué va, la vieja me detesta. Pero, por mí, que reviente.

Emilio: Bueno, ahora sí me voy a acostar porque el que terminará reventando soy yo.

Alonso: Voy a proponerle matrimonio. (La idea me estuvo rondando todo el día en la cabeza y ahora que tengo a este imbécil enfrente simplemente lo suelto necesitando exteriorizarlo).

Emilio: Ooook… (Me observa estupefacto). Sí sabes que tener un hijo no significa que tengas que casarte, ¿verdad?, no sé si te enteraste, pero ya no son esos tiempos.

Alonso: No le voy a proponer matrimonio por el embarazo, le propondré matrimonio porque me quiero casar con ella.

Emilio: Bueno, en ese caso, si lo haces por bienes mancomunados, sales ganando. (Le arrojo un cojín por la estupidez que acaba de soltar, alcanza a sujetarlo soltando una queja por el movimiento). Realmente estás enamorado, ¿cierto? (Ignoro la última pregunta).

Alonso: No tengo idea de cómo proponérselo y tiene que ser mañana, ¿algún consejo?

Emilio: ¿No crees que te estás apresurando?

Alonso: No, ¿sabes qué?, ¡olvídalo!

Emilio: No, no, espera… si estás seguro que es lo que quieres, puedo prestarte el jet y te la llevas, no sé a París o algo así.

Alonso: ¿París?, no puedo salir del país y tiene que ser mañana por la noche, antes de que regrese Leonardo, estoy preparando todo en la oficina para tenerlo listo en cuanto el viejo me pida la cabeza.

Emilio: Hermano, no tienes muchas opciones entonces. Llévala a cenar a un buen restaurante, arrodíllate frente a todo mundo y listo. (¿¡Arrodillarme!?, ¿como en las películas?, seguro eso le gustaría, a mi Cam le encanta lo romántico… pero ¿enfrente de todo el mundo? Su estúpida carcajada interrumpe mis pensamientos). ¿Lo estás considerando? ¡¡¡En verdad lo estás considerando!!!, no importa si no puedo caminar, aunque sea en silla de ruedas estaré en primera fila, tienes que decirme en qué restaurante será.

Alonso: Imbécil, no debí decirte nada.

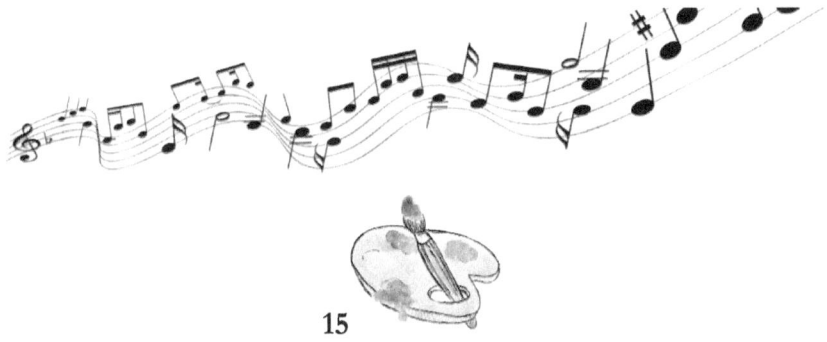

15

"Aprende las reglas como un profesional, para poder romperlas como un artista"
Pablo Picasso

Damián

Las llamas que torturaban mi piel y mi alma, al fin han sido sofocadas por sus tiernas caricias, su total entrega y esa mirada dulce, profunda y satisfecha al terminar exhaustos con la diosa nocturna como testigo atravesando con su manto el balcón con las cortinas danzando a su alrededor.

Luna: ¿Qué hora es?

Damián: Que más da, Calíope. (Suelto un largo suspiro al tiempo que acaricio su frente con los labios).

Luna: Debe ser muy tarde, tengo que irme. (La efímera paz que comenzaba a reconfortarme se va directo al inframundo).

Damián: ¿Irte? ¿De qué demonios estás hablando?

Luna: Vivo con mi madre ¿recuerdas?, no puedo llegar tan tarde cuando pedí permiso solo para ir al cine.

Damián: ¡¿Permiso?! ¡Por todos los dioses del Olimpo! (Exclamo exasperado). Terminemos con esa mierda de una vez, iremos a tu casa, hablaré con tu madre y tomaremos el primer vuelo de regreso al Parnaso. (Sentencio enfundándome la ropa de mala gana).

Luna: No. (Responde con una tranquilidad que no hace más que exasperarme al tiempo que busca su sostén). Me llevarás hasta la puerta de mi casa, no hablarás con mi madre y puedes regresar al Parnaso cuando lo desees, pero conmigo no cuentas.

Damián: Ya te he dicho que no me iré sin ti.

Luna: Y yo, que no me iré sin que mi madre y Alonso acepten nuestra relación.

Damián: ¿Y qué si nunca lo aceptan?

Escupo con rabia y sus pupilas me responden con una frialdad y determinación que me hiela los huesos. No puede renunciar a nuestra vida, a su pasión, a nuestro Parnaso... ¿o sí?, la observo perderse en el cuarto de baño sin el valor suficiente para abrir la boca.

Luna: He vuelto a pintar, tú necesitas hacer lo mismo. (Rompe el silencio que nos acompañó desde el hotel hasta la puerta de su casa).

Damián: Hay pocas cosas de las que tengo plena certeza, una de ellas es que cada lienzo destruido se ha llevado un pedazo de mí y si regreso sin ti, no habrá uno solo que quede vivo. (Su mirada por fin se enternece al susurrar mi nombre). Me estás castigando ¿cierto?, me estás castigando porque sigues creyendo que te mentí.

Luna: No te estoy castigando (su mano acaricia mi mejilla inyectando un poco de ese calor que necesito). Y sí, me mentiste, que tú en tu loca cabeza no logres verlo no cambia la realidad. Pero no lo estoy haciendo por eso, yo quiero estar contigo, extraño nuestras noches juntos, nuestras lunas, nuestras charlas, nuestra pasión y amaneceres llenos de colores y trazos.

Damián: ¿Entonces?

Luna: Me equivoqué, defraudé a mi familia, ellos también son importantes para mí, necesito recuperar su confianza y eso lleva tiempo. Creí que ya lo habías entendido.

Damián: Sí, sí, es solo que... me haces mucha falta. (Suelto con dificultad tras el nudo que se ha formado en mi garganta. Me abraza con fuerza al tiempo que la aprisiono entre mis brazos sabiéndola mía, al alcance de mis manos pero incapaz de mantenerla a mi lado).

Luna: Y tú a mí. (La siento vibrar entre mis brazos con la tristeza remplazando la frialdad y seguridad de hace unos momentos, yo no debería estarle haciendo esto, ella tiene una familia a la que ama, a la que quiere cerca, no como yo que la he alejado tanto como he podido).

Damián: Soy un jodido egoísta, te dije que esperaría el tiempo que fuera necesario y lo primero que hago es presionarte. (Susurro a su oído antes de soltarla).

Luna: Necesitas pintar, Damián.

Damián: No puedo, me estoy ahogando pero no puedo, no como estoy ahora, no sin ti, no aquí.

Luna: Yo he vuelto a hacerlo, me ha ayudado a... no sé, estar un poco más tranquila conmigo.

Damián: ¿Qué fue lo que pintaste?

Luna: Algo en acuarela.

Damián: Quiero verlo.

Luna: Te enviaré una fotografía.

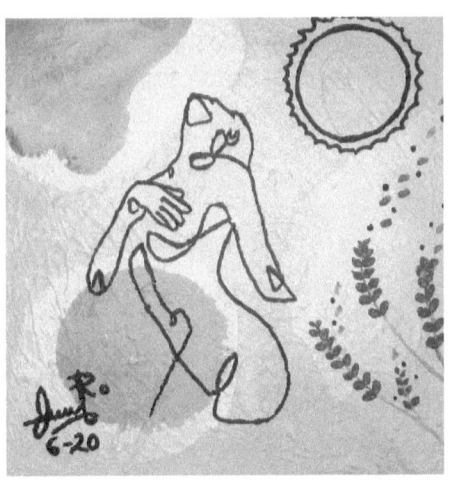

(Pintura realizada por la autora Claudia A. Pérez R. en técnica mixta en junio del 2020).

Le doy un rápido beso antes de bajarme a abrirle la puerta como el caballero que fui educado a ser y nunca consiguieron.

Luna: ¿Lo intentarás?

Damián: Me llevó un tiempo crear el entorno adecuado dentro de mi desastre… (Interrumpe mis palabras acariciando mi cabello).

Luna: Dentro de tu desastre hay una complejidad infinita, pero Apolo es capaz de iluminar cada rincón de esta tierra, maravillar y cegar a los pobres mortales que la habitamos, estoy segura que conseguiremos que te sientas lo suficientemente cómodo para que calmes un poco tu necesidad de crear. (Sus palabras me arrancan una sonrisa, pese a la pena de tener que claudicar a la idea de llevarla sobre mi hombro como una perfecta bestia, desnudarla, pintarla, hacerla mía y repetir el proceso hasta la eternidad).

Damián: Creo que después de todo, es bueno que pases un tiempo lejos de mí, comienzas a sonar como una estrella fugaz en mi cabeza.

Luna: No soy una estrella fugaz. Soy tu Luna.

Me hundo en su boca presionando su cuerpo contra el mío, robándole el aliento, imaginación y deseos, asegurándome que sea Apolo el que colme su mente y jadeos hasta que vuelva a tenerme sobre su piel. La dejo marchar con mi alma entre sus manos, esperando que las tortuosas horas vuelen y regrese a iluminar mi oscuridad con sus colores.

Luna

Me sorprendo al encontrarme a mi madre en el recibidor de la casa.

Mónica: ¿Es él, verdad? Es Leo Zambrano.

Luna: ¿Me estabas espiando?

Mónica: Te hice una pregunta. (Exige molesta, y tiene razón de estarlo, yo en sus zapatos también estaría echando chispas. Asiento en respuesta con las tuercas en mi cabeza girando a mil por hora para encontrar las palabras adecuadas en defensa de Damián). ¡¿Pero cómo es posible, Luna?!, yo sé que eres joven, que no tienes experiencia con más hombres, pero ese muchacho te engañó, te mintió, traicionó tu confianza, jugó contigo, no es posible que hayas caído nuevamente en sus mentiras.

Luna: No me mintió, mamá, es decir sí, pero tuvo sus razones, él está muy alejado de su familia y…

Intento explicar lo mejor que puedo las razones de mi Artista sin que parezca que ha perdido un tornillo o padece personalidad múltiple, aunque de eso no estoy muy convencida.

Mi madre nunca ha acostumbrado a decir maldiciones, pero me gano los adjetivos de tonta, ilusa e ingenua, que me suenan a estúpida, imbécil e idiota. Aunque dentro de su rabia intenta ser comprensiva.

Luna: Me ha pedido que lo deje hablar contigo y que me vaya con él, pero me he negado a ambas porque sabía que no lo escucharían y porque estoy consciente que no cualquiera es capaz de comprenderlo. (Intenta interrumpirme, pero no se lo permito, ya ha dejado en claro su postura). Creí que se iría, pero pese al gran apetito y necesidad por pintar, por estar en la tranquilidad de su hábitat entre pinturas y pinceles ha decidido quedarse y esperar el tiempo que sea necesario para que enmiende mis errores con ustedes y recupere su confianza. Solo te estoy pidiendo una oportunidad, conócelo, trátalo y te darás cuenta que sí, tiene una mente peculiar y compleja, pero no es una mala persona y nunca ha querido lastimarme, lo sé, de no ser así, simplemente ya se hubiese marchado. Hay cientos de chicas deseando ser su musa o aprendiz.

Mónica: ¿No aprendiste la lección?

Luna: Lo amo, mamá, y él está dispuesto a esperar por mí.

Mónica: ¿No ves que sigue jugando contigo?, tu hermano no lo aceptará.

Luna: Agotaré cualquier posibilidad con él, las personas nos equivocamos, Alonso tampoco es perfecto.

Mónica: Di gracias a Dios cuando tu hermano me dijo que ese muchacho ya había salido del hospital, ¿quieres provocar una desgracia?

La discusión fue interminable, desgastante, siento como si la hubiese decepcionado de nuevo y lo peor es que no tengo nada lógico que aportar y Alonso es el mayor problema, en realidad uno tremendo y enorme lleno de músculos y razones para romperle los huesos a mi artista oscuro si se entera que nos hemos vuelto a ver.

¡Mi Damián! De pronto es un amante apasionado e imponente y al siguiente momento un niño lleno de demonios fragmentando su seguridad, lo que termina partiéndome el alma. No puedo permitir que se enfrenten nuevamente.

Suspiro con su imagen en mi mente al dejarme caer sobre la cama, donde descansa su libreta, paso rápidamente varias hojas antes de parar al azar en uno más de sus pensamientos.

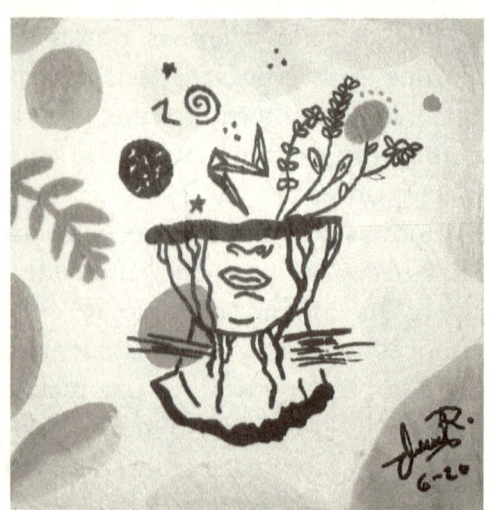

(Pintura realizada por la autora Claudia A. Pérez R. en técnica mixta en junio del 2020).

Soy solo quien puedo ser;
El artista incómodo,
El vago, el inconsciente,
El que desperdicia su vida,
El que no genera, sino problemas,
Y no lo niego…

Soy el que cruzó los límites,
La desgracia de algunos,
Y el consuelo de extraños,
El que ha aprendido a beber sus penumbras,
Y fumar sus culpas,

Y no lo niego...

Soy un fiel del hedonismo,
Con el alma vacía y en ocasiones podrida,
Soy al que puedes sentir sin tocar,
Acariciar con la mirada,
Y quemar con un grito.
El que late en tu interior,
El que con óleos reclama, estalla y suplica,
El que camina sin destino,
Y no lo niego...

Al que succionaste entre tus piernas,
Robándole la esencia,
El que creía conocer la pasión,
Hasta que tu presencia lo elevó,
Soy solo quien puedo ser.
Y no lo niego...

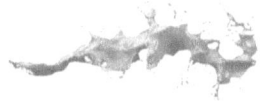

Camila

Papá regresa mañana y supongo que es eso lo que tiene a Alonso más tenso de lo normal y a mí con los nervios de punta sumándose los malestares del embarazo; náuseas matutinas, un hambre descomunal y un sueño terrible.

Sus ocupaciones impidieron que comiéramos juntos, pero me aseguró que me llevaría a un buen lugar a cenar, así que me he arreglado con un lindo vestido aprovechando que la temperatura de la ciudad ha mejorado y aún entro en él.

Alonso: ¡Estás preciosa! (Exclama antes de derretirme con un tierno beso y una caricia sobre mi bajo vientre). Me doy una rápida ducha y nos vamos.

Siempre he admirado la velocidad que tienen los caballeros para arreglarse, yo tardo horas tan solo en decidir qué vestir, claro que el maldito record lo tiene Leo y cómo no, si apenas se rasura de vez en cuando. Claro que Alonso lo hace diaria y meticulosamente, son tan diferentes... solo espero que tarde o temprano logren limar asperezas, finalmente terminarán siendo familia.

El masculino aroma impregna el departamento incluso antes de abandonar la habitación, huele a una mezcla sensual de canela, testosterona y seducción.

Camila: ¡El Lingote! (Exclamo sorprendida al descubrir que me trae a cenar a un restaurante no solo elegante, sino hermoso, ubicado dentro del parque fundidora utilizando uno de los viejos hornos de la extinguida empresa Fundidora de Fierro y Acero de Monterrey).

Alonso: Sé que los lugares a los que te he llevado no son a los que estás acostumbrada, pero ya no tenemos que preocuparnos por eso, mañana hablaré con tu padre y ya no será necesario que nos ocultemos.

Las mesas se encuentran adornadas con románticos arreglos de rosas blancas y rosadas, con velas en los mismos tonos. Lo que me sorprende, es que tan solo cinco mesas se encuentren ocupadas, hacía años no acudía a este lugar, pero, sin duda, es de los más emblemáticos de la ciudad, lo que definitivamente es nuevo, es el piano que ameniza de forma romántica la noche.

Nos reciben con una refrescante bebida tipo mojito, claro, sin licor. Si generalmente le molesta que beba, ahora con el embarazo, se le caería el cabello por el coraje si llego a probar una gota de alcohol, algo que tampoco haría, aunque dudo que una pequeña copa de vino tinto sea perjudicial para el bebé, tengo que anotar eso en las cientos de preguntas que le haré a la doctora en la consulta.

La cena es todo un manjar, iniciando con un chicharrón de Rib-eye y arrachera montados sobre un molcajete con guacamole.

Alonso: Me gustaría que compráramos una casa antes del nacimiento de nuestra nena.

Camila: ¿Una casa?

Alonso: Sí, algo más amplio, con jardín para no tener que tropezar con tu bola de pelos dentro de casa, porque supongo que a partir de mañana lo traerás a vivir con nosotros definitivamente.

Camila: Creí que te resistirías a esa idea.

Alonso: ¿Hay alguna posibilidad de hacerte desistir?

Camila: Definitivamente NO.

Alonso: Entonces, para qué perder el tiempo.

Camila: Creí que eras el mejor negociador de papá.

Alonso: Lo soy, (responde con esa seguridad que le arranca las *pantys* a cualquiera), no hay nada que desee más que hacerte feliz, como ves, yo salgo ganando, bonita.

Me derrite con cada comentario, cada delicada caricia y la profunda mirada aceituna llena de ternura, seguridad y seducción con que acaricia mis facciones.

Camila: ¿Y pintaremos juntos la habitación del bebé como en las películas?

Alonso: De ninguna manera. (Me sorprende la determinación con que responde).

Camila: ¿Por qué no?

Alonso: No voy a permitir que estés oliendo pintura en tu estado.

Camila: Estás exagerando.

Alonso: No, no lo hago.

Camila: Le preguntaremos a la doctora y si ella lo aprueba, ¿lo harías conmigo?

Alonso: No lo hará.

Camila: ¿Y si lo hace?

Alonso: Cambiamos de doctora.

Camila: ¡Tonto! En ese caso, tendré que pedirle a su tío que me ayude a pintar su habitación, seguro se le ocurrirá algún lindo diseño.

Alonso: Prefiero que no hablemos de tu hermano esta noche.

Camila: Es mi hermano, el tío de nuestro bebé y yo lo adoro.

Alonso: Entiendo eso, pero esta noche es solo de nosotros, no quiero que nada la arruine.

Acaricia mi vientre y me observa con tanta ternura que no puedo más que aceptar su petición acercando los labios a los suyos.

Pido un postre que podamos comer ambos, pero insiste en que no le apetece y me sugiere pedir la bola mágica de chocolate, la cual, salivo por probar y... no puedo negarme, ¡la quiero!

Doy otro bocado, ¡Dios, se deshace en mi boca! ¡Es como un orgasmo para el paladar!

Lo descubro observándome con una media sonrisa y una divertida mirada, me obligo a soltar la cuchara. Limpio la comisura de la boca con delicadeza, como si no quisiera terminar de devorar el plato, pero tengo que parar, me he excedido y peor aún en la cena, ¡Dios! Nadie se acaba un platillo de estos solo, es para al menos dos personas, debe parecer que no había probado el chocolate en mi vida.

Camila: Estaba delicioso. (Acerca su bello rostro masculino al mío, captura mi labio inferior para succionarlo y deslizar la lengua en él, mientras me observa con tanta intensidad que percibo esa deliciosa caricia mucho más abajo, provocándome una fiebre uterina que más tarde espero apagar).

Alonso: ¿No quieres terminarlo? (Da una rápida mirada al postre, ¿que si quiero?, ¡claro que quiero!, pero niego con la cabeza, no puedo creer todo lo que he comido en el día).

Camila: No, ya ha sido suficiente. (Sonrío fingiendo estar segura).

Alonso: ¿Segura?

Insiste, ¿¿por qué insiste??, que ya venga un mesero y lo aparte de mi vista o terminaré lanzándome sobre él como si no hubiera comido en tres días.

Le dedica un asentimiento de cabeza al capitán de meseros, el cual da un par de palmadas y los comensales de las cinco mesas, junto con el pianista y el propio mesero, salen del lugar.

Camila: ¿Qué pasa? (Pregunto extrañada, Alonso no me responde, me observa, me acaricia y abraza con el verde de sus ojos de una forma tan intensa que no me permite respirar).

Alonso: La primera vez que te vi, danzabas descalza con una dulzura y diversión tan natural que... que ni siquiera sabía que existía. Como una ninfa, en completa armonía con la naturaleza que te rodeaba, intentando apartarte un poco de tanta ostentosidad, pero con elegancia, con sensualidad. (Me ha robado el aliento y su caricia es tan suave como un aleteo de mariposa en mi mejilla). No importó cuántas veces deseaste parecer odiosa, tu delicadeza y la nobleza de tu alma no me permitían ver otra cosa que a la ninfa de cabellos dorados y mirada celeste sonriendo con dulzura. Desee esos labios rosas desde el primer instante. Las manos me ardían por no poder tocarte, necesitaba descubrir tu piel centímetro a centímetro, hacerte mía, escuchar mi nombre de tus labios hinchados por mis besos, jadeante, excitada, desesperada por mí, tanto como yo me desesperaba los días que no te veía. Y cuando finalmente tuve el privilegio de maravillarme con tu sabor, cuando enrojecí tu piel con mis caricias, cuando tus jadeos de placer fueron canto de sirena, me di cuenta que no bastaba. Mi hambre de ti no se saciaría con tu cuerpo. Quería ser el brillo en tu mirada, quería provocar la sonrisa en tus labios, anhelaba conocer cada valle y cada curva, pero sobre todo, cada sueño. Los días sin la melodía de tu voz, de tu risa, me mostraron la realidad de la vida silenciosa que llevaba. (Apenas alcanzo a susurrar su nombre, sus palabras han formado un nudo de emociones que oprimen mis cuerdas vocales. Se lleva mi mano que descansa en su mejilla, a los labios, para llenar mis nudillos de besos). No reía, no me divertía, ni siquiera me enojaba, no como lo hago ahora, mis sentimientos eran superficiales, eran un maldito eco que nadie escuchaba y no me hacían vibrar. Había alcanzado esa estabilidad por la que luché tanto, que no me permitía dar un solo paso en falso para no perder lo conseguido. Pero, resistirme a la ninfa prohibida fue inútil, las maravillosas notas de tu risa se convirtieron en alimento para mi alma. Y todo por lo que vivía enmudeció. Tus penas me duelen, tu ausencia me tortura y verte disfrutar me hace feliz, tú me haces feliz, verdaderamente feliz. ¡Te siento! ¡Te vibro! ¡Te respiro, Cam! Le has traído a mi vida un tono diferente a cada emoción, a cada sentimiento. (Me he olvidado de respirar, la calidez de sus pupilas y su voz me mantienen con vida, son todo lo que necesito. No sé en qué momento me ha puesto en pie, pero ahora tengo que levantar el rostro para seguir su mirada). Cam… adoro tu calidez, tu pasión, tu nobleza, adoro que no puedas contener las lágrimas por más que te esfuerces. (Arrastra el pulgar por mi mejilla húmeda). Tus rabietas y tu testarudez, aunque me saques de mis casillas, adoro que me observes y escuches con la intensidad con que lo haces ahora. Cam, te amo y te necesito en mi vida, en toda mi vida. (Se agacha para tomar una pequeña cajita que cuelga del collar de Pechan, ¿¿Pechan?? ¿Qué hace Pechan aquí? Separo los labios queriendo preguntárselo, pero no puedo, no logro hilar palabra, el músculo en mi pecho se acelera al ver la cajita rosa entre sus manos frente a mí, y la barbilla me tiembla. Me sonríe con una admiración que no merezco. Coloca una rodilla al suelo y los latidos de mi pecho retumban en mis oídos). Cam, mi bonita, ¿me harías el honor de continuar impregnando de vida el resto de mis días?, ¿aceptarías ser mi esposa? (Las cataratas de felicidad empañan mi visión, no logró ver con claridad el contenido de la cajita, pero asiento, asiento repetidamente sin poder creer del todo lo que me está proponiendo).

Camila: ¡Sí! ¡Sí quiero! ¡Sí quiero ser tu esposa!

Me percato de que la mano me tiembla, cuando me sujeta para insertar en mi dedo anular un anillo que continúo sin poder apreciar debido a las lágrimas y por que lo veo a él, al caballero, al seductor, al ejecutivo inquebrantable, al hombre que se ha apoderado de mi cuerpo, de cada latido en mi pecho y cada pensamiento, a mi amor, al hombre que será un compañero maravilloso y un padre excepcional para nuestros hijos, al que necesito a mi lado el resto de mi vida.

Sus palabras se transforman en suaves caricias, de sus labios sobre los míos, nos juramos amor sin sonidos; con sensaciones, con nuestros cuerpos vibrando, entregándonos y anhelando cada amanecer tan enamorados como esta noche.

Alonso: Te amo…

Susurra en mi oído y las notas del piano interrumpen el silencio de nuestra respiración con la melodía de *Rest of my life* de Bruno Mars. La maravillosa voz de un joven es acompañada con un violonchelo, una guitarra y violines, transportándonos a un mundo ilusorio en donde los problemas que enfrentaremos mañana pierden importancia, porque los afrontaremos juntos, un lugar donde solo existimos él, nuestro amor creciendo en mi vientre y yo.

Nos balanceamos al compás de la música, la fuerza de sus brazos me sostiene y yo rodeo su cuello embelesada. He logrado dejar de llorar mientras me susurra la hermosa letra de la canción y grabo en mi mente cada detalle y sensación de la mágica noche que me ha obsequiado.

Besa el dorso de mi mano, justo arriba del anillo y separo los labios queriendo gritar, pero afortunadamente me he quedado sin voz.

Camila: ¡¡Es rosa!!

Alonso: No podía ser de otro color, bonita.

Camila: Es el anillo mas hermoso del mundo mundial. (Parpadeo en varias ocasiones para tragarme las lágrimas, no puedo dejar de verlo, ¡es precioso! Un zafiro rosa de corte esmeralda corona el anillo de oro blanco, con halo de diamante a su alrededor).

Alonso: Tenía claro el color, pero no el corte, si prefieres algún otro, podemos cambiarlo.

Camila: ¡Es perfecto! (Lo sujeto por las mejillas y le doy un rápido beso en los labios, observo a los músicos, que han continuado con *Lighters* del mismo artista, son...). ¡Son los comensales! (Exclamo al reconocer a una pareja. Asiente en respuesta con una sonrisa radiante).

Alonso: Hubiera sido demasiado predecible que estuviera completamente solo.

Camila: Y Pechan, ¡mi Pechan! (Se acerca rápidamente en cuanto me ve agacharme para acariciarlo). ¿Cómo es que lo has traído?

Alonso: Créeme, bonita, traerlo fue lo más sencillo. (Regreso a sus brazos, feliz, emocionada, al ser consciente de ser la prometida del hombre más guapo y romántico, además de todo lo que ha organizado esta noche para mí; el lugar, las flores, la música, Pechan, mi anillo, ¡Dios, mi anillo es precioso!, no puedo dejar de verlo).

Alonso: Sé que a ti te encanta el romanticismo y sabemos que a mí eso no se me da, pero... (Interrumpo el tonto argumento).

Camila: ¡Ha sido perfecto! Y ni en la película más romántica podrían plasmar una escena tan maravillosa como la que me has hecho vivir, porque, en ninguna, el galán sería tan guapo ni podría transmitir el amor y la seguridad con que me has colmado. ¡Te amo, Alonso!

Nos fundimos en un beso, al tiempo que nos mecemos al compás de la música, deseando que esta noche nos dure una eternidad.

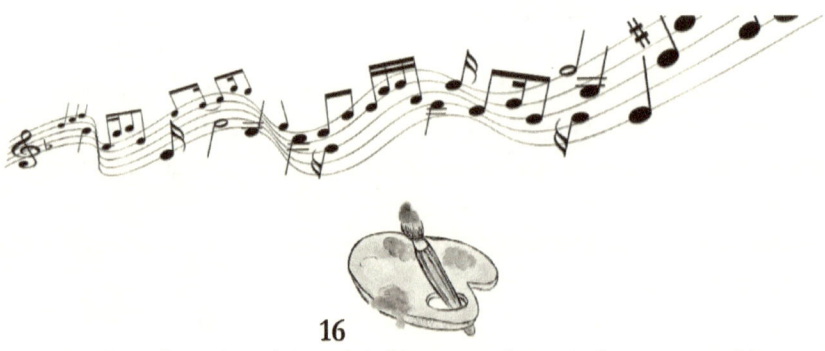

16

"Sin el arte, la crudeza de la realidad haría que el mundo fuese insoportable"
George Bernard Shaw

Damián

Tras varios días de silencio ensordecedor, finalmente responde a mi llamada después de un mensaje amenazándola con ir a tocar a su puerta.

*Luna: Por favor, ya no insistas y no se te ocurra aparecer por mi casa, regresa a Guanajuato, vuelve a pintar, no tiene caso que permanezcas aquí, no podemos vernos, mi madre me lo ha prohibido, no quiero defraudarla más, y no quiero que mi hermano y tú vuelvan a enfrentarse.

*Damián: Eso no fue lo que acordamos la última vez que nos vimos, te prometí que esperaría, estuviste de acuerdo en eso, no me iré sin mi musa, solo te estoy pidiendo que nos veamos.

*Luna: No puedo, Damián, solo nos estamos haciendo daño, ya tomé una decisión.

*Damián: ¿Qué decisión? ¿Hacer lo que los demás esperan de ti?, ¿dónde carajos está la Luna que lucha por lo que quiere?

*Luna: He vuelto a pintar y no dejaré de hacerlo, sigue con tu vida, has tenido cientos de musas, te olvidarás de mí en unas cuantas semanas, vete, es lo mejor. (No puedo creer lo que me está pidiendo, ¿olvidarla? ¿¿Vida?? ¿Cuál vida?).

*Damián: No has renunciado a pintar, solo has renunciado a mí, yo en cambio he soportado los azotes de mis fantasmas, famélico de tintas y caricias con el único aliciente de tu regreso a mis brazos. Piensa y siente lo que me estás pidiendo, no quieres que te lo conceda.

Arrojo el celular a la cama, desesperado, agobiado, ¿por qué carajos me hace esto?, no puedo perderla por un nombre y apellido sin valor, ¡musas!, claro que he tenido cientos de musas, pero ella es mucho más que un bello cuerpo, se lo he demostrado con susurros y gritos, en caricias y risas, en letras y colores... ¿Y si en verdad no quiere regresar...?

Alonzo

El apenas perceptible timbre del celular logra despertarme, debe estar en la sala o el comedor, ya que el sonido es muy tenue, mi sueño siempre ha sido muy ligero y tengo un oído demasiado fino para mi gusto, en cambio Cam, continúa durmiendo sin percatarse de nada, de hecho se encuentra tan sumida en el sueño que mueve los dedos y balbucea un poco. En ocasiones me sigue desconcertando el que hable y mueva los brazos tan fluidamente estando dormida. Intento prestar atención a lo que dice, pero el timbre vuelve a repicar, por lo que aparto la vista de su maravillosa imagen para ir en busca del maldito aparato, no tengo idea de qué hora es, pero será un día por de más complicado y necesito descansar. Debe ser el idiota de Emilio, nadie más llamaría de madrugada.

Me quedo helado al ver el nombre de Rojas en la pantalla, el viejo debe salir a las ocho de la mañana de Houston, no debería recibir ningún mensaje de él hasta unos minutos antes si todo marchara como es debido.

Alonso: ¿Qué sucede? (No alcanzo a entender lo que dice gracias al fuerte ruido del viento agolpándose). No te escucho una mierda.

Rojas: Acabamos de aterrizar.

Grita, ya que el fuerte ruido apenas me permite escucharlo. Las siguientes palabras que alcanzo a entender son; infarto y helicóptero, lo que termina por inyectar una descarga de adrenalina en mi flujo sanguíneo, acelerando mi pulso y abriendo un enorme hueco de incertidumbre en mi estómago. Cuelgo e inmediatamente me comunico con el doctor Sierra el cual me confirma que fue notificado por una llamada del aeropuerto del infarto sufrido por el señor Leonardo Zambrano durante el vuelo, afortunadamente fue atendido por una experimentada enfermera que prácticamente tuve que obligarlo a que aceptara como parte de la tripulación de su jet. El viejo ya se encuentra de camino en helicóptero al hospital, donde el médico lo espera.

Le indico que desaloje el piso donde será atendido y que quiero al personal mejor capacitado, los cuales deben mantener la mayor discreción al respecto si no quieren tener problemas con nuestros abogados.

Al colgar la llamada el nombre de mi mujer resuena en mi cabeza, ¡Dios, Camila!, ¿qué carajos voy a decirle? Me detengo de camino a la habitación, ¡NO!, no puedo decirle, el viejo me tiene prohibido abrir la boca y no quiero alarmarla antes de saber su estado real.

Me visto lo más rápido posible, deposito un beso en su frente, la arropo y me dirijo al hospital pisando el acelerador a fondo.

La rabia se apodera de mi razón al encontrar a Rojas en la sala de espera del piso asignado.

Alonso: ¿Dónde carajos está? (Inquiero desesperado).

Rojas: El doctor Sierra lo está atendiendo, dijo que vendría a notificarme en cuanto lo estabilicen. (Me paso una mano por el rostro antes de jalarlo por las solapas del saco).

Alonso: ¿Qué carajos sucedió? ¿Qué mierda hacían volando a esta hora? (Exijo entre dientes conteniéndome para no golpearlo por la estúpida omisión, tiene como instrucción notificarme cualquier movimiento del viejo, más aun en sus viajes).

Rojas: Ayer, después de visitar a su doctora no se sintió bien y me ordenó que regresáramos cuanto antes.

Alonso: ¿Y por qué mierda no me lo informaste? (Espeto empujándolo, dando un par de zancadas alejándome y girando para darle la espalda antes de reventarle el rostro a golpes).

Rojas: Me ordenó que no lo hiciera.

Regreso la mirada a la suya sorprendido. Si bien Rojas me reporta a mí, debe seguir las órdenes de Leonardo en primera instancia, las cuales en contadas ocasiones han obstaculizado las mías, por lo que termino apretando la quijada tragándome los insultos.

Su declaración no hace más que elevar mi preocupación tanto como mi ritmo cardiaco, el viejo ha ocultado su estado de salud por demasiado tiempo, no solo a su familia, nos hemos encargado que nadie sospeche de ella, medios, empresarios, incluso accionistas y ejecutivos de CEMTY, pero yo siempre he estado al tanto de ella, soy el que ha estado a su lado para apoyarlo en momentos de flaqueza, suplirlo en la empresa, incluso en reuniones sociales, ¡soy su maldita mano derecha!, si en esta ocasión decidió ocultarme lo mal que se encuentra, es porque… ¡Carajo, viejo!, no puedes darte por vencido ahora…

Observo cómo la seguridad en el piso es remplazada por la privada a nuestro cargo, mientras camino de un lado a otro maldiciendo cada segundo interminable sin noticias de su estado, froto mis ojos impaciente ¡vamos viejo, tienes que salir de esta!, no me obligues a darle una noticia de esta magnitud a Cam en su estado.

Rojas y yo cruzamos miradas sin decir palabra, preocupados, ansiosos, tensos, demasiado tensos.

Comienzo a enumerar en mi mente lo que debo hacer en caso de recibir la peor de las noticias "siempre tienes que estar prevenido para el peor de los escenarios" una de las muchas cosas que le he aprendido durante estos años al viejo. Una opresión en el centro del pecho me paraliza. ¡Carajo! ¡Maldita espera!

Bilogía Arte - Libro 2

Acortamos la distancia con el médico al vislumbrarlo por el pasillo.

Alonso: ¿Y bien? (Exijo ansioso).

Sierra: Logramos estabilizarlo. (Rojas y yo soltamos el aire al unísono). Pero, con las últimas metástasis no hay nada por hacer, Leonardo ya está cansado.

Alonso: ¡Siempre se puede hacer algo! (Exclamo negándome a darme por vencido).

Sierra: No, ya no, es hora de anunciarlo a la familia.

Alonso: ¡No! (Escupo sin pensar, sabiendo que informarle a la familia es el inicio de la despedida, tengo órdenes claras y precisas de no abrir la boca respecto a su precario estado de salud a menos que esté prácticamente agonizando y-y me niego a perderlo, me niego a perder a mi mentor, al único hombre que he respetado y admirado, me niego a perder por segunda vez a un padre... ¡Dios, Camila! ¿Cómo demonios se supone que le dé una noticia así?). ¿Puedo verlo?

Sierra: Está siendo trasladado a su habitación.

Alonso: Hablaré con él antes de hacer cualquier movimiento.

Velo el sueño del viejo, se encuentra demasiado pálido, con algunos aparatos a su alrededor.

Ha pasado por muchos altibajos los últimos años, incluso lo he visto lucir peor que ahora, pero su semblante en esta ocasión es diferente; tranquilo, resignado, sin una pizca de voluntad por dar batalla, está listo para irse, lo sé, ¡demonios, viejo!

Hundo el rostro entre las manos, sabía que este momento llegaría, pero no ahora, no ahora que abriremos la sucursal que tanto desea, no ahora que será abuelo, no ahora que necesito ganarme su perdón por haberlo traicionado...

Al levantar el rostro me encuentro con la fría mirada de Rojas, sé que lo aprecia, pero de una forma muy diferente a la mía, para él es su jefe, un hombre poderoso, amable y respetado, yo en cambio me he involucrado no solo profesional, sino afectivamente con él. Su gesto me recuerda que hay un montón de cosas que preparar, por lo que me levanto y caminando frente a su cama, me comunico con el director de las capillas de velación con los cuales tenemos un convenio, para que tenga listas las instalaciones que el viejo estando perfectamente lucido solicitó para ser velado tras su fallecimiento.

Al percibir que mueve la mano me acerco a él para tomársela, lentamente y con dificultad separa los párpados.

Alonso: Tranquilo, ya estás siendo atendido por Sierra. (Intenta hablar pero tose y le acerco un poco de agua, la cual debe sorber con ayuda de un popote).

Leonardo: ¿Qué sucedió? (Pregunta con voz apagada).

Alonso: Sufriste un infarto a medio vuelo, nos diste un gran susto. (Cierra los ojos un momento, no hay desafío, no hay lucha, el gesto de agotamiento y resignación me quiebra el poco temple que aún conservo). Descansa, hablaremos más tarde.

Leonardo: Más tarde no habrá tiempo. (Lo sabe, sabe que el final está cerca y que lo tome con tanta tranquilidad me estruja el pecho, sé que esto no es nuevo, tenemos algunos años preparándonos, pero al parecer, solo él ha conseguido estar listo).

Alonso: No digas tonterías, viejo, aún tenemos mucho por hacer en CEMTY, no puedes darte por vencido hasta ver la sucursal de Saraburi en Tailandia levantada. (Esboza una media sonrisa tranquila, serena, demasiado serena).

Leonardo: La veré, aunque no esté a tu lado, la veré, porque tú la levantarás, ¡júramelo! Júrame que no descansarás hasta conseguirla.

Alonso: Lo haremos juntos, viejo. (La voz se me quiebra con la última palabra y bajo la mirada para intentar recomponerme).

Leonardo: ¡Júramelo! (Exige presionando mi mano, a lo que asiento sin remedio).

Alonso: Te lo juro. (Aseguro levantando la mirada para encontrar sus pupilas, más claras de lo que las recordaba y con una especie de alivio al aceptar su encomienda).

Leonardo: ¿Ya has avisado a mi familia?

Alonso: Aún no, no he querido mover un dedo sin tu aprobación.

Leonardo: Siempre tomas las decisiones correctas, me alegro, porque primero tenemos un par de asuntos que aclarar tú y yo. (Su tono aunque cansado, toma un color desafiante, y el brillo en su mirada lo confirma ¡mierda! ¡Lo sabe! Pero-pero…). Quita esa cara de idiota, ¿creíste que podías verme la cara de pendejo?, yo te he enseñado lo que sabes, cuando tú vas yo ya he ido y venido tres veces. (Su acento golpeado me saca una sonrisa, el cabrón hasta en los últimos momentos no pierde el toque).

Alonso: ¿Desde cuándo lo sabes?

Leonardo: Varios meses, pero las preguntas aquí las hago yo. ¿Por qué demonios no me lo dijiste? (¡Meses! Debió enterarse después de darme a firmar el poder que me da total libertad en la empresa, no me lo habría dado de haberse enterado antes).

Alonso: Supuse que me exigirías que la dejara, que no volviera siquiera a mirarla o terminarías despidiéndome, quizá exiliándome... ¿o me equivoco?

Leonardo: Por supuesto que lo habría hecho.

Alonso: ¿Y por qué no lo hiciste?

Leonardo: Porque este momento se acercaba, y quiero que mi hija tenga a su lado a un hombre que la cuide, la consienta, la ame y su prioridad en la vida, sea hacerla feliz.

Alonso: Te aseguro que no tengo mayor prioridad que esa.

Leonardo: Eso espero, pero que sepas, que si no me estuviera muriendo, te habría hecho tragar tus propias pelotas.

Alonso: Siempre lo supe. (Aseguro con mofa, el viejo tose y le acerco un poco de agua nuevamente, se toma un momento para respirar en varias ocasiones con profundidad para lograr continuar).

Leonardo: En mi testamento está estipulada mi última voluntad, habrá quien quiera poner trabas, pero debes encargarte de que se cumpla al pie de la letra, sin importar quién se oponga, no quiero que mi empresa se vaya a la mierda. ¿Entendido?

Alonso: Haré todo lo que esté en mis manos.

Leonardo: En tus manos, en el dinero de la empresa y en tu poder, compra o aplasta, juega como tengas que jugar, pero haz que se cumpla mi testamento. (Exige intentando incorporarse, por lo que me apresuro a colocar una mano en su pecho para tranquilizarlo). He hecho cosas de las que no estoy orgulloso, de hecho algunas cosas me avergüenzan, pero el fin justifica los medios, sigue mi ejemplo.

Alonso: Me encargaré de todo, como siempre lo he hecho, puedes estar tranquilo. (Asiente y aspirando profundamente vuelve a tranquilizarse). ¿Por qué me ocultaste que tu situación había empeorado? (Baja la mirada y niega con la cabeza).

Leonardo: Porque sabía que te apenaría (presiona mi mano y yo le regreso el gesto). Quizá más de lo que le apenará a mi propio hijo.

Alonso: Tonterías, es tu hijo.

Leonardo: Él es mi hijo de sangre, tomé malas decisiones con él, pero tú, muchacho, has sido mi hijo por decisión, estoy orgulloso del hombre que eres, y no te confundas, así se hubiese acercado a mi hija un príncipe inglés, le abría arrancado las pelotas, nadie se merece a mi princesa. Pero ya que no estaré para cuidarla, no puedo dejarla en mejores manos que en las que yo mismo he formado. (Sus palabras me escuecen los ojos dejándome entumecido el pecho). Dejo en tus manos mi mayor tesoro… a mi princesa y mi mayor orgullo, mi empresa; sé que no me defraudarás. (Bajo la mirada al no poder contener una lágrima que cae sobre la punta de mi zapato sin tocar mi rostro, logrando conservar con esto mi orgullo, pero el temblor de mi mano presionando la suya me delata).

Alonso: No voy a defraudarte, viejo. (Le respondo con voz quebrada).

Leonardo: Lo sé, como también sé que mi mujer no te pondrá las cosas fáciles, pero ella estará protegida siempre, me he encargado de ello. (¿Cómo un hombre con esa calidad humada e inteligencia, puede amar a una maldita zorra como ella?). Sé lo que piensas, pero es mi esposa, el amor de mi vida y, como tal, tendrás que respetarla. (Vuelve a toser y con cada uno de sus esfuerzos me desmorono por dentro). Ahora, llámales, me gustaría despedirme de Leo, aunque quizá llegue muy tarde.

Alonso: Se encuentra en la ciudad, hablarás con él, descansa, me encargaré de todo.

Una enfermera resguarda la puerta junto a Rojas, una vez que le pido a la chica acompañe a Leonardo, solicito a Rojas que envíe a un par de sus escoltas por Camila y Leo respectivamente. Por la reacción indiferente de Rojas al indicarle que Camila está en mi apartamento, me percato que él está enterado de nuestra relación, pero no es momento de interrogarlo. Por otro lado, afortunadamente desde que Leo apareció en la ciudad, me di a la tarea de averiguar en qué hotel se hospeda. Gina tiene asignado a un guardaespaldas que funge como su chofer y como es su costumbre a esta hora, se encuentra en el club.

Observo al jefe de seguridad realizar las llamadas, tomándome un momento para tranquilizarme y hacer lo pertinente.

El primer número que marco es el de Gina.

*Gina: Alonso, ¿qué demonios quieres?

*Alonso: Señora Zambrano, (respondo a su agresión con serenidad), sé que se encuentra en el club, pero necesito que se traslade cuanto antes al hospital Mugüerza.

*Gina: ¿Por qué? ¿Qué ha sucedido? (Pregunta alarmada).

*Alonso: Preferiría que el médico se lo explique a su llegada, por favor, tráldese cuanto antes.

*Gina: Es Leonardo, ¿¿verdad??, no me llamarías si no fuera él, ¿qué le sucedió a mi marido? (No respondo, una noticia de esta magnitud no debe darse por teléfono). ¡Habla con un demonio! (Exige en un grito).

*Alonso: El señor Zambrano está siendo atendido y requiere su presencia cuanto antes.

Cuelgo la llamada y al ver pasar al médico, le informo que la familia está por arribar, por lo que tendrá que notificarles del precario estado de salud de Leonardo.

Tomo el celular nuevamente y llamo a Leo, tengo que marcarle en tres ocasiones hasta que toma la llamada.

*Damián: ¿Quién mierda llama a esta hora? (Inquiere gruñendo con voz áspera).

*Alonso: Soy Alonso. Un chofer está yendo por ti a tu hotel, supongo que es ahí donde te encuentras, de no ser así, dame la dirección. Se requiere tu presencia inmediatamente en el hospital Mugüerza.

*Damián: ¿Alonso? ¿Don perfecto? ¡Mierda! (Enmudece por un segundo).

*Alonso: ¿Te encuentras en el mismo hotel? (Insisto).

*Damián: Sí, pero… ¿Es Luna? ¿Luna se encuentra bien? (Idiota).

*Alonso: Luna está perfectamente, vístete, el chofer no tarda en llegar por ti y no se te ocurra llamar a nadie.

Cuelgo la llamada sin querer dar más explicaciones, ¡Camila! ¡Dios, Camila! ¿Qué se supone que le diga para no alterarla? Intento presionar su nombre en el móvil para llamarla pero me percato del temblor en mis manos, ¡mierda!, no es momento para mariconadas. Respiro profundamente y marco.

*Camila: Hola, mi amor, no sentí cuando te fuiste.

*Alonso: Bonita, ¿sigues en la cama?

*Camila: No, ya me estoy vistiendo, iré a trabajar para que mi jefe no se ponga gruñón. (Añade juguetona, pasamos una noche mágica y ahora esto…).

*Alonso: Escúchame, Cam, un chofer está yendo por ti al apartamento, acá te estaré esperando.

*Camila: ¿Acá dónde? ¿Es otra sorpresa? (No tiene la menor idea, y prefiero no decirle nada para que no se altere estando sola).

*Alonso: Te estaré esperando, el chofer no debe tardar en llegar, espéralo en la recepción.

Cuelgo sin esperar más comentarios, se le va a destrozar el alma cuando se lo diga…

Llamo a Nancy para notificarle que no asistiré a la oficina y cancele cualquier compromiso que tuviese para los siguientes días. La noticia la toma por sorpresa e intenta averiguar lo que sucede, pero la corto de inmediato.

Alonso: Avísame en cuanto arriben, el doctor Sierra debe notificarles el estado de Leonardo antes de entrar a verlo.

Le pido a Rojas, el cual asiente al tiempo que yo regreso a la habitación. Parece dormir, pero en cuanto me siento a su lado busca mi mano con la suya, por lo que me apresuro a tomarla.

Leonardo: ¿Ya vienen?

Alonso: Están en camino, no tardan en llegar.

Me da un par de palmadas en la mano y vuelve a relajarse.

Minutos después Rojas aparece frente a la puerta, le hago una seña colocando un dedo sobre los labios para que guarde silencio, le dedico una mirada a la enfermera que se encuentra plantada al otro lado de la cama y salgo de la habitación.

Rojas: La señora Zambrano está subiendo por el ascensor.

Sierra: La recibiré para explicarle lo sucedido.

Alonso: Mientras hablas con ella acompañaré al viejo, no quiero dejarlo solo. Camila y Leo no tardan en llegar, avísenme cuando Camila esté subiendo por el ascensor.

Regreso a sujetar la mano de mi mentor, del empresario al cual le he aprendido todo lo que sé, del hijo de puta que se ha ganado mi respeto y el ser humano noble que admiro. El hombre que de alguna forma me acogió y me apoyó en uno de los momentos más difíciles por los que he tenido que pasar con apenas unos meses después de conocerme.

Tras unos cuantos minutos, Rojas me envía un mensaje notificándome del arribo de la señorita Zambrano. Le oprimo la mano al viejo y reacciona separando los párpados.

Alonso: Tu familia ha llegado, los haré pasar juntos, ¿está bien? (El viejo asiente con semblante sereno y respiración entrecortada pese al oxígeno que le es proporcionado. Sabiendo que quizá sea la última vez que pueda hablar con él a solas, me acerco para añadir). Puedes estar tranquilo, no voy a defraudarte, me haré cargo de todo como siempre, viejo.

Esboza una media sonrisa satisfecho con mi declaración.

Al salir me encuentro en la sala de espera a una Gina alterada como nunca la había visto en los brazos del médico que le pide serenidad.

Me acerco a la puerta del ascensor con las palmas hormigueándome, Camila debe estar asustada sin saber qué demonios hace aquí.

El timbre anuncia la llegada de mi hermosa ninfa que da un paso adelante con una sonrisa.

Camila: No pudiste esperar a la próxima semana y me has traído con... (¡Demonios!, cree que la he obligado a venir al médico.)

Gina: ¡Tú!, ¡¡tú!!, siempre lo supiste ¿cierto? (Camila enmudece sin entender lo que sucede al tiempo que su madre se me acerca furiosa, Rojas al percatarse del gesto amenazante intenta acercarse pero levanto la mano para detenerlo, recibo la bofetada que vi venir, no empeoraré la situación por ningún motivo).

Camila: ¡Por Dios, mamá! ¿Qué demonios te pasa? (Exclama interponiéndose entre nosotros, pero cogiéndola de los brazos la giro para ser yo quien quede en medio de ambas, dándole la espalda a su madre).

Alonso: Escúchame, Cam… (Necesito ser yo el que se lo diga, pero la arpía de Gina me interrumpe).

Gina: Tu padre se está muriendo de cáncer desde hace años y este maldito siempre lo supo.

Camila: ¡¿Qué?! ¿De qué está hablando? (Inquiere confundida, al tiempo que el desconcierto y el terror se apoderan de su mirada).

Alonso: Cam, Leonardo tiene mucho tiempo enfermo, pero ha preferido ocultárselos para no preocuparlas. (Se zafa de mi agarre dando un par de pasos atrás chocando con su hermano que acaba de aparecer al abrirse las puertas del ascensor. Leo la sostiene, pretendo acercarme a ella pero levanta las manos exigiendo con ese gesto que me aparte).

Damián: ¿Qué demonios pasa aquí? (Nadie responde, la mirada de Camila busca al médico y con piernas temblorosas se acerca a él, que con voz serena le confirma la terrible noticia. Me apresuro a sostenerla al percatarme que sus piernas flaquean, no hay lágrimas, está aturdida sin poder creer la terrible noticia. El pecho se me despedaza al ver el semblante pálido que ha sustituido al lleno de vida y felicidad de hace apenas unas horas).

Gina: ¿Dónde está? Quiero verlo. (Exige entre los brazos de su hijo que no ha vuelto a pronunciar palabra tras la declaración del médico con la mirada fija en un punto inexistente).

Camila: Yo-yo también quiero verlo.

Alonso: Los está esperando, pero necesitan no agobiarlo, se encuentra muy débil. (Añado buscando la mirada de mi mujer que amenaza con desbordarse). Tranquila, necesita verte fuerte.

Camila: ¿Dónde está?

Reclama aspirando profundamente intentando recobrar el control. Los guío hasta la habitación donde Gina se desprende de su hijo y Cam de mis brazos para rodear el lecho del viejo. Leo en cambio, cruza la puerta con dificultad, a paso lento, con mirada desconcertada.

Su relación ha sido prácticamente nula los últimos años y detesto al hijo de puta por lo que le hizo a mi hermana, pero aun con eso, el dolor de la pérdida de un padre es algo que no se le desea a nadie. Una vez que está dentro de la habitación, le hago una seña a la enfermera para que salga y les dé la privacidad que necesitan. El viejo acaricia las mejillas de sus grandes amores y con profundo pesar, cierro la puerta.

Sierra: Estaré en mi oficina, cualquier cosa que necesiten me avisan.

Alonso: ¿Su oficina está en este piso? (Niega con la cabeza). Ocupe una aquí entonces, lo quiero cerca por cualquier eventualidad.

Me observa por un momento deseando refutar mi instrucción, pero en este caso, soy yo el que se encargará de girar el cheque que pague todos los gastos y lo sabe, por lo que se traga las mentadas de madre y se limita a asentir.

La enfermera toma asiento justo a un lado de la puerta, donde Rojas permanece de pie como un perro guardián sin querer apartarse de su amo, mientras yo arrojo una cápsula de menta a mi boca directo del frasco y camino de un lado al otro por el pasillo, deseando con toda el alma poder mitigar la pena de mi mujer.

Los minutos parecen alargarse, no tengo idea de cuánto tiempo transcurre rodeados de aquel silencio sepulcral que no hace más que acrecentar la angustia por la llegada del final.

La puerta finalmente se abre y es Gina quien la atraviesa a paso lento, al encontrarse con mi mirada, me pregunta por el médico y le indico dónde se encuentra.

Me dedica una mirada amenazante al pasar a mi lado, pero no le presto atención ya que Camila sale de la habitación y me apresuro a acercarme a ella y capturarla entre mis brazos, hunde el rostro en mi pecho y yo me limito a sostenerla, acariciar su espalda y besar su frente. No hay nada que pueda decirle que reconforte su dolor, un dolor que se va profundizando con cada sollozo ahogado.

Leo no aparece, Camila ha cerrado la puerta tras de sí, por lo que supongo el viejo necesitaba despedirse de él a solas.

Tras varios minutos la guío al sofá donde la mantengo abrazada.

Alonso: Tranquila, todo estará bien, bonita, yo me haré cargo de todo. (Susurro con los labios rozando su frente).

Camila: ¿Cuánto tiempo? ¿Cuánto tiempo tiene luchando con la enfermedad? (Desearía no responder para evitarle más sufrimiento, pero ya en este punto, no puedo ni tiene caso continuar ocultándole la verdad).

Alonso: Seis años.

Se cubre la boca con una mano negando con la cabeza, mi respuesta provoca que la cortina de llanto se desboque, por lo que vuelvo atraerla a mi pecho padeciendo cada una de sus lágrimas como latigazos abriendo mi carne. Poco después Gina regresa acompañada del médico, va arremeter en mi contra por lo que me preparo para detener su ataque, pero en cuanto me pongo en pie la puerta de la habitación del viejo vuelve abrirse. Es Leo, Camila y su madre se acercan a él, que parece estar en un estado aletargado, con la mirada perdida).

Gina: ¿Cómo está tu padre?

Camila: ¡¡Leo!! (Exclama su nombre exigiendo una respuesta).

Damián: Ya pueden entrar.

Responde sin cruzar la mirada con ninguna de las dos, ellas atraviesan la puerta inmediatamente y él da varios pasos alejándose al tiempo que se echa el cabello hacia atrás con ambas manos en un claro gesto de frustración. Alcanzo a escuchar que el viejo le pide a Camila con dificultad y voz entrecortada que no llore más, desearía estar a su lado para sostenerla, pero él necesita despedirse a solas de su familia por lo que pese a mi instinto de protección, cierro la puerta.

Leo ha desaparecido de mi campo de visión, ¿a dónde demonios se fue?, debería estar al lado de su padre, apoyando a su madre y hermana. Camino por el pasillo y lo encuentro en la sala de espera con las manos aferradas al respaldo de un sofá claramente aturdido, con la mirada perdida en el gran ventanal frente a nosotros.

Con una larga aspiración se lanza contra el ventanal con el puño en alto ¿¿¿qué demonios cree que hace??? Corro hacia él y logro enganchar su brazo con el mío evitando que se rompa los nudillos al estrellarlos contra el cristal, que con el grosor que debe tener sería como estamparlos contra concreto.

Damián: ¿Qué mierda? (Escupe entre dientes empujándome con la mandíbula apretada y las pupilas enardecidas de cólera y frustración).

Alonso: Te necesitan. (No reacciona, su pecho sube y baja furioso). Te necesitan allá adentro. Tu madre y hermana, te necesitan allá adentro.

Repito ya que parece no escucharme. No responde, golpea el respaldo de un sofá bajando el rostro y tras varias bocanadas profundas vuelve a echarse el cabello hacia atrás y levanta el rostro imperturbable cual actor entrando a escena para volver al *show*, con el que regresa a la habitación con su familia.

Me percato de la hora que es al ver a Rojas frotarse los ojos, son ya las cuatro de la tarde y solo Gina ha salido en un par de ocasiones de la habitación para tomar un poco de aire.

Alonso: Pide a uno de tus hombres me traiga tres jugos de naranja y tres club sándwich. (Me observa un segundo antes de tomar el celular). Ya sé que ninguno está pensando en comida, pero no por eso no voy a intentarlo, y una vez que lo solicites, vete a comer y toma una de las habitaciones para descansar. (Intenta refutar mi orden pero no se lo permito). No has dormido ni comido y te necesito entero, además, no fue una pregunta.

Rojas: Bajaré por algo rápido, tendré el teléfono encendido.

Tomo un jugo de lo que han traído y abro la puerta de la habitación, Camila se encuentra tomando de la mano a su padre, Leo permanece de pie a su lado y Gina que se encuentra del otro lado de la cama se abalanza sobre mí con mirada asesina.

Gina: Te prohíbo entrar a esta habitación, no te quiero cerca. (Escupe entre dientes, el viejo parece estar dormido, Camila no hace más que acariciarle la mano sin percatarse de mi presencia y Leo se limita a echarnos un vistazo de reojo. No voy a discutir con ella, mucho menos frente a Leonardo, por lo que asiento).

Alonso: Camila. (La llamo sin obtener respuesta, ni siquiera gira a verme, se encuentra demasiado abstraída). Leo, ¿me acompañas un momento? (El primogénito del viejo me observa con las cejas enarcadas, pero no me responde).

Gina: ¿Te largas o llamo a seguridad? (Sentencia con la mandíbula apretada, es claro que me detesta, tanto como yo a ella. Maldigo para mis adentros y salgo del lugar, desesperado y preocupado por mi mujer, arrojo un par de cápsulas de menta a mi boca al tiempo que camino de un lado a otro por el pasillo, pero me detengo en cuanto Leo aparece cerrando la puerta tras de sí con rostro gélido, el tipo debe odiarme por la paliza que le di).

Alonso: Les pedí un jugo y un sándwich para cada uno. (Comento señalando la comida en la bandeja con una seña. Niega apenas perceptiblemente e intenta regresar a la habitación pero lo detengo del brazo). Sé que ninguno está pensando en comida, pero no han probado alimento y posiblemente ninguno duerma esta noche, los siguientes días serán muy complicados. (Observa de mala gana mi mano sobre su brazo, por lo que termino soltándolo, no pretendo iniciar una pelea en este momento). Al menos llévale el jugo a tu hermana.

No me responde, toma un par de jugos y le abro la puerta para que regrese con su familia.

Entro sin avisar a la habitación tras los gritos desesperados de Gina llamando al médico. Las convulsiones y ruidos provenientes de la garganta del viejo por un intento sin éxito de respirar son desgarradores. Sierra aparece apresurado para comprobar los signos vitales del paciente. Camila se aferra a la espalda de su hermano mientras Leo la aprisiona contra su pecho evitando que vea fallecer a su padre. El médico extrae una jeringa de uno de los cajones e inyecta algún medicamento en la intravenosa del viejo, mientras la enfermera aparta a Gina para que lo deje trabajar. Todo pasa en fracción de segundos, pero estoy seguro, lo recordaré el resto de mi vida, la escena es demasiado dolorosa y lo que más me hiere es contemplar el sufrimiento de mi mujer y ser incapaz de aminorarlo.

Gina: ¿Qué le está pasando? (Pregunta realmente fuera de sí, una vez que el cuerpo del viejo se relaja por el medicamento. Camila se acerca nuevamente al lecho de su padre con la ayuda de Leo sin lágrimas pero con semblante pálido y aterrado).

Sierra: Sus latidos se ralentizan, su corazón se debilita y sus pulmones trabajan con dificultad.

Gina: Entúbalo entonces, eso es lo que se hace en estos casos mientras se recupera, ¿cierto?

Alonso: ¡¡¡No!!!, él no quería eso. (Aclaro dando unos cuantos pasos dentro de la habitación).

Gina: ¿Quién demonios te crees? Tú no eres nadie. (Espeta con rabia).

Sierra: Tiene razón, no podemos entubarlo, Leonardo dejó por escrito que no quería que se le entubara ni reviviera en caso de caer en esta situación. De todas formas, solo alargaría lo inevitable.

Gina: Leonardo no debía estar pensando con claridad, yo soy su esposa y por lo tanto te ordeno que lo hagas.

Sierra: Leonardo se encontraba en pleno uso de sus facultades mentales, lo siento, Gina.

Camila: ¿Está-está sufriendo? (Pregunta en medio de un sollozo que me quiebra por dentro).

Sierra: No, los sedantes son muy fuertes, pero posiblemente no vuelva a recuperar la conciencia. (Pega la frente a la mano de su padre y me lanzo hacia ella para consolarla, pero su madre me detiene).

Gina: ¡Lárgate! Te dije que no te quería aquí.

Leo que no se había percatado de mi presencia, se gira con mirada retadora, ¡mierda! Hago acopio de toda mi fuerza de voluntad y abandono la habitación para evitar un enfrentamiento, el viejo necesita un ambiente sereno para partir y no seré yo quien se lo quite.

Sierra: Deberías tomar uno de los cuartos para descansar.

Me indica al salir, no le respondo, la escena de hace unos segundos me ha dejado sin fuerzas y el pecho demasiado dolorido, me limito a negar y una vez que desaparece extraigo del interior del saco el pequeño frasco de mentas ¡demonios!, lo arrojo de mala gana al cesto de basura al darme cuenta que está vacío. Poco tiempo después uno de los hombres de seguridad me trae un par de frascos, lo cual le agradezco a Rojas con una mirada.

Nadie abandona la habitación y cada minuto mi preocupación por Camila y, lo que esto puede afectar su embarazo, me angustia más.

Aguardo, aguardo el maldito final maldiciendo una y mil veces la jodida enfermedad que lo secó por dentro, que drenó la vitalidad, la garra y la vida entera de un hombre admirable, de un hombre que aún tenía mucho por hacer.

Me levanto de un salto por el grito de Gina exigiendo la presencia del médico. Atravieso la puerta de golpe y tras de mí Sierra que al comprobar los signos vitales de Lorenzo niega lentamente.

Sierra: Lo siento mucho, se ha ido.

Una parte en mi pecho se contractura dolorosamente al ver a Camila abrazando a su padre desconsolada. Gina da unos pasos hacia atrás cayendo sobre el sofá mientras Leo se mantiene de pie con semblante impasible.

Me acerco a Camila pero apenas tocar su hombro Gina grita exigiendo que me largue. Mi hermosa rubia solloza y tiembla sin poder contenerse. No puedo apartarla, necesita desahogarse y sacar en lágrimas todo el dolor que debe estar padeciendo. Gina vuelve a gritarme poniéndose en pie por lo que apretando los puños para no responderle salgo de la habitación y camino hasta el gran ventanal en la sala de espera, donde cubriéndome los ojos con una mano, retiro las lágrimas que amenazaban por escapar arrastrándolas hasta presionarme el puente de la nariz.

Yo me haré cargo de todo viejo, puedes irte tranquilo, repito en mi mente intentando retomar la serenidad.

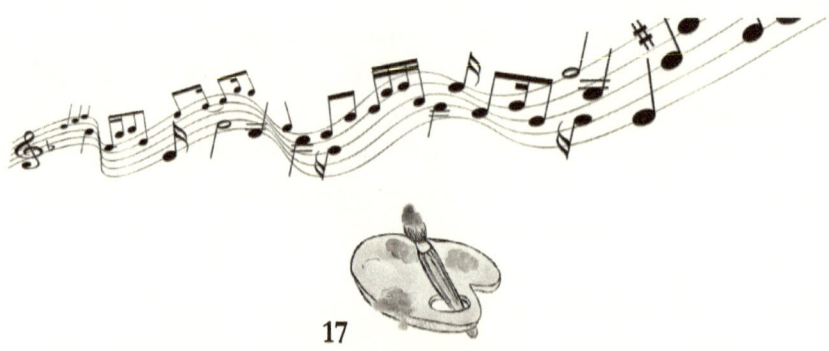

17

"La música es el tipo de arte que está más cerca de las lágrimas y la memoria"
Oscar Wilde

Alonso

Marco a la capilla de velación para verificar que todo se encuentre listo y al terminar le llamo a Nancy, le informo los últimos acontecimientos sin entrar en detalles y le indico que le enviaré un correo electrónico con los nombres de las personas a quienes debe notificarles del fatídico suceso, donde se incluyen; familiares, amigos, socios, empresarios y políticos, con la dirección de donde será velado, lugar donde la necesito cuanto antes, ya que hay varios nombres de personas indeseables las cuales tienen estrictamente prohibido asistir, además de los medios de comunicación, nunca faltan y seguramente querrán colarse, los cuales habrá que detener y a quienes posteriormente se les hará una rueda de prensa para notificarles los hechos.

Alonso: Envía personal de seguridad a la capilla, la entrada debe estar resguardada con acceso restringido. Nancy ya va en camino, que se reporten con ella.

Le solicito a Rojas que inmediatamente se pone a ello.

La señora Zambrano aparece con Sierra a su lado.

Gina: Tengo que-tengo que... (Se seca unas lágrimas inexistentes al tiempo que se planta frente a mí, pero antes que insista con sus amenazas le informo).

Alonso: No tiene nada de qué preocuparse, señora, la capilla de velación ya se encuentra preparada y las personas ya están siendo notificadas.

Gina: ¿Cómo demonios te atreves a tomarte esas atribuciones?

Alonso: No lo hago, el señor Zambrano me dejó instrucciones precisas de los pasos a seguir llegado este momento, incluso tengo una lista de quienes tienen el acceso restringido, no se preocupe, yo me haré cargo de todo y cualquier cosa que necesite... (Me interrumpe acercando el rostro al mío).

Gina: Te prohíbo acercarte a mi casa, te prohíbo presentarte en el velorio, no quiero verte más que lo estrictamente necesario hasta que ruede tu cabeza, tu reinado acaba de irse al carajo. (Me abstengo de mandarla a la mierda. Al apartarse, es Leo quien me acribilla con la mirada). ¿Vienes? Necesitamos ir a cambiarnos para recibir a las personas en la capilla. (Le dice a su hijo dirigiéndose al ascensor).

Damián: Me iré con mi hermana. (Gina forma una línea con los labios antes de desaparecer tras las puertas metálicas).

Sierra: Infórmenme en cuanto Camila se aparte del cuerpo ya que hay que prepararlo, mientras tanto me haré cargo del papeleo que debes firmar. (¡Dios, Camila! Regreso a la habitación pero antes que pueda cruzar la puerta una firme mano sobre mi pecho me detiene. La observo llena de formas y colores hasta encontrar la mirada desafiante y atormentada de Leo, el cual niega levemente con la cabeza).

Damián: Necesita tiempo y espacio.

Los sollozos y exclamaciones de mi mujer abrazando el cuerpo inerte de su padre me despedazan por dentro, pero su hermano tiene razón, por lo que asiento y trato de concentrarme en todo lo demás que debo preparar.

Llamo mientras recorro el pasillo a la asistente de Leonardo para darle la noticia y que se dirija al velatorio para apoyar a Nancy. Cuelgo y llamo al notario que tiene por resguardo el testamento del viejo, para notificarle los hechos, ya que Leonardo quería se leyera su última voluntad lo antes posible después de su fallecimiento. Respondo unos cuantos mensajes y al levantar la mirada me percato de las celestes pupilas del ahora señor Zambrano sobre mí.

Damián

Alonso: ¿Necesitas algo? (Pregunta observándome con interés. Un cigarrillo no me caería mal, claro que desaparecer sería una mejor opción. Regresar el tiempo y quedarme en el lugar donde pertenezco y del cual no debí salir junto a mi Calíope y mis pinturas). ¿Leo? (Insiste dirigiéndose a mí con ese maldito nombre. Pero no consigo articular palabra, mi mente no se aparta de él y dudo que pueda hacerlo en un largo tiempo. ¿Qué demonios quería? ¿Para eso quería hablar conmigo? Para recordarme lo miserable que soy, ¿como si no lo supiera ya? ¿Como si pudiera olvidarlo un solo día?, se supone que los moribundos se arrepienten de sus pecados y perdonan a sus ofensores en el lecho de muerte, pero no él, no el poderoso Leonardo Zambrano, vivió y murió entre sus malditas mentiras. Pero al parecer nadie se percata de eso, logró engañar a todo el mundo, incluso su guardaespaldas mantiene un semblante sombrío, ni qué decir de don perfecto, arreglando el mundo para que el velorio resulte impecable, con el gesto desencajado e incluso parte de la camisa desfajada, y un profundo dolor en la mirada, pareciera que en verdad acabara de perder a un padre. A mí, en cambio, las únicas lágrimas que me han escocido los ojos son de rabia, de impotencia, me siento azotado por un huracán de oscuridad, el que cada instante me engulle más y en el que me resisto a caer solo por mi hermana). ¿Leo, te encuentras bien? (De nuevo ese maldito nombre que logra extraerme de mis pensamientos).

Damián: Mejor que tú.

Regreso al lado de mi pequeña hermana que es incapaz de cerrar la cortina de llanto. Intento separarla del cuerpo del hijo de puta que me engendró para abrazarla, pero se resiste, no quiere soltarlo, está destrozada y yo no tengo corazón para apartarla.

Un profundo dolor se agolpa en mi pecho al contemplarla inconsolable, derramando millones de perlas dolorosas por un padre maravilloso que yo desconozco.

Tras varios minutos, intento separarla nuevamente pero es inútil. Ha dejado de llorar, quizá porque se ha quedado sin lágrimas, qué ganas de abrirle los ojos y hacerle ver que ese cabrón no se merece tanto llanto, pero si no lo hice cuando vivía, no lo haré ahora que ya no respira, ¡hijo de puta! Ahora que no existe parece más vivo que nunca y necesito callar a como dé lugar sus palabras, sus reclamos y miradas.

Salgo de la habitación azotando la puerta desesperado por un poco de oxígeno.

Alonso

Su semblante angustiado me preocupa por lo que paso de él hasta lograr ver a mi hermosa ninfa hablándole a su padre, me cubro los ojos bajando la mirada, ¡Dios! Es torturante verla padecer así.

Doy un par de pasos hacia ella cuando una mano me detiene.

Damián: ¿A dónde crees que vas? (Retoma el semblante gélido y la mirada amenazante).

Alonso: Necesitamos apartarla.

Damián: ¿Crees que no lo intenté ya?

Alonso: Déjame probar a mí. (Le pido evitando con esto una pelea, accede retirando la mano con la que me sujetaba del brazo. Me acerco a ella, pero no se percata de mi presencia. Se encuentra sentada en una silla a su lado. La sujeto por el hombro y me acuclillo para estar a su altura). Bonita. (No me ve, pareciera que tampoco me escucha). Bonita, por favor. (Lentamente gira el rostro para observarme, se encuentra pálida, sus pupilas carecen de la luz que siempre poseen, se han secado de tanto llorar). Ven acá. (La atraigo para abrazarla y hunde el rostro en mi cuello).

Camila: Se me fue (susurra tiritando entre mis brazos).

Alonso: Lo sé, lo sé, pero ya está descansando y se fue tranquilo, calculó todo hasta el último momento y se despidió de su familia. (Asiente levemente mientras acaricio su espalda). Ahora necesitas dejarlo ir.

Camila: No puedo, Alonso, no puedo. (Le levanto el rostro y trago saliva con dificultad por el nudo de sentimientos atascados en mi garganta, al verla con esa hermosa carita marcada de tanto llanto).

Alonso: Claro que sí, por él y por ustedes. (Coloco una mano en su vientre recordándole el estado en que se encuentra). Necesitas comer algo y descansar un poco. (Me observa sin responder). Dale un beso en la mejilla como siempre y permite que lo preparen y le coloquen esa corbata con distintivos dorados que tanto le gustaba, ¿sí?

Asiente levemente y la ayudo a levantarse, se acerca ahogando un sollozo al rostro de su padre, le pasa una mano por el delgado y escaso cabello antes de darle el beso en la mejilla.

Salgo de la habitación abrazándola, temiendo que se desvanezca en cualquier momento. Una mirada a Rojas basta para que avise al médico que el cuerpo finalmente ha sido liberado. No veo a Leo, pero en este momento mi prioridad es ella.

Alonso: Vamos, te llevaré a casa para que descanses.

Camila: Siempre lo supiste… (No es una pregunta, lo dice como si acabara de reparar en ello, no respondo, temeroso de su reacción la animo a seguir andando). ¿Cómo pudiste ocultarme algo así? (Inquiere apartándose de mis brazos).

Alonso: Tenía los labios sellados, él no quería que ustedes… (Intento excusarme pero no me lo permite).

Camila: Yo no soy ustedes, ¿tienes idea de lo que me has robado?

Alonso: Cam, yo puedo expli…

Camila: Me robaste meses, días, ¡¡¡minutos invaluables a su lado!!! (Espeta con rabia, clavando sus palabras como puñales envenenados en mi pecho).

Alonso: Escúchame, Cam, yo no podía…

Camila: ¡No!, no podías porque tu trabajo siempre ha sido más importante, porque no pensaste en él, mucho menos en mí. (Me empuja por el pecho y el rencor en su mirada me paraliza).

Alonso: Cam, por favor no lo hagas, escúchame… (Suplico al verla zafarse el anillo de compromiso que con tanta ilusión me recibió la noche anterior).

Camila: No quiero verte, no quiero volver a verte, ¿me escuchaste? (Aprisiono el anillo que quema mi palma en cuanto lo abandona en ella. Se aleja un par de pasos antes de darme tiempo a reaccionar). ¡¡¡Suéltame!!! (Exige en cuanto poso la mano sobre su brazo y antes de que pueda responder, la mano de su hermano oprime con fuerza mi muñeca, no necesita pedirme que la suelte, la rabia en su mirada lo hace por él ¡mierda! No puedo provocar un enfrentamiento con Leo, no ahora. Aflojo mi agarre y una vez que se libera de mí, su hermano hace lo propio conmigo. Me froto la frente desesperado. No voy a dejarla ir así).

Alonso: Camila, por favor, déjame hablar. (Insisto tras de ellos, Leo que la abrazaba se gira para empujarme por el pecho).

Damián: ¿¡No la escuchaste, cabrón!? (Instintivamente me lanzo a enfrentarlo pero Camila se interpone entre ambos).

Camila: ¡No-no!, por favor, Leo, ¡vámonos! (Le pide colocando las manos sobre su torso. Rojas se encuentra cerca expectante a cualquier indicación).

Alonso: Cam, déjame explicarte.

Damián: Ya escuchaste a la señora Zambrano, no te quiere ni en su casa, ni en el velorio. (Añade tomando del brazo a Camila para dirigirla al ascensor ¡mierda!).

Alonso: Rojas, a partir de este momento eres el escolta de la señorita Zambrano. (Asiente y se apresura a presionar el botón del elevador, las pupilas desafiantes de Leo chocan con las mías al tiempo que abraza protector a su hermana, ¿qué piensa este imbécil?)

Me apresuro a oprimir el botón del elevador contiguo, pero Sierra aparece con un montón de formas que debo firmar, lo que me impide seguirlos.

Tras leer y firmar los documentos me debato entre ir a buscarla o retirarme a casa para darme un baño y vestir lo apropiado, lo cual no tiene mucho sentido ya que la señora Zambrano me ha prohibido asistir al velorio, ¡a mí!, que no hice más que ver por la salud del viejo, pero no pretendo dejar a mi mujer sola en un momento tan doloroso como este, Gina tendrá que soportar mi presencia o provocar un escándalo, lo cual no hará, esa mujer vive de las malditas apariencias.

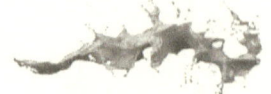

Me encuentro acomodándome la corbata frente al espejo cuando el timbre del celular repica sobre mi cama, es el nombre de Rojas el que aparece, al aceptar la llamada no me da tiempo siquiera de hablar.

*Rojas: Diríjase de regreso al hospital, la señorita Zambrano no se encuentra bien.

*Alonso: ¿Qué? ¿Pero qué…?

No me deja terminar la pregunta, cuelga antes de que pueda hacerlo ¡mierda! Con el pulso acelerado por una descarga de adrenalina y pánico mezclados; tomo el saco, la cartera, el celular y las llaves para salir pisando el acelerador a fondo hacia el hospital.

Llego segundos antes que la camioneta del viejo, en cuanto se estaciona abro la puerta y me encuentro con Camila empapada, envuelta en una toalla apenas consciente en los brazos de su hermano. Instintivamente se la arrebato y solo necesito dar unos cuantos pasos antes de que el doctor Sierra aparezca con una camilla y un par de enfermeras donde la deposito sin soltar su mano.

Alonso: Cam, mi amor, todo estará bien. (Le hablo mientras caminamos a toda velocidad por un pasillo, sus pupilas se fijan en las mías, susurra mi nombre y presiona mi mano negando con la cabeza). Todo va a estar bien, bonita.

Sierra: ¿Cuánto tiempo tiene de embarazo? (Es hasta este momento que me percato de la sangre recorriendo sus piernas, el pánico me atraviesa el torso y mis palpitaciones aceleradas enmudecen por completo, esto no, ¡¡nuestro bebé no!!). ¿Lo sabes?

Alonso: A-Alrededor de mes y medio, la próxima semana tendría la primera cita con su ginecóloga.

Sierra: Bien, hasta aquí puedes acompañarnos.

Añade colocando una mano en mi pecho para detenerme.

Damián

Alonso observa petrificado a mi hermana perderse tras las puertas y antes que el médico desaparezca, lo sujeta con tanta fuerza de las solapas de la bata que el temblor en sus puños es palpable, no pronuncia palabra, no es necesario, la mirada centellante repleta de angustia, impotencia y súplica lo dicen todo.

Sierra: Lo sé, me encargaré personalmente, los mantendré informados.

Añade dándole un par de palmadas en el hombro, Alonso lo suelta bajando lentamente la mirada. No-no estoy seguro qué demonios acaba de suceder, las imágenes explotan en mi mente aturdiéndome y contrayendo mi garganta y pulmones al tiempo que observo las deslavadas manchas de carmín sobre mi camisa. Tiene que estar bien, ¡Camila tiene que estar bien!

El golpe seco del puño de Alonso contra una puerta me extrae de la maraña de imágenes y emociones, los músculos de la espalda se le marcan a través de la camisa negra por la tensión al estar recargado con ambas manos contra la pared... ¡Por todos los dioses!, Camila em-embarazada, de-de Alonso, ¿en qué maldito momento?

Mi sangre comienza a elevarse ¡¡hijo de puta!! Estoy a punto de girarlo por el brazo pero me detengo al escucharlo exhalar con fuerza, irradiando impotencia por cada poro. Se encuentra tan angustiado como yo, no es momento Damián, no es momento de empeorar la situación, lo único que importa es que Cami esté bien, Cami y-y su bebé por supuesto.

Le doy espacio al tipo que parece estar a punto de reventar por la tensión, al caminar por el pasillo sin alejarme demasiado.

Rojas: ¿Algo en que pueda ayudarlo?

Niego con la cabeza y me froto las manos combatiendo con la desesperación que se ha incrustado en mi pecho, todo parece oscurecerse y los sonidos opacarse, la única imagen que tengo es a mi hermana inconsciente, ¡mierda!, estaba desecha, ella adoraba a su padre y yo-yo ¡no debí dejarla sola!

Me echo el cabello hacia atrás con ambas manos al tiempo que tomo asiento con la mirada fija en las puertas por donde se llevaron a mi hermana…

Alonzo

Me froto la frente con el pánico palpitando en mi pecho, ¡mi Cam!, ¡mi dulce Cam! ¡Dios, no me la arrebates…!

Ha transcurrido una maldita eternidad y Sierra no aparece ¡carajo!, al girarme Leo se encuentra sentado con los codos sobre las rodillas y la mirada perdida.

Alonso: ¿Qué fue lo que sucedió? (Inquiero sentándome a su lado, pero no responde, parece perdido con las manos hechas una en un puño contra su boca, la misma posición que adoptaba el viejo al estar preocupado, lo llamo por su nombre pero nada, necesito presionarle el brazo para que reaccione y repito la pregunta).

Damián: La encontré inconsciente. (Responde sin siquiera verme).

Alonso: Necesito saber qué le pasó. (Nuestras pupilas colisionan, está igual de tenso y angustiado que yo, además de sorprendido, seguramente no tenía idea del embarazo de su hermana y se toma un momento para responder).

Damián: Fui a buscarla a su habitación, no respondió y entré. Caía el agua de la regadera, volví a llamarla pero solo hubo silencio, preocupado porque le hubiese sucedido algo, entré al cuarto de baño, estaba en el suelo tan blanca como una hoja de papel, media cubierta con una toalla, no reaccionó pero respiraba, cuando vi la sangre, lo primero que revisé fueron sus muñecas, creí que había cometido una estupidez.

Alonso: ¡No!, Camila nunca haría algo así.

Damián: Lo sé, pero con lo que pasó con Zambrano, fue lo primero que se me ocurrió… no encontré ninguna herida y la traje para no perder más tiempo.

Alonso: Gracias, traerla fue lo mejor. (Añado en voz baja, imaginando a mi mujer inconsciente en el frío suelo sangrando de entre las piernas, ¡carajo! Yo debía estar con ella).

Damián: Es mi hermana.

Aclara lo obvio de mala gana, asiento comprendiendo con ello que mi comentario anterior no era necesario. Me levanto incómodo, desesperado con la vida yéndoseme en cada respiración carente de oxígeno, me froto la frente y mi celular comienza a vibrar, es Nancy, levanto el rostro y aspiro profundamente antes de contestar.

Ya se encuentra en la capilla, junto con la auxiliar del viejo se están encargando de recibir a los asistentes al velorio. Le aclaro un par de dudas y le notifico que no asistiré, lo que claramente le sorprende, pero le pido me mantenga informado de cualquier acontecimiento.

Nos sobresaltamos cada vez que un médico atraviesa las puertas, pero Sierra aún no aparece…

El celular de Leo repica con una estruendosa guitarra eléctrica y pese al fuerte sonido tarda un par de segundos en buscarlo en su pantalón para silenciarlo sin responder.

Busco por inercia en el interior del saco las cápsulas de menta que siempre cargo pero obviamente no las encuentro. Poco después Rojas se acerca para proporcionarme un paquete, lo cual le agradezco arrojando un par a mi boca.

¿¿¿Por qué carajos tardan tanto???

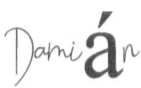

Nos lanzamos hacia el doctor en cuanto atraviesa las puertas.

Alonso: ¿Cómo se encuentran? (Exige con voz áspera, impregnada de desesperación).

Sierra: Camila se encuentra bien. (Ambos soltamos el aire que parece habíamos retenido desde que se la llevaron). Sufrió un aborto natural, el producto ya se había desprendido, lamentablemente no hay nada que se pueda hacer en estos casos. (La bomba que acaba de soltar se extiende con un silencio asfixiante. Alonso pierde la postura imponente que había mantenido hasta el momento, baja la mirada aturdido como si intentara recuperarse después de un fuerte golpe en la cabeza). El 10% de los embarazos terminan en un aborto natural. (Aclara al ver el rostro de Alonso palideciendo).

Alonso: ¿Pe-pero ella va a estar bien? (Inquiere con voz temblorosa y las pupilas cristalinas).

Sierra: Perfectamente, tendrá que tomar un tratamiento para regularizarse, pero esto no tendrá ninguna repercusión, podrá intentar embarazarse en unos cuantos meses si así lo desea.

Alonso: ¿Se-se cayó, fue eso?

Sierra: No, el desprendimiento no lo provocó ningún golpe o medicamento, es un proceso natural, en algunos casos sucede a los días o par de semanas de gestación e incluso lo llegan a confundir con la menstruación, en este caso tenía casi ocho semanas de embarazo y el sangrado fue abundante, pero estará bien. (¿¿Bien?? ¿Cómo mierda va a estar bien después de perder a su bebé la misma noche que a su padre?).

Alonso: Tengo que verla.

Sierra: Pueden ir subiendo al décimo quinto piso que continúa desalojado, en un momento estará en la primera habitación. Yo mismo la instalaré, allá los veo.

Damián: ¿Y el cuerpo?

Sierra: Ya se ha enviado a la funeraria.

Nos dedica una mirada tranquilizadora de la cual Alonso no se percata ya que se ha alejado unos cuantos pasos dándonos la espalda, sumido en sus propios pensamientos, asimilando la desoladora noticia. Lamento sobremanera la pérdida de ese bebé, pero agradezco a todos los dioses que mi hermana se encuentre bien, aunque su recuperación no será sencilla.

El puño que mantiene apretado le tiembla al tiempo que se cubre los ojos con la otra mano, está realmente afectado ¡lo deseaba!, ¡en verdad deseaba a ese bebé!, no fue solo una aventura.

Rojas se acerca para ofrecerme una camisa negra que no tengo idea de dónde mierda ha sacado, pero se lo agradezco, no me gustaría entrar a ver a mi hermana con la que traigo puesta. Alonso reacciona al escucharnos y aspira profundamente intentando recomponerse, no ha soltado una sola lágrima, mantiene su orgullo intacto pese a que ha estado a punto de quebrarse. Se dirige al ascensor, Rojas y yo cruzamos una mirada con la que entendemos es mejor darle un poco de espacio, la noticia cuarteó sus cimientos tanto o más que la muerte de Zambrano. La mayoría de los hombres detestamos mostrar debilidad, y ese hijo de puta es uno de esos.

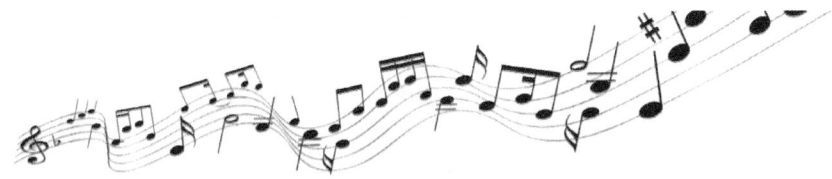

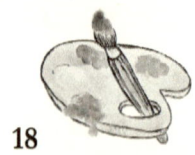

18

"No tengas miedo de la perfección, nunca la alcanzarás"
Salvador Dalí

Alonso

Un par de sujetos salen del ascensor y afortunadamente entro solo, el aire pareciera no abastecer mis pulmones, mis pupilas están cargadas de un corrosivo dolor, los puños me tiemblan de impotencia, de rabia, de tormento… El estruendo de mi puño contra el metal es lo único que me alerta del golpe, he soltado el puñetazo sin siquiera percatarme, pero no duele, la agonía que oprime a mis pulmones es demasiado intensa para prestar atención a pequeñeces. Dejo caer la frente contra el frío acero ¡Dios!, Cam, mi dulce Cam no se merece pasar por tanto…

Pasa frente a mí sobre una camilla guiada por un par de enfermeras, su semblante es demasiado pálido, pretendo adentrarme a la habitación pero Sierra me pide que aguarde, me froto la frente desesperado por abrazarla, por siquiera sujetar su mano, por sentirla cerca.

Sierra: Aún está bajo los efectos de la anestesia. (Nos aclara al salir de la habitación y es entonces cuando me percato de la presencia de Leo, me había olvidado por completo de él). Tardará un rato en salir de ella, cuando despierte llámenme si gustan que le informe lo sucedido.

Alonso: No es necesario, yo se lo diré.

Damián: ¿Cuánto tiempo permanecerá internada?

Sierra: Unas cuatro horas serán más que suficientes, necesitará algo de reposo el resto del día y seguir el tratamiento que le indicaré. Físicamente estará bien, lo importante es su estado anímico.

Alonso: Entiendo, me encargaré.

Sierra: Estaré en mi oficina, una enfermera se quedará aquí de guardia.

Apenas alcanzo a escuchar que se despide entro a la habitación cerrando la puerta tras de mí. No corro a abrazarla como quería, no puedo, el aire abandona mi cuerpo ralentizando mis pasos, parece tan frágil, exhausta, carente de esa expresión de tranquilidad que mantiene al dormir. Apenas rozar su frente con el pulgar la mandíbula comienza a temblarme, un par de pesadas lágrimas queman mis mejillas olvidándome de contenerlas, perdóname mi amor, perdóname por no haber estado a tu lado.

Me paso la mano por el rostro antes de exhalar con fuerza y pegar los labios a su frente, voy a cuidar de ti, yo… ¡Carajo!, no tenía idea que algo pudiera doler tanto.

Camila

Me esfuerzo por separar los párpados, el hermoso rostro varonil del hombre que amo aparece frente a mí con la mirada apagada y las facciones agotadas, como si tuviera días sin dormir.

Alonso: No te muevas, bonita, (intenta reconfortarme con una suave caricia sobre mi frente y presionando mi mano con calidez, pero el desconsuelo en su rostro evita ese cometido). ¿Cómo te sientes? (¿Cómo me siento?, parpadeo un par de ocasiones aturdida, reconociendo el lugar, estoy en el hospital con un profundo dolor y vacío en el pecho, no necesito preguntar, los recuerdos me atropellan. Padecí cólicos durante el día pero los ignoré, sostener la mano de mi padre sus últimas horas de vida era más importante que la queja de mi cintura tirante. Mi respiración se detiene y el pánico recorre mi cuerpo provocando un espasmo tan grande como el que me provocó el dolor que me azotó en el bajo vientre cuando comencé a sangrar en la regadera, instintivamente llevo la mano a la zona, el correr del agua formó un río aterrador por mis piernas al tiempo que mi vientre se desgarraba, me petrifiqué sujetándome de las paredes y cuando conseguí despegar los pies del suelo para salir de la regadera una fuerte punzada me arrebató las fuerzas. Lo siguiente que recuerdo son sus pupilas aterradas frente a mí y preguntas del médico que me esforcé por responder. Lo perdí, mi respiración se entrecorta y comienzo a vibrar con lágrimas recorriendo mis sienes en un escuálido intento por mitigar mi pena). Tranquila, mi amor, tranquila.

Camila: Lo perdí… (Susurro en un sollozo, no responde, el tormento en su mirada y el gesto de su rostro acompañado de un ligero movimiento lo hacen por él). Fue mi culpa.

Alonso: ¡No! ¡No!, mírame, amor, ¡mírame! (Me obliga a enfrentar su mirada sujetándome por las mejillas). No fue culpa tuya, no hiciste nada mal, fue un aborto natural, espontáneo, no es culpa de nadie.

Camila: ¡Yo no me sentía bien y lo ignoré! (Grito expulsando mi frustración empujándolo por el pecho, pero no logro apartarlo).

Alonso: Así hubiésemos tomado medidas, no había nada que hacer, el resultado habría sido el mismo. (No quiero escucharlo, me siento furiosa con él, con el mundo, con Dios y conmigo misma, lo empujo y golpeo con todas mis fuerzas entre sollozos, descargando mi rabia, pero no se aparta). Está bien, está bien, amor.

Susurra incrementando mi coraje, culpa e impotencia sujetándome por los hombros hasta que las pocas fuerzas que tenía desaparecen, me abraza pegándome a su amplio pecho, me aferro a su camisa humedeciéndola con un llanto incontrolable, sintiéndome miserable, con la vida derrumbándose frente a mis ojos, con mi alma siendo lacerada con un azote tras otro sin darme tiempo a respirar.

Camila: No quiero verte. (Logro articular con voz temblorosa, apartándome de su pecho esquivando su mirada).

Alonso: Necesitas descansar, amor. (Me alejo de la caricia que iba a mi rostro).

Camila: No quiero verte. (Insisto con mayor firmeza).

Alonso: Trata de dormir, yo estaré aquí, bonita.

Camila: ¡Quiero que te vayas! (Enfrento su mirada proyectando en mis pupilas toda la rabia que me quema por dentro, lo que logra hacerlo retroceder un poco, con clara confusión en sus facciones). ¡¡Vete!! (Intenta pronunciar palabra pero arremeto impidiéndoselo). ¡¡¡Lárgate!!! (Grito sacando fuerzas de mis entrañas vacías).

Alonso: Mi amor, estás confundida…

Camila: ¡¡¡Lárgate!!! (Grito incorporándome, mi mano viaja instintivamente a mi vientre por el punzante dolor y me obligo a ahogar un quejido).

Alonso: Bonita, tranquilízate por favor. (Intenta sujetarme pero insisto en que se vaya por lo que termina retrocediendo). De acuerdo, de acuerdo, pero por favor tranquilízate, amor, e-estaré afuera.

Lo observo alejarse dando pasos hacia atrás; aturdido, preocupado, incapaz de comprender lo que me sucede, yo misma no lo comprendo.

Cierro los ojos estoy seca, vacía y derrotada.

Damián

Sale con el desconcierto ceñido a su rostro, completamente apabullado, con la mirada baja y los hombros caídos.

Damián: ¿Qué demonios fue eso? ¿Está bien? (Inquiero preocupado al haber escuchado los gritos de mi hermana pero sin comprender lo que decían, si no irrumpí en la habitación fue porque Rojas me pidió que esperara. Se sujeta de la pared con una mano mientras se frota la frente con la otra, luchando por responder, como si acabaran de extraerle el aire de un golpe).

Alonso: No quiere verme, podrías…

No termino de escucharlo, atravieso la puerta para encontrar a mi hermana encogida con las sábanas revueltas, hecha un mar de lágrimas. No tengo idea de qué mierda decirle, es mi molesta, pequeña y cursi hermanita, la que siempre deslumbra todo a su alrededor con una radiante sonrisa, la que nunca se rinde y cree pese a todo, en la bondad de la miserable raza humana.

La abrazo y padezco cada sollozo, su pena traspasa mi piel estrujándome los sentidos, hasta que poco a poco sus lágrimas cesan y Morfeo se apiada de ella arrastrándola a sus brazos.

La observo dormir un momento y me doy cuenta pese a que la amo y lo único que deseo es protegerla, que ese lugar junto a ella no me pertenece. No comprendo por qué exilió de su lado a don perfecto, pero es evidente que la ama y es quien debería consolarla.

Al cruzar la puerta se abalanza sobre mí.

Alonso: ¿Se encuentra bien? (Inquiere profundamente preocupado).

Damián: ¿Por qué te corrió?

Alonso: No-no lo sé. (Niega realmente confundido, afectado tanto por la pérdida como por el desprecio de su mujer, ese ardor que termina calcinándote el alma, me es demasiado familiar).

Damián: Se ha quedado dormida, supuse que te gustaría velar su sueño. (Levanta la mirada desconcertado, asiente y me aparto para darle paso, pero antes de atravesar la puerta agrega).

Alonso: Gracias, Leo.

¡Ese maldito nombre! Mi teléfono vibra en el interior de mi pantalón, sé quién es y como un maldito cobarde espero a que se corte la llamada para extraerlo del bolsillo. El nombre de Calíope aparece en la pantalla, ya debe estar enterada de lo sucedido, de no ser así no me buscaría, no quiero sus condolencias, esas deben darse a quien ha perdido un ser amado, y yo-yo, yo no entro en esa maldita descripción.

Alonso

Deposito un beso en su frente y me siento a su lado sujetando su mano, deseando ser yo quien padezca su dolor con tal que su alma encuentre alivio.

La vida no me ha puesto las cosas fáciles y nunca me he quebrado, pero verla con el corazón destrozado y no poder hacer nada, me llena de una impotencia que me revienta las venas, en tan pocas horas nuestras ilusiones de un proyecto de vida han sido aniquiladas... Beso y pego mi frente a su mano, no dejaré que te caigas, ¡vamos a superar esto mi amor!, te juro que superaremos esto.

Separa los párpados hinchados y me acerco a su rostro intentando ocultar mi pena con un semblante sereno. Me observa en silencio apartando su mano de la mía.

Camila: Alonso... (No le permito terminar la frase).

Alonso: Lo sé, lo sé, pero por favor, por favor no me apartes de tu lado, no ahora, bonita. (Suplico quemándome por dentro, cierra los ojos con fuerza y me permite besar su frente y acariciar los hilos dorados que enmarcan sus finas facciones fatigadas).

Camila: ¿Cuánto tiempo más tengo que estar aquí?

Alonso: No será mucho, amor, más tarde vendrá Sierra para darte el alta y darnos algunas indicaciones. (Asiente lentamente, lastimándome al negarme su mirada). Me encargaré de que te traigan una muda cómoda de ropa, ¿quieres que te pida algo en especial?

Camila: ¿A qué hora se depositarán las cenizas? (¡Carajo! No-no estará pensando…).

Alonso: No pienses en eso ahora, amor.

Camila: ¿Y en qué se supone que piense entonces? (Espeta de mala gana, no me esperaba esta reacción, pero tiene razones para estar molesta con la vida, con el maldito mundo, es injusto que su padre y su hijo le hayan sido arrebatados la misma noche). ¿A qué hora lo programaste?

Alonso: Tu padre me pidió que fuera a las nueve de la mañana.

Camila: ¿Y qué hora es? (Se incorpora un poco para acomodarse con gesto dolorido y me acerco inmediatamente para ayudarla con la almohada).

Alonso: Las cuatro.

Camila: Tengo tiempo suficiente entonces.

Alonso: ¿No estarás pensando en ir?

Camila: No lo estoy pensando, voy a ir. (Asegura con determinación).

Alonso: Cam, necesitas descansar.

Camila: Es lo que estoy haciendo. (Me froto la frente intentando encontrar las palabras adecuadas para hacerla desistir sin comenzar una discusión. Ver el cuerpo de su padre reducido a cenias en una fría y ornamentada urna, terminará por destrozarla, lo que se supone debería ser una despedida liberadora, termina sepultando no solo un cadáver, o en este caso unas cenizas, sepulta parte de tu alma, te desgarra los recuerdos, asfixia tu presente y debilita tus pasos hacia un futuro).

Alonso: Ya te despediste de él, no necesitas pasar por algo así.

Camila: Es mi padre. (La determinación, la rabia, el dolor, el tormento mezclado en sus pupilas terminan por enmudecerme, no quiero volver a alterarla, pero no puedo permitir que vaya).

Alonso: Pediré tus cosas, ya regreso.

Al salir, le pido a Rojas solicite su ropa al personal de servicio de la residencia.

Damián: ¿Se encuentra bien? (Pregunta preocupado).

Alonso: Sí, al menos, está más tranquila. (Mi maldito teléfono vuelve a vibrar, lo extraigo cansado y responde de mala gana). ¿Qué pasa? (Nancy me explica que se ha visto obligada a usar al personal de seguridad para evitar que los medios entren y hostiguen a los asistentes, aunque en realidad por quien no han dejado de preguntar es por Gina y sus hijos. Le aseguro que ha hecho bien, que yo me encargaré de dar un comunicado oficial pasado mañana y que le recuerde a la señora Zambrano el horario en que se depositarán las cenizas. Con respecto a eso, como era de esperarse Gina se ha quejado, pero ya que todo ha sido estipulado por Leonardo y modificarlo requiere de realizar varias llamadas y solicitar favores ha decidido seguir las instrucciones). Cualquier otra cosa, envíame un mensaje y yo te regreso la llamada. (Cuelgo sin esperar su respuesta. La mirada de Leo ha regresado a estar perdida, solo que ahora en la oscuridad del café que mantiene entre las manos). ¿No te ha llamado tu madre?

Damián: Sí, (permanezco observándolo esperando más detalles). Le dije que Cami no se sentía bien y regresamos al hospital, no le di más detalles. (No tengo idea por qué omitió lo ocurrido, hasta donde sé Gina adora a su hijo, por lo que asumo llevan una buena relación, quizá lo hizo porque es obvio que su madre me detesta o prefirió no angustiarla más ya que se encuentra en el velorio de su esposo).

Alonso: Te lo agradezco.

Damián: No lo hagas, no lo hice por ti. (Asiento, nunca nos hemos agradado, ahora menos que nunca, pero Cam lo quiere y si ahora no desea escucharme, posiblemente a su hermano si le preste atención. Odio tener que recurrir a él, pero prefiero bajar la guardia e intentarlo a que ella pase por ese trago amargo).

Alonso: Sí gustas asistir al velorio de tu padre, puedes retirarte tranquilo, yo no me apartaré de su lado.

Damián: ¿Por qué demonios preferiría estar en el velorio de Leonardo Zambrano que al lado a mi hermana? (Inquiere sardónico, un tanto molesto, no comprendo su reacción, si bien su relación iba de pésima a nula, el viejo acaba de fallecer).

Alonso: Como gustes. ¿Podría pedirte un favor? (Con un gesto me anima a continuar). Tu hermana desea asistir al depósito de cenizas, después de todo lo que ha pasado no creo que sea conveniente, ¿podrías hablar con ella para hacerla desistir?

Damián: ¿Quieres convencer a Camila de no despedirse de las cenizas del mejor padre que pudo tener?

Alonso: Ver la urna será un golpe muy duro para ella.

Damián: No deberías subestimar a mi hermana, es más fuerte de lo que aparenta.

Alonso: No la subestimo, nunca lo he hecho, lo único que quiero es evitarle un mayor golpe, ella ya se ha despedido de él, no necesita verlo convertido en cenizas.

Damián: ¿Y quién te crees para decidir por ella? ¡Es su padre!, pero claro, (añade sarcástico), se me olvidaba que tienes complejo de Zeus, crees que puedes elegir e imponer tu voluntad a los simples mortales a tu alrededor. (Oprimo los puños a los costados para no quitarle el tono burlón a golpes, claramente el hijo de puta no está hablando de su hermana, si no de la mía. Necesito mantener la calma, él acaba de perder a su padre y Camila no me perdonaría que arremetiera nuevamente contra su hermano, mucho menos en este momento).

Alonso: ¿Zeus? (Inquiero en el mismo tono que él ha usado acercándome a su rostro), vio morir a su padre, se desangró en la ducha, ¡le practicaron un legrado!, todo esto en menos de veinticuatro horas, si querer evitarle el peor momento en la pérdida de un familiar es tener complejo de Zeus, ¡sí!, lo tengo.

No responde, pero nos desafiamos con la mirada, se está controlando igual que yo por no hundir el puño en mi rostro. Que se vaya al carajo, necesito regresar con mi mujer. Me giro y froto mi frente inhalando profundamente para recobrar la calma antes de abrir la puerta.

Su llanto ha cesado, me ha permitido abrazarla y consolarla en un silencio desolador, en el que trato de imprimirle todo mi amor en ligeras caricias.

Poco más tarde aparece Sierra, ha venido a darle algunas indicaciones pero antes de que comience con ellas, Camila me arroja un balde de agua fría pidiéndome que la deje a solas con él, no esperaba que me echara fuera en este momento, no ahora que me necesita, que yo la necesito. Su mirada además de dolor y cansancio me demuestra frialdad, no sé qué carajos responderle pero leo en sus ojos que no importa lo que diga, no cederá y no propiciaré una discusión, me tiene completamente desarmado, drenado emocionalmente, por lo que opto en acceder a su petición.

Damián

Sale de la habitación como si acabaran de darle una paliza, frota su frente, cae sobre el sofá y entierra el rostro entre las manos completamente apabullado. En cierta forma me da pena, pero eso no aminora el rencor que le guardo por cómo ha tratado a Luna y la golpiza que me dio sin previo aviso.

Su celular no tarda en vibrar, el pobre idiota esta hasta la madre de trabajo, maldice en voz alta y se levanta para responder al tiempo que camina por el pasillo, no presto demasiada atención en lo que dice, pero por lo que alcanzo a escuchar, es sobre el velatorio y los detalles de mañana. Le da un par de instrucciones a Rojas y envía mensajes que puedo adivinar por su expresión de fastidio se trata de más trabajo, el hijo de puta está desbordado en presiones. No debí provocarlo, no es el maldito momento, pero como siempre, no pude evitarlo.

Las llamadas de mi Calíope han cesado, pero es el tercer mensaje que me envía, uno más que no pretendo abrir.

Ambos nos acercamos al médico en cuanto sale de la habitación.

Damián: ¿Cómo se encuentra?

Sierra: Estará bien, ya le he dado las indicaciones pertinentes, solo necesitará descansar el resto del día.

Alonso: ¿Le comentó que desea ir al depósito de cenizas?

Sierra: Sí, puede hacerlo sin problema, solo necesita no excederse, como les dije, en estos cosas la situación anímica es mucho más delicada que la física. Ya la he dado de alta y me ha firmado los documentos, pueden tomarse el tiempo que necesite. Me retiro, cualquier cosa pueden localizarme en el celular.

Antes de que don perfecto reaccione, entro a la habitación cerrando la puerta tras de mí.

Camila al verme baja la mirada opaca de tanto llorar y me acerco forzando una mueca que estoy seguro no se acerca a una sonrisa. Pretende hablar pero me adelanto presionando su mano.

Damián: Te quiero, no necesito ninguna explicación, no tienes por qué dármela, ni a mí ni a nadie, pero si necesitas hablar, estoy para ti, siempre. (Se lanza a mis brazos donde la aprisiono por largo rato).

Camila: ¡Gracias!, ahora me gustaría irme de aquí.

Damián: ¿Estás segura? (Asiente). Bien, afuera está tu ropa. (Al salir, Alonso me clava la mirada como esperando una respuesta). Está lista para irse. (Pretendo tomar el par de bolsas del sofá, pero antes que pueda tocarlas, añade).

Alonso: Yo se la llevaré.

Me detengo permitiéndole tomar sus cosas, supongo que es a él a quien le corresponde.

Camila

Continúa aquí y no se irá, ¡lo sé!, no entiende que me lastima su presencia, con ese porte imponente e invencible, con el calor protector de sus brazos discrepando con la mirada herida y atormentada, lo necesito, me reconforta, pero al mismo tiempo me hiere, me tortura saber que ha sido capaz de ocultarme algo de vital importancia sabiendo lo mucho que amo… que amaba a mi padre. Me pidió desde el primer momento que confiara en él, cruzamos discrepancias, temores, malos entendidos, creí en su palabra más que en la de mi propia madre, ¿para qué?, para que terminara traicionándome de la peor manera, con algo invaluable, con algo sagrado… ¡No! ¡No puedo tenerlo cerca por más tiempo!

Alonso: Aquí están tus cosas, amor, déjame ayudarte.

Camila: ¡No! (Mi negativa es más dura de lo que pretendía), yo puedo hacerlo sola. (Me incorporo para tomar las bolsas que ha depositado sobre la cama).

Alonso: Por favor, Cam... (Insiste con gesto realmente angustiado, pero el sentimiento de traición que me provoca es más fuerte que mi compasión por él).

Camila: Puedo vestirme sola, ¿me permites?

Alonso: De acuerdo, mientras tanto le diré a tu hermano que ya puede retirarse.

Camila: ¿Por qué habría de irse? Regresaré con él a casa. (Me observa un instante con marcada incredulidad y separa los labios como si acabara de patearle el estómago, pero no expulsa ningún sonido. Se sostiene con ambas manos del colchón negando con la cabeza).

Alonso: Cam, somos una pareja, nosotros prácticamente ya estamos viviendo juntos.

Camila: Estábamos, fui clara al decirte que esto terminó, ahora por favor deja que me vista.

Alonso: Amor, yo-yo tengo una explicación para eso.

Camila: Lo sé, pero no quiero escucharte, no ahora, porque no cambiará nada, lo único que quiero es irme de aquí.

Alonso: Tu madre llegó hace unos minutos a tu casa, no quiero que te enfrentes a ella sola, déjame llevarte a casa y... (Fastidiada lo interrumpo).

Camila: He dicho que ¡NO!, no te quiero cerca, ahora sal de aquí. (Se frota la frente conteniéndose para no responder de la misma forma explosiva que yo lo he hecho).

Alonso: De acuerdo, le pediré a la enfermera que entre a ayudarte y saldrás del hospital en esa silla de ruedas y eso no está a discusión.

Abandona la habitación sin esperar una respuesta.

Alonso

En cuanto sale la enfermera entro y me acerco para sostenerla por la cintura al verla salir del baño.

Alonso: ¿Te encuentras bien?

Camila: Sí, estoy bien. (Responde indiferente, colocando las manos sobre mi pecho para impedirme acercarla, quemándome con ellas como hierro incandescente, su reacción me obliga a aflojar mi agarre, pero no la suelto del todo).

Alonso: ¿Tienes algún dolor, alguna molestia? (Inquiero cauteloso, temiendo irritarla).

Camila: No, como ya dije, estoy bien, ahora quiero salir de este hospital.

Se aparta para sentarse lentamente en la silla de ruedas que permanecía en una esquina de la habitación. Comienzo a empujar la silla con la cabeza hecha un lío y el alma agonizando. Mi maldito celular pese a ser de madrugada no deja de vibrar entre mensajes, llamadas, correos, todo el maldito mundo quiere darme el pésame o confirmar el fallecimiento de Leonardo, sin mencionar a Nancy y las decenas de cosas que ha debido solucionar, me he mordido la lengua para no explotar y mandar a todo mundo al demonio.

¡Carajo! No puedo dejarla ir sola, necesito cuidarla, tenerla cerca.

Llegamos hasta la puerta de la camioneta y coloco una mano en su hombro para impedir que se levante.

Alonso: ¿Nos permiten un momento? (Solicito a Leo y Rojas que nos flanquean, los cuales sin responder se apartan para otorgarme la privacidad que necesito). Por favor, Cam, déjame llevarte a casa, permíteme cuidarte. (Le pido desesperado arrodillándome frente a ella).

Camila: Basta.

Alonso: Escúchame, tu padre me pidió, me ordenó, que no dijera nada...

Camila: ¡Basta! (Me interrumpe alzando la voz). Lo nuestro se terminó y lo único que nos unía, ya no existe. (La frialdad con que lo dice me deja perplejo. Se levanta y la imito en un acto reflejo, la tomo del brazo con firmeza, apretando la mandíbula para no insistir, perder los estribos o decir alguna estupidez. Le abro la puerta y en cuanto sube a la camioneta su hermano hace lo propio del otro lado). Rojas, te sigo.

Le aviso para que aguarde a que salga con él. Manejo estrangulando el volante, dolido, sí, pero con la sangre hirviendo de cólera, de impotencia por no poder arrastrarla hasta al apartamento, meterla a la cama y asegurarme que no salga de ella hasta que esté completamente recuperada y obligarla a escucharme, que comprenda que no tuve otra maldita alternativa, que acepte que me necesita como-como yo la necesito a ella.

El portón se cierra tras la camioneta y golpeo el volante, enfurecido.

Me retiro a casa pisando el acelerador a fondo. Un aguijón se clava en mi pecho al ver la cama con las sábanas revueltas que apenas una noche antes cubrían nuestros cuerpos húmedos de pasión desbordada, en las que nos entregamos en cuerpo y alma, en las que planeamos un futuro con nuestro hijo, un hijo que como bien dijo… ya no existe. Golpeo la puerta y tomo las llaves que mantengo en el buró, necesito perderme, necesito perderme o voy a terminar desplomándome o haciendo una estupidez que en verdad amerite una disculpa, porque no importa lo que diga, el dolor no le permite ver la situación con claridad, y la entiendo, ¡maldita sea! ¡La entiendo!

Extraigo del bolsillo el anillo de compromiso que con tanta rabia me regresó, lo aprisiono en un puño, ¡carajo, Cam! Respetar tus malas decisiones me está partiendo en dos el corazón, me dueles ¡carajo!, ¡me dueles demasiado!

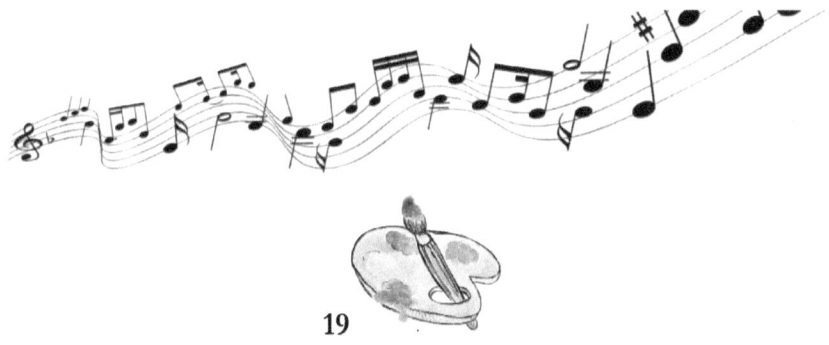

19

"Un escritor es un mundo atrapado en una persona"
Victor Hugo

Luna

Luna: ¿Has logrado hablar con Alonso? (Pregunto a mi madre ya que en cuanto nos enteramos gracias a las redes sociales del fallecimiento del señor Zambrano, no nos había respondido, supongo que al ser su mano derecha, tendrá un montón de cosas de las cuales hacerse cargo).

Mónica: Solo me ha respondido un mensaje, la noticia es cierta y se encontrará muy ocupado los siguientes días. Es una pena, tu hermano lo quería mucho.

Luna: Lo sé…

Damián en cambio no ha tomado una sola de mis llamadas, ni visto mis mensajes, me preocupa, sé que su relación no era buena, pero es su padre, debe estar muy afectado y quisiera estar ahí para abrazarlo, para apoyarlo y hacerle saber que no está solo.

Camila

Gina: ¿Ya te encuentras mejor? (Me pregunta en tono de reproche al encontrarnos los tres en el recibidor para dirigirnos al cementerio, afortunadamente al regresar del hospital ya se encontraba en su habitación).

Camila: Sí. (Respondo sin ahondar en el tema).

Gina: Todo el mundo estuvo preguntando por ustedes anoche, me dejaron sola en el velorio de su padre.

Damián: Te expliqué que no se sentía bien, no faltó al velorio por gusto. (Arremete de mala gana sorprendiendo a mamá).

Gina: Al menos te hubieras maquillado, ponte algo de labial, te ves terrible. (Vuelve a atacarme pero no tengo fuerzas para responderle).

Damián: En cambio tú luces como siempre, espectacular mamá, ni parece que fueras a despedirte de las cenizas de tu esposo.

Gina: La gente no tiene por qué verte destruida, la pena se lleva en el alma, no en el rostro. (Se defiende colocándose los lentes oscuros, sube a su auto con ayuda de su guardaespaldas al tiempo que Rojas hace lo propio conmigo).

Damián: No sé cómo la soportas. (Espeta de mala gana).

Camila: Sus comentarios ahora son lo que menos me afectan.

Aseguro con tanto dolor en el alma que trasciende a mi cuerpo debilitándolo.

Leo comenta que no esperaba ver a tantas personas, yo en realidad apenas me percato de ellas. Me conduce sujetándome del brazo y tras unos pasos, en los que mi madre se posiciona al otro lado de mi hermano, una sensación cálida me recorre el cuerpo, mitigando el desasosiego que impera en mi pecho, es él, está aquí, ¡puedo sentirlo!, busco su presencia instintivamente pese a que no quiero verlo, pero mi cuerpo y mi alma me traicionan, lo necesitan.

Encuentro las esmeraldas que pese a las sombras bajo sus ojos lucen poderosos clamando mi cercanía, pero no tengo fuerzas para aceptarlo mucho menos para rechazarlo. Desvío la mirada y nuestro camino se ve interrumpido por algunos familiares y amigos cercanos que nos dan sus condolencias. No sé cómo, pero consigo no echarme a llorar, solo-solo quisiera abrazarlo, ver sus ojos celestes repletos de anécdotas, sabiduría y un amor incondicional, escuchar cómo discute con mamá y suspira resignado porque por más que lo intente no puede enojarse más de diez minutos con ella, el amor que le tiene no se lo permite, quiero que me muestre a escondidas de mi madre la nueva corbata que se compró aun sabiendo que ella jamás le dejará usarla porque no va con la personalidad de un gran empresario como él, quiero que me vuelva a tomar de las mejillas y repita que soy su mayor tesoro, quiero-quiero despertar de esta pesadilla.

Alonso

El color negro no hace más que acentuar la palidez de su tez. La sigo a unos cuantos metros, estrechando manos y recibiendo el pésame de varias personas que sabían lo cercanos que fuimos.

Un sacerdote espera a la familia dentro de la capilla familiar, el resto permanecemos afuera, pero me situó a un par de pasos de la puerta sin perderla de vista. Se abraza a sí misma y aspira profundamente con dificultad conteniendo un sollozo, con la mirada clavada en la urna que contienen las cenizas de Leonardo, si para mí fue terriblemente doloroso recibirlas en la funeraria y traerlas aquí, no puedo imaginarme lo que está siendo para ella, esto es demasiado.

Doy un paso al frente pero una mano se posa sobre mi hombro, es Meléndez, el escolta de Gina.

Meléndez: No tiene permitido el paso, licenciado. (Aclara en tono tenue).

Alonso: Este traje vale diez veces el miserable sueldo que te pago, no vuelvas a ponerme una mano encima, imbécil. (Le respondo entre dientes).

Meléndez: Lo siento, la señora me ordenó…

Alonso: La señora no te contrató, en cambio, si no retiras la maldita mano en los siguientes tres segundos, no solo te quedarás sin empleo, el siguiente que tendrás será de intendente, de mi cuenta corre que no vuelvan a contratarte como escolta.

Dirige una mirada a Rojas que permanece a unos metros, el cual con un pequeño gesto le ordena que me suelte y retira la mano inmediatamente.

Gina le ofrece la urna a su hijo para que la tome y se despida de su padre, pero Leo niega con la cabeza.

Estoy justo a un lado de Camila sosteniéndola con un brazo por la cintura cuando la señora Zambrano irradiándome odio con la mirada y maldiciendo a todos mis antepasados le ofrece la urna. Extiende las manos temblorosas y con la mano libre la ayudo a sostenerla, para que pueda llevársela al pecho, su cuerpo entero vibra, no soporto verla así, el alma se me desgarra al sentir su sufrimiento y no ser capaz de mitigarlo.

Susurra algo a la urna que no alcanzo a comprender y se la devuelve a su madre, la cual termina por colocarla dentro del espacio en la pared que él mismo escogió.

No veo lágrimas caer de sus ojos, sus espasmos cesan lentamente, pero no porque esté recobrando la calma, en realidad pareciera que no tiene más energía para llorar.

Escuchamos al sacerdote, que al terminar una letanía de consuelo que obviamente no cumple con su objetivo, esparce agua bendita sobre la cripta dando por finalizada la sepultura. Camila aún sin observarme sigue a su madre que ahora parece realmente afectada. Leo la sujeta del brazo después de que cruzamos por un instante la mirada con la que se asegura que yo me hago cargo de su hermana para salir del lugar.

Los escoltas toman sus posiciones, le pedí a Rojas trajera a más hombres para prevenir que algunos medios se acercaran, lo cual afortunadamente han logrado evitar. Al llegar al estacionamiento Gina se gira para enfrentarme, pero Leo la detiene.

Damián: No es el maldito momento. (Alcanzo a escuchar a la par que continúo llevando a Camila a la camioneta, una vez que sube gira el rostro evitando mi contacto visual).

Alonso: Cam, por favor, déjame llevarte a casa. (La furia por su negativa de hace unas horas ha desaparecido, ahora solo está presente la necesidad de protegerla, pero no me responde, no pronuncia una sola palabra ignorándome por completo. Pretendo insistir pero consigo ver a Leo acercándose siendo girado del brazo por la señora Camacho, la viuda del mejor amigo de Leonardo, ¡carajo! Camino hacia ellos pero antes de llegar, la viuda ya ha arremetido con una bofetada el rostro de Leo que se ha quedado congelado, la obligo a retroceder un par de pasos tomándola por los brazos). Señora Camacho, por favor, usted sabe lo difícil que es este momento para toda la familia.

Sra. Camacho: Lo sé, y también para ti, lo siento mucho, muchacho, Leonardo tuvo la suerte de tenerte a su lado, te quería como a un hijo, no como a ese miserable. (Sus palabras en lugar reconfortarme me irritan ya que Leo las está escuchando).

Alonso: Le agradezco que nos acompañara. (Nos despedimos y al girar me encuentro con el gesto impasible y la mejilla enrojecida del primogénito del viejo, me sorprende no encontrar un solo rastro de llanto en sus ojos, desde que arribó al hospital lo he visto desesperado, preocupado, incluso colérico, pero no existe pena o dolor en su mirada, sin embargo, es claro que libra un gran tormento y no es para menos). Lamento lo que ha dicho. (Me siento obligado a disculparme, es su padre el que murió y pese a que no es y nunca será de mi agrado, me ha demostrado el amor que tiene por su hermana).

Damián: ¿En serio? (Añade sarcástico). ¿Por qué habrías de lamentarlo?, es la verdad, a ti sí te quería como a un hijo. (Afortunadamente no espera una respuesta, si lo hubiese hecho no habría sabido qué decir. Avanza hacia la camioneta y va a cerrar la puerta de Camila cuando lo detengo).

Alonso: Dame un par de minutos con ella. (Dedica una mirada al interior de la camioneta, se coloca los lentes oscuros y sin responderme se aparta algunos pasos). Cam, por favor, bonita, déjame llevarte a casa. (Insisto desesperado).

Camila: Vámonos. (Ordena a Rojas que está frente al volante aún ignorándome).

Alonso: Cam, amor, mírame. (Suplico acercándome a su rostro).

Camila: ¡Arranca! (Grita congelando mis palpitaciones, obligándome a detenerme antes de llegar a tocarla).

Damián: ¡Apártate! (Exige disparando la rabia por mi torrente sanguíneo).

Alonso: ¡No te metas! (Espeto entre dientes).

Damián: ¡Vaya! Creí que el genio aquí eras tú. (El maldito tono sardónico me enerva, avanzo un par de pasos hacia él). ¿Qué demonios crees que haces?, voy a darme el gusto de romperte la cara, de eso no tengas duda, pero no hoy, mi hermana ya ha tenido suficiente. (Me froto la frente obligándome a respirar con profundidad, ¿qué demonios me pasa?, tengo que controlarme, yo no pierdo los estribos. ¡Con un demonio! Mi maldito celular vibra por enésima ocasión. Extraigo el móvil del saco y observo en la pantalla el nombre de uno de los accionistas de la empresa, pero no respondo, si llama para preguntarme alguna estupidez respecto a la presidencia soy capaz de mandarlo al demonio. Leo pasa a mi lado para cerrar la puerta de su hermana, ¡se va!, se aleja una vez más condenándome en vida con su ausencia).

Alonso: Leo. (Le hablo mientras rodea la camioneta). Cuídala.

Damián: Es mi hermana.

Con el comentario me deja claro que no es necesario que lo pida, lo hará, pero eso no le da una pizca de tranquilidad a mi alma. La pantalla del celular vuelve a iluminarse, ahora es el idiota de Adrián, los medios deben estar reventando los teléfonos de la empresa y saturando su *mail*. Ahora no tengo el temple para resolver el mundo de problemas que recaen sobre mis hombros, pero no hay nadie más, yo soy el rostro, la fuerza y el cerebro de la compañía ¡Maldita sea!, te dije que no te fallaría y no lo haré, viejo.

No sé de dónde demonios aparece Nancy pero trae el Ipad por delante, lo que significa como ya sé, hay mil y un cosas más por resolver.

Nancy: Licenciado, que bueno que lo veo, tengo varios recados para usted, pe-perdón, buenos días.

Alonso: No te preocupes, todo salió como Leonardo lo deseaba, sé que no has dormido, pero aún tenemos muchas cosas por resolver, te prometo que en cuanto tengamos un respiro, te subiré el sueldo y ni siquiera lo agradezcas, te lo has ganado. Ahora dame todos los pendientes mientras nos vamos a la oficina, no hay tiempo que perder.

Enmudezco mi pena enfundándome en el papel de ejecutivo, si no me quiere cerca, si no puedo cuidar de ella, al menos le cumpliré a Leonardo cuidando su empresa, además, si llego a poner un pie en el apartamento ahora, terminaré derrumbándome y no puedo permitírmelo. Como dicen: *Mantén siempre la cabeza fría, aun cuando el corazón esté ardiendo.*

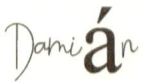

Damián

Oprimo la mano de mi hermana queriendo alejar mis propios demonios para concentrarme en ella. El aura rosa luminosa que siempre la rodea se ha desteñido quedando en un inmisericorde gris. Tiene la mirada perdida por la ventana, no hay sollozos, no hay lágrimas, lo que me alarma aún más, pareciera que se ha quedado sin energía, ¡no!, aun peor, pareciera que se ha quedado vacía.

Al salir del estacionamiento la oscuridad y la tormenta que combato por alejar se ve mitigada por un instante.

Damián: ¡Detente! (Ordeno a Rojas quien frena y se orilla de inmediato. Bajo de la camioneta y me acerco a Luna, a mi Calíope con paso tembloroso, el pulso acelerado y un montón de emociones reverberando por mi flujo sanguíneo que no consigo distinguir, necesitaba tanto verla y ahora-ahora está aquí, justo aquí, justo enfrente del malnacido que no la merece, al que ya había decidido no ver, al que había renunciado. La rabia me golpea ensombreciéndolo todo). ¿Qué carajos haces aquí? (Espeto entre dientes).

Luna: Damián yo-yo, lo siento mucho. (Intenta acercarse pero levanto una mano para detener su avance).

Damián: Te hice una pregunta.

Luna: Damián… (Susurra mi nombre claramente descolocada). Estuve tratando de contactarte, quería verte, estar contigo en este momento tan difícil.

Damián: ¿Querías verme? (Inquiero sarcástico). Te pedí durante días y noches impregnadas de tinieblas un poco de tu luz y me la negaste, ¿por qué carajos estás aquí ahora?

Luna: Damián, yo no podía, tú lo sabes, entiendo que ahora… (Interrumpo la absurda respuesta).

Damián: No, Luna, tú no entiendes, ¡no entiendes una mierda!

Luna

Los puños le tiemblan por la rabia, tiene la mirada cargada de rencor, ira y tormento. Estaba segura que se encontraría mal u ocultando sus sentimientos entre sarcasmos desfachatados y burlas oscuras, pero nunca me imaginé que reaccionara de esta forma, atacando cual animal herido.

El chillar de unas llantas contra el pavimento me obligan a apartar la mirada de sus pupilas, ¡ay no! Es Alonso.

Damián: No me digas. (Su rostro se transforma en una sonrisa amarga, casi siniestra). Es tu hermano, ¿cierto?, era lógico que estuviera en primera fila, ¿me vas a decir que no se te ocurrió?

Alonso: Luna, ¿qué demonios haces aquí? (Damián gira lentamente para enfrentarse a él).

Damián: ¡Carajo! Justo acabo de preguntarle lo mismo.

Alonso: Te advertí que no quería volver a verte cerca de ella. (Se acerca amenazante y la hermana de Damián baja de la camioneta).

Luna: Fui yo la que… (Damián me interrumpe).

Damián: Insistes en que me quite la maldita espina, ¡cabrón!, pero para tu tranquilidad, vino a dar el pésame, por lo tanto es obvio que al que busca, es a ti. (No comprendo qué quiere decir, pero la rabia se destiñe del rostro de mi hermano y antes que pueda responder, regresa a la camioneta con una tempestad sobre los hombros).

Luna: Damián, espera… (Pareciera no escucharme, sube a la camioneta a la par que su hermana sin siquiera mirarme, en cambio la rubia me observa por un instante con una mirada desbordada de tristeza que logra encogerme el pecho).

Alonso: No debiste venir.

Luna: Su padre acaba de fallecer. (Aclaro lo obvio, molesta por su reacción).

Alonso: Lo sé, pero él ya no es parte de tu vida. (Tiene razón, no es una parte, es quien le ha dado prácticamente sentido a mi vida). Súbete al auto.

Luna: ¿Qué quiso decir? (Evade mi respuesta, pero insisto).

Alonso: Yo era muy cercano a su padre, la relación de ellos en cambio, era prácticamente nula, pero eso no es asunto tuyo, no debiste venir dale vuelta a la página de una vez, vamos, sube al auto.

No le discuto, pese a lucir impecable como de costumbre, es claro que no ha dormido. Su asistente le enumera el montón de pendientes que deben realizar y Alonso le da sus comentarios respecto a cuáles son prioritarios y a cuáles personas debe llamar, pero sus voces parecen alejarse cuando mi mente viaja al lado de mi artista, se encuentra tan alterado, tan atormentado, como si quisiera despojarse de ese cuerpo que lo asfixia y al que llaman

Leo. Mi artista oscuro no soportará por mucho tiempo permanecer en este lugar, ahora menos que nunca, necesita regresar a su mundo, a su Parnaso…

Damián

Las paredes avanzan decididas dispuestas a aplastarme a gritos, con el llanto de la señora Camacho de fondo, decenas de miradas acusadoras y golpes que no bastaron para pagar mis culpas, incluyendo las de mi sangre.

Los fantasmas se han desatado, las sombras oscuras que con tanto esfuerzo enterré encadenadas en el fondo de una catacumba han sido liberadas con sus palabras, en su propio lecho de muerte el hijo de puta se aseguró de maldecirme para la eternidad.

Caigo de rodillas contra el césped al salir desorientado de la casa, inhalo, pero tengo que intentarlo una segunda ocasión con mayor intensidad al sentir que el oxígeno no llega a mis pulmones, la mano de la angustia y el terror se cierran sobre mi garganta. La armoniosa vida verde a mi alrededor se derrite como gotas pesadas de cera consumidas por el calor de un Apolo que nunca conoció límites y arrasó con lo que había a su paso, me encuentro perdido dentro de una inmensa obra de Dalí, siendo arrastrado por una gota deforme de tintas mezcladas. ¿¡Qué mierda estoy haciendo aquí?!

Esta casa es un calvario, todo-todo en ella me escupe a la cara las imágenes que me he esforzado por olvidar. El despacho donde descubrí que Leonardo había estafado a su propio hermano el 30% de las acciones que mi abuelo le había heredado; ese cinismo, la traición, la desfachatez con que no lo negaba, al contrario, le gritó a la cara que él no merecía ser dueño de CEMTY ya que prefería despilfarrar el dinero salvando animales cuando él se la vivía trabajando para hacer crecer la compañía. Con tan solo doce años entendía perfectamente de lo que hablaban, a los hijos de millonarios nos preparan desde muy pequeños para ser los próximos dueños de grandes empresas. Irrumpí aquella discusión lleno de rabia, de asco, exigiendo que le regresara sus acciones a mi tío, él con cariño me tomó por los hombros y me aseguró que recuperaría lo que le pertenecía, así tuviera que hundir a mi padre en la cárcel. Fue la última vez que lo vi. Era un tipo generoso, me hablaba siempre desde donde estuviera salvando ballenas o tortugas, hablaba más con él que con el propio Leonardo. No entendía por qué le hacía aquello, ¡era su hermano! Cuando nos quedamos solos en el despacho, no tengo claro qué le grité, debí tacharlo de ladrón, lo que recuerdo perfectamente fue cómo me calló, una bofetada no bastó, después de un puñetazo no me levanté, nunca antes me había golpeado, pero ni los golpes ni descubrir que era una rata asquerosa fueron la peor parte, la amenaza de no repetir lo que había escuchado si no quería terminar siendo hijo único fue lo que me arrebató la tranquilidad aun sabiendo que quería a mi hermana, ya que solo ella y mi madre recibían sus atenciones, la crueldad con que me amenazó, con los ojos celestes inyectados de sangre, los mismos que veo cada día frente al espejo, esa sed de poder, la avaricia sin límite... A partir de aquella noche, Morfeo me dio la espalda. Debía pedir ayuda, pero ¿a quién?, si horas después, la madre que poco estaba, pero aseguraba que yo era su más grande amor, apareció en mi habitación para curar mis heridas y asegurarme que Zambrano no volvería a ponerme la mano encima, siempre y cuando yo lo obedeciera, porque él hacía todo por nuestro bien.

Suelto una carcajada sin pizca de gracia ¡¡por nuestro bien!! Los dos eran un par de mentiras cubiertas de ropa costosa. La venda se cayó de mis ojos, el mundo repleto de comodidades se volvió carmín, estaba furioso, indignado, pero al poco tiempo falleció mi tío en uno de sus viajes, la causa; un accidente, la mirada de Zambrano me impidió pedir detalles.

Aún recuerdo que en su velorio el muy hijo de puta me aseguró que él quería a su hermano tanto como yo quería a Camila y que en mi silencio estaba cuidarla.

Estuve furioso, desilusionado, incluso avergonzado de que esa clase de personas fueran mis padres, pero hasta esa noche conocí el miedo, si era capaz de deshacerse de su hermano bien podría deshacerse de su hija.

Mi mundo se opacó, el carmín se destiñó y solo quedaron sombras. Abandoné las actividades en grupo y me retraje, lo observaba llegar a casa y desvivirse en cariños a mi hermana, ¡hipócrita!, no tenía una mierda que hacer ahí pero permanecía en la misma habitación solo para asegurarme que no la lastimara. Me levantaba de la cama por las noches para ir a su habitación a comprobar que estuviera bien, incluso acercaba la mano a su nariz para confirmar que respiraba, tenía miedo, miedo de que la desapareciera y terminara en un ataúd como mi tío, ella era pequeña, ruidosa, dulce y odiaba la oscuridad, los ataúdes eran oscuros, fríos y terminaban bajo tierra, ella no soportaría estar ahí encerrada, yo no permitiría que la alejaran.

¡Mierda! Con las manos temblorosas echo mi cabello hacia atrás, algo parece oprimirme el pecho ¡respira! ¡Carajo, Damián, respira!

Lo único bueno de aquel tormento por el que pasaba, fue que descubrí mi amor por la pintura, dibujaba y pintaba todo el tiempo, me relajaba, me ayudaba a no pensar en manos de quién estaba, pero su mirada terminaba apareciendo en mis pinturas sin darme cuenta, con su voz retumbando en mi cabeza para que no olvidara que debía mantenerme callado, fue ahí cuando aparecieron las malditas voces hostigadoras, las cuales no pretenden abandonarme.

Ellos reían y yo me pegaba a las paredes, ellos hacían fiestas y yo no conciliaba el sueño, ellos continuaban con su vida de mentira y yo me hundía en la oscuridad, me gustaba pintar paisajes, lugares abiertos donde no faltara el oxígeno como en esta casa, ¡esta maldita casa!

El garaje, recuerdo ir en busca de uno de mis caballetes, tendría alrededor de catorce o quince años, estaba lleno de autos lujosos a los que yo no prestaba atención, pero de uno de ellos provenían gemidos, ya no era un niño, busqué entre los autos, no debí, ¡con un demonio! Debí dar media vuelta y largarme, suponer lo que era aquello en lugar de verlo.

Me llevo el dorso de la mano conteniendo una arcada.

La vi, nuestras miradas conectaron, tenía a su hijo adolescente enfrente y no paró, la perra en celo siguió cogiendo con uno de los choferes, sentí las mismas náuseas que ahora me atacan. Como un imbécil caminé hacia atrás para salir de ahí y en el pasillo me topé a Zambrano hecho una fiera, caminando a paso apresurado hacia mí, me pegué a la pared para que pasara sin tocarme, él lo sabía, iba a encontrarlos y permanecí inmóvil esperando a que la bomba explotara, ese par al fin se enfrentarían, pero no hubo ni gritos, ni insultos, solo silencio ¿dónde demonios estaban los reclamos?

Leonardo regresó como el que regresa derrotado de una guerra, con la mirada baja y los hombros caídos ¿dónde estaba la furia de sus ojos? Esa que no me dejaba dormir. Al pasar frente a mí le pregunté si no haría nada, era su mujer la que estaba ahí revolcándose con otro como una golfa, esas que ella tanto criticaba y juzgaba en aquel grupo selecto de amistades, estaba ahí, viéndole la cara de imbécil en su propia casa.

Su respuesta me giró el rostro, me estampó contra la pared y volvió a amenazarme, no debía olvidar que la vida de mi hermana dependía de mantener la boca cerrada, eso incluía el no ofender a mi madre, porque ahí no estaba pasando nada, porque su mujer era incapaz de mentirle.

En ese instante no entendí qué mierda pasaba, pero al entrar a mi habitación con la mejilla todavía ardiendo me llené de rabia, mi madre no se cansaba de escupir veneno, era una maldita hipócrita, una golfa y su marido no solo era un estafador y posible asesino, era un maldito cobarde que prefería cerrar los ojos, a ser humillado, a quedarse solo, a perderla, ¡lo engañaba bajo su techo! Y aun así la adoraba.

Eran un par de jodidas mentiras, uno igual de repulsivo que el otro.

¡Respira! ¡Respira, Damián, respira! Ya no eres un niño y él ya no está, Hades debe estar encargándose de él, pero la maldita incertidumbre no desaparece, es este puto lugar, necesito salir de aquí. ¡Respira!, las pulsaciones que retumbaban aceleradas en mis oídos parecen perder velocidad.

La lengua y el sollozo de una regordeta bola de pelos sobre mi mano me extrae de mi propio inframundo ¡¡Camila!!, eso es lo que estoy haciendo aquí, necesito enfocarme en cuidar de ella si no quiero volver a sumergirme entre las penumbras abstractas de una realidad mentirosa.

Damián: Vamos a verla, seguro le hace bien abrazarte, Pechan.

Alonso

Nancy: Licenciado, ¿necesita algo más? (Pregunta con voz apagada al entrar a mi despacho).

Alonso: No, Nancy, ve a descansar, mañana será otro día complicado.

Nancy: ¿Usted no se irá?, también necesita descansar.

Alonso: En un rato más.

Miento y ella lo sabe. Han pasado setenta y dos horas del fallecimiento de Leonardo y solo he puesto los pies en el apartamento para ducharme e ir por ropa. Extraigo del cajón la vela aromática que he traído del apartamento para colocarla sobre mi escritorio y contemplar su llama danzar, muevo los dedos al compás de unas notas en mi cabeza. Eso siempre ha ayudado a relajarme, o al menos lo hacía.

En tres días he hablado personalmente, vía telefónica, videollamada o correo electrónico, con clientes, accionistas, empleados, proveedores, políticos y empresarios. He dado una maldita rueda de prensa para revistas y sitios web de economía, tanto nacionales como internacionales, todos queriendo saber lo mismo; qué causó la muerte del empresario Leonardo Zambrano, qué sucederá con CEMTY y por supuesto, quién ocupará la presidencia de dicho emporio cementero.

Me deshago del nudo de la corbata que pese a ser las nueve de la noche, todavía mantengo intacto. Camino rumbo al ventanal estirando los músculos, me duele el cuello, los hombros y espalda, no he dormido mucho y las pocas horas de sueño se han visto interrumpidas despertando por algún recordatorio de trabajo que mi maldito subconsciente no consigue olvidar por más que yo lo intente.

Me pregunto si el viejo tenía idea del mundo de responsabilidades que me caerían encima en cuanto partiera, siempre me aseguró que lo tenía todo planeado, supongo que eso incluía mi resistencia. Y sí, puedo con esto, estoy cansado, harto, pero puedo con esto, lo que no soporto es la desesperación y el desasosiego que su partida y silencio han traído.

Reviso el móvil una vez más, esperando ver algún mensaje que sé no está. Le he llamado y enviado mensajes mañana, tarde y noche sin obtener respuesta, sé que no ha salido de casa, lo que no me reconforta.

La imagino sumida en una tristeza incesante, una que apuñala la mía, una que daría lo que fuera por reconfortar, si tan solo pudiera acercarme quizá ya la habría convencido de regresar conmigo al apartamento, lejos de esas paredes que deben traerle cientos de recuerdos, pero su madre ha dado órdenes de no permitirme el acceso a la residencia.

¡Maldita serpiente! Solo espero que no continúe envenenándola, porque con lo que estoy casi seguro que se avecina, nuestra relación empeorará drásticamente.

Viejo, solo espero que no me hayas metido en una emboscada...

Damián

Apenas he logrado sacar a mi hermana de su habitación unas cuantas ocasiones para caminar en el extenso jardín, afortunadamente ahora luce diferente de cuando era niño, lo que seguramente me ha hecho menos desquiciantes las horas en este maldito lugar, aunque las últimas noches he salido huyendo en cuanto me aseguro que Camila se ha quedado dormida para perderme en algún bar y martirizarme en la habitación del hotel que ocupaba con Luna, mi Calíope, que no ha cesado en enviarme mensajes y yo me he resistido a abrir.

Nunca he negado mi locura, al contrario, la disfruto y me jacto de ella porque es real, pero el ser en que me estoy transformando mientras soy arrastrado en el huracán de mentiras, hipocresías, culpas y recuerdos, la necesidad de mis tintas y lienzos, me está evaporando, me está consumiendo y Luna, Luna no merece los retazos de un artista sin vida.

Camila: ¿No abrirás el mensaje? (Pregunta al verme con la mirada perdida en la pantalla del móvil, niego con la cabeza y lo regreso al bolsillo). ¿Es Luna? (Asiento intentando con un gesto restarle importancia). ¿Puedo saber por qué estás molesto con ella?, parecía preocupada cuando fue a buscarte al cementerio.

Damián: No estoy molesto con ella... (Estoy furioso y a la par, quisiera aferrarme a la luz de su mirada y los colores de su piel vibrando, resplandeciendo, elevándome en cuerpo, mente y espíritu a otro plano, uno al que las mentes mortales ni en sus mejores sueños lograrían imaginar, pero-pero no puedo, no cuando me maldigo y exonero, no cuando me flagelo y busco desesperado la superficie en medio de tanta porquería, estoy en guerra conmigo mismo y en las guerras siempre perecen inocentes).

Camila: Si la quieres deberías buscarla y ser feliz, la vida se nos va en un instante. (Añade con el tono de tristeza que parece no abandonarla).

Damián: Mira quién lo dice, don perfecto no deja de buscarte.

Camila: Es diferente, él me mintió, me traicionó, no puedo perdonarlo.

Damián: Ese cabrón y yo somos enemigos naturales, como Zeus y Hades, tarde o temprano le reventaré la cara, pero como dicen; el dinero, lo pendejo y el amor no se pueden ocultar y ese cabrón te quiere, estuvo volviéndose loco en el hospital.

Camila: Sí, me quiere, o al menos eso es lo que siento, pero no es lo que creo o no estoy segura, lo que sí sé, es que no me ama como quiero que lo hagan, no quiero a alguien a mi lado que valore más su trabajo que a mí. Alonso es un gran ejecutivo, sumamente profesional y lo admiro por eso, pero todo tiene un límite y lo que él priorizó sobrepasa los míos. Mamá desde que regresé me advirtió que él quería la presidencia de CEMTY, quizá no estaba tan equivocada.

Damián: Puede ser, tenemos que admitir que mamá sabe reconocer a los de su tipo.

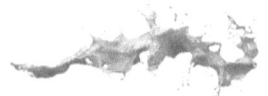

Regresando del jardín escuchamos los gritos de mi madre maldiciendo provenientes del despacho, al entrar cuelga la llamada telefónica en la que estaba.

Camila: ¿Qué pasa?

Gina: Mañana vendrá el notario a leer el testamento de tu padre y me ha notificado que no se puede leer sin la presencia del arribista de tu amante. (Grita furiosa y mi hermana se queda petrificada).

Damián: Supongo que hablas de Alonso.

Gina: ¿Acaso tienes otro? (El desdén con que la observa me molesta, pero es una expresión típica de mi madre).

Damián: Bueno, tú tienes prisa por que se lea ese testamento, así que tendrás que soportarlo.

Gina: Y lo dices así ¿tan tranquilo?, si su presencia es requerida es porque también es heredero de tu padre.

Damián: No veo por qué te sorprende, lo quería mucho más que a mí.

Escupo con mofa en un claro humor negro que parece no causarle gracia a nadie. Seguramente el que queda fuera de ese testamento soy yo, el dinero, las propiedades y las acciones de su maldita empresa me valen madre, pero por alguna maldita razón esa idea remueve los fantasmas en mi cabeza.

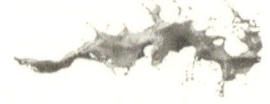

Alonzo

Gina le ha pedido como favor especial al notario que el testamento de Leonardo se lea lo antes posible, lo cual obviamente me fue notificado de inmediato, apenas ha pasado una semana de su muerte, pero seguramente le urge saber a cuánto asciende su fortuna y como me lo temía, requieren mi presencia para leerlo, lo único bueno es que podré ver a Camila. Las largas jornadas de trabajo y ese maldito silencio al que me ha condenado me tienen al borde de la desesperación, nunca me había costado tanto calcular cada movimiento en el trabajo, las miradas de todo el mundo están sobre mí y no puedo cometer un solo error.

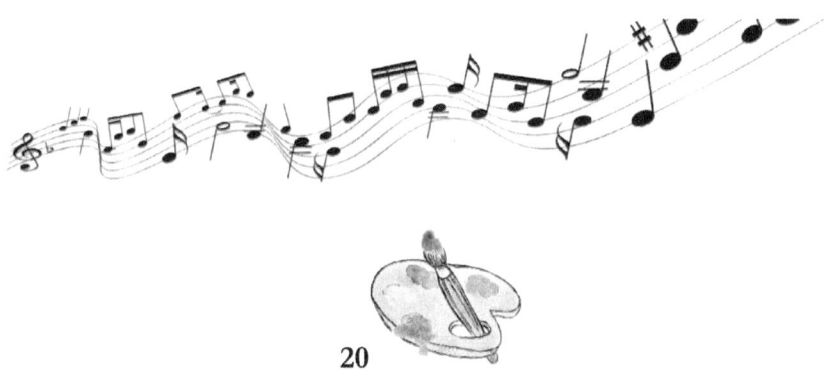

20

*"La música tiene encantos para calmar el pecho salvaje,
suavizar las rocas y doblar un roble"*
William Congreve

Alonso

Acomodo mi corbata frente al espejo, asegurándome que quede perfectamente bien alineada, agito el frasco de mentas y arrojo un par a mi boca, antes de salir rumbo a la mansión de los Zambrano.

El portón de la residencia tarda más de lo normal en abrirse, ya que los guardias de seguridad tenían órdenes de no dejarme entrar, pero una vez se han cerciorado que soy bienvenido, al menos en esta ocasión, me permiten el acceso.

El ama de llaves me pide espere en el despacho del viejo, se encuentra vacío, plagado de recuerdos, casi puedo verlo sirviéndose una copa al tiempo que declama alguna lección que no debo olvidar en los negocios y cortando un puro de esos que se permitía de vez en cuando, en los momentos en que celebraba alguna maldad entre risas graves, ¡carajo, viejo!, aún teníamos muchas cosas por hacer juntos, pero ¡no voy a fallarte!

Damián: Nostalgia, añoranza. (Me giro sorprendido por sus comentarios).

Alonso: No te escuché entrar.

Damián: No, eso suele ocurrir cuando uno está perdido en sus recuerdos, en tu caso, parecen ser de los buenos. (Me sorprende su deducción, quizá no es tan imbécil como creí, pero ese punto bueno se esfuma en cuanto extrae del bolsillo un cigarrillo para encenderlo).

Alonso: ¿Cómo ha estado tu hermana? (Pregunto ansioso por saber de ella, ya que no he obtenido de Rojas ningún dato, prácticamente no la ha visto).

Damián: ¿Cómo ha estado la tuya? (Contraataca con una sonrisa maliciosa y tono mordaz el muy hijo de puta, logro dar un paso hacia él, pero la llegada del notario detiene mi ataque, necesito controlarme ¡con un demonio! Necesito recuperar el aplomo, Gina me atacará con todo y no puedo caer en sus provocaciones. Saludamos al notario y poco después entra la señora Zambrano que me dedica una mirada asesina. Tras ella mi dulce Cam, sin lograr controlar mi necesidad por sentirla cerca, avanzo para saludarla).

Camila: Buenos días.

Detiene mis pasos con el frío saludo, esquivándome para tomar asiento en una de las sillas que se han dispuesto frente al escritorio. Luce más delgada que la última vez, las sombras bajo sus ojos son enormes y la palidez de su tez preocupante, pese que ha intentado ocultarlo con algo de maquillaje.

Estando todos los requeridos para leer el testamento, el notario comienza con la lectura del mismo.

Las cuentas bancarias son destinadas en un 60% a su hija y en un 40% a su esposa, su primogénito queda excluido de ellas. Con las propiedades sucede prácticamente lo mismo, a excepción de una preciosa quinta que siempre le admiré por las dimensiones y el buen gusto en que estaba diseñada. A él le encantaba, pero a su esposa le daba pereza visitarla, por lo que asistimos en pocas ocasiones para reuniones con personajes de alto nivel que requerían de total discreción. Además de un par de edificios de departamentos que construimos hace cinco años justo a un lado de un gran centro comercial, fue una gran inversión que lo animé realizar y aceptó, propiedad que en estos años le dio muy buenas ganancias y siempre aseguró que esos departamentos eran míos, ya que yo supervisé cada detalle, pero nunca esperé que me los heredara.

Gina: ¡Eso no puede ser! (Exclama con rabia).

Notario: Todo está perfectamente estipulado, señora Zambrano, permítame continuar.

Si pudiera, en este momento me ahorcaría con sus propias manos, creí que Leo compartiría su rabia, pero en realidad parece aburrido mientras bebe y fuma, como si estuviera siendo obligado a hacer acto de presencia, mientras que Camila se abraza a sí misma sin reparar en mi persona.

El notario continúa desglosando los bienes de Leonardo hasta llegar al 60% de acciones que le pertenecen de CEMTY, las cuales, divide en partes iguales para su viuda e hijos con un 20% para cada uno. El rostro del primogénito lo dice todo, es de desconcierto, realmente no esperaba que el viejo lo heredara, ¡es su hijo!, ¿cómo demonios pudo imaginarse que lo dejaría fuera?, aunque debo admitir que me sorprende que eso sea lo único que le ha dejado.

Notario: Hay una última nota que se me ha pedido leerles a ustedes y posteriormente a la junta de socios de la empresa Cementos Monterrey:

Por políticas de la empresa que presidí hasta mi último aliento, las cuales yo mismo acaté y muchas de ellas diseñé, el presidente interino debe ser el director administrativo, puesto, que en este momento se encuentra ocupado por el licenciado Alonso Torres, hasta llevar a cabo una reunión con todos los accionistas, los cuales deberán realizar una votación para elegir al nuevo presidente, cargo que se ocupará durante un año, cumplido este tiempo, los accionistas podrán reafirmar su decisión o proponer a otro presidente. Ya que en este momento no me encuentro entre ustedes y no puedo sufragar, les aconsejo, dada mi experiencia como presidente de esta compañía, emitan su voto a favor del licenciado Alonso Torres, los motivos son simples; no hay otra persona capacitada para ocupar dicho sitio, ha ejercido durante varios años como mi mano derecha, ha demostrado compromiso, liderazgo y conocimiento, ha cerrado contratos millonarios, conoce el mercado y a la empresa en todas y cada una de sus áreas. Esto se los digo como empresario, ahora, esto va como amigo: no permitan que la compañía fundada por mi familia y a la que he dedicado mi vida entera quede en manos inmerecedoras del gran privilegio y responsabilidad que conlleva presidir esta sociedad, no cualquiera tiene la habilidad y astucia, no cualquiera tiene el temple para tomar decisiones acertadas en momentos críticos, ninguno de los que está escuchando esto, tiene estas características, así que desistan de querer ocupar un lugar que no son capaces de llenar por necedades o estúpida ambición, no pongan en riesgo esta empresa que es el sustento de miles de empleados y disfruten de las ganancias que un profesional como Alonso Torres les hará ganar. Tómenlo como un consejo y mi última voluntad. Firma, Leonardo Zambrano.

Los puños me tiemblan y un nudo de emociones se ha atascado en mi garganta, ¡carajo, viejo!, presentía que me harías algo así, que me echarías a la cueva de los lobos, pero no me esperé esas palabras.

Gina: Mi esposo no pudo dejarle nada a este arribista, debió estar afectado por su enfermedad.

Notario: Nada de eso, señora Zambrano, Leonardo se encontraba en pleno uso de sus facultades mentales, yo certifiqué cada palabra aquí escrita.

Gina: Pero lo último es solo una sugerencia, aun así deberá llevarse a cabo la votación por la presidencia de la empresa, ¿cierto?

Notario: Por supuesto, los lineamientos de CEMTY deben cumplirse.

Gina: Sabías lo que se leería esta tarde, tú debiste manipular a mi esposo, pero no cantes victoria todavía, no permitiré que te quedes con ese puesto. (Arremete encarándome a unos cuantos centímetros de distancia, pero no me inmuto, hago alarde del temple que el viejo acaba exponer).

Alonso: Usted es accionista, yo un simple empleado, emita su voto en la junta como mejor le convenga, señora.

Gina: ¡Imbécil! (Desaparece hecha una fiera, el notario se despide y Camila huye del despacho, pero alcanzo a detenerla antes de subir las escaleras).

Alonso: Espera. (Le pido sujetándola del brazo). Tu silencio me está volviendo loco.

Camila: No entiendo qué quieres que te diga, creo que fui muy clara la última vez que hablamos.

Alonso: No me has dado la oportunidad de explicarme, además-además necesito saber cómo te encuentras. (Suspira resignada al darse cuenta que no puede librarse de mí).

Camila: Estoy bien, al menos eso creo y no tienes nada qué explicar, tengo todo muy claro.

Alonso: No, no es así, yo no te mentí y por supuesto no tenía idea de lo que se leería en el testamento.

Camila: Pero lo intuías, ¿cierto?

Alonso: No te lo voy a negar, conocía muy bien a tu padre, pero si tú lo conocías siquiera la mitad que yo, sabes perfectamente que era imposible manipularlo.

Camila: Lo que me queda claro es que te quería mucho. (La voz se le quiebra e intento abrazarla, pero no me lo permite). ¿Qué se siente estar a unos pasos de cumplir tu meta de ser presidente de la compañía? (La saña con que lo dice me desconcierta tanto como me enfurece).

Alonso: Te amo, me he estado volviendo loco por llevarte conmigo, pero no te permito que me ofendas.

Camila: Pues vete, como sabes, no eres bien recibido en la casa de mi madre. (Sube un par de escalones pero vuelvo a detenerla por el brazo).

Alonso: Camila, por favor. Yo-yo entiendo perfectamente por lo que estás pasando.

Camila: No, ¡no lo entiendes! (Asegura aumentando el tono de voz).

Alonso: Yo quería a Leonardo como a un padre.

Camila: Pero no lo era, ¡¡¡era mi padre!!! Y fuiste tú el que pasó a su lado momentos en los que yo debí apoyarlo, fuiste tú el que lo acompañó a recibir los tratamientos cuando era yo, su hija, quien debía sostener su mano y darle los medicamentos, fuiste tú el que lo escuchó y me despojaste de esos momentos que de haber sabido podían ser los últimos, hubiese pasado a su lado para brindarle todo el amor que le tengo, porque las horas que sostuve su mano mientras la muerte me lo arrebataba, no me bastaron. Me robaste minutos invaluables que de saber que no se repetirían, hubiese aprovechado, ¡tú! ¡Tú que dices amarme, hurtaste lo más sagrado que tenía! Te hubiese dado la presidencia, las acciones, la compañía entera, a cambio de esa verdad que tan celosamente guardaste, ¡¡¡era mi padre!!! Y ya nada va a devolvérmelo. (Me petrifica el dolor y desprecio con que me grita a la cara su sufrimiento). No tenías derecho, Alonso, no lo tenías… (Una punzada aguda me atraviesa el pecho, su imagen parece desvanecerse y cuando alcanzo a reaccionar ya se encuentra en la cima de la escalera sollozando).

Damián: Ni un escalón más. (Escupe amenazante cuando intento ir tras ella).

Alonso: Es mi mujer. (Asevero entre dientes).

Damián: Lo era, del verbo no te quiere cerca, sinónimo de ya te mandó a la chingada. (Lo embisto bajando colérico los pocos escalones que nos separan tomándolo por la camisa). ¿Qué harás? (Exhalo con fuerza y lo suelto controlando las ganas de romperle la cara). Eso creí, ahora vete, como te habrás dado cuenta, ya le hiciste suficiente daño.

Alonso: El dolor le impide ver la situación desde todos los ángulos. (Esbozo torpemente, deseando callar con el estúpido argumento la ponzoña de mi conciencia. Alcanzo a ver su puño atacar mi rostro, podría detenerlo, pero no lo hago, es lo menos que merezco, recibo un segundo golpe en las costillas que tampoco detengo).

Damián: Escúchame bien, imbécil, mi hermana no es estúpida. (Ahora es él quien se aferra a las solapas de mi saco).

Alonso: Lo sé, no fue eso lo que quise decir. (Me suelta asqueado, con rabia, pero no tanta como la que yo mismo me profeso).

Damián: Si no continuamos con esto, es por ella y por Luna. (No esperé ese comentario). Usa todo ese profesionalismo, habilidad y conocimiento del que te vanaglorió Zambrano y retírate, seguramente es poco el tiempo que te queda para convencer al resto de los accionistas para que voten por ti.

Alonso: Nunca me ha interesado la presidencia de CEMTY.

Damián: Y sin embargo, pelearás por ella… ¿O me equivoco?

Alonso: Es la última voluntad de tu padre.

Damián: Claro y, tú, como su *no hijo* no piensas defraudarlo, yo no soy un genio en finanzas, pero hasta donde entiendo, en esta casa hay un 60% de votos y ninguno parece favorecerte, nunca creí estar en una junta de accionistas, pero esta será interesante.

La cautela y veneno bañando cada palabra hacen honor a sus genes, no es el pobre imbécil que creí.

Me acomodo el saco y la corbata, recomponiéndome, recobrando mi postura erguida a la par que nos desafiamos con la mirada, aun sabiendo que en este caso tiene razón, tanto con su hermana como con la empresa, sin embargo no le doy el gusto de verme salir derrotado.

Alonso: Lo será, de eso puedes estar seguro.

Salgo de ahí disimulando la molestia que escuece mi costado a cada paso, pero después de lo que Camila me ha gritado a la cara, es el menor de mis malestares. Debería regresar a la oficina, pero no tengo cabeza, la culpa me impide hilar un solo pensamiento coherente, el dolor, su pena, el desasosiego, la incertidumbre, necesito-necesito perderme de este mundo, necesito enmudecer estos sentimientos que están a punto de implosionar en mi pecho.

Llegando a casa tomo las llaves que celosamente guardo en el buró de mi recámara, junto con una vela aromática esperando que, un poco de aquello que oculto en la última habitación del apartamento, me brinde algo de consuelo.

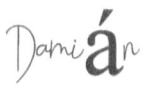

Damián

Continúa insistiendo, enviando fotos de mis propios escritos y de las pinturas que ha estado realizando ¿qué carajos pretende?, ¿martirizarme mostrándome lo que ella crea y da vida mientras yo destruyo y muero?

*Damián: ¿Qué demonios quieres? Tú eres la que pedía a gritos me alejara, ¡concedido!, abandóname en mi tormentosa oscuridad y continúa con tu luz en este mundo en el que el Apolo que conociste se consume lentamente y el humano moribundo es arrastrado a los infiernos.

*Luna: Por favor, Damián, déjame acompañarte.

*Damián: Ya es muy tarde, Calíope, solo quedan sombras del que dejaste, la realidad que tanto valoras me ha sumergido en espesas penumbras, no hay salida y lo único que conseguiría sería arrastrarte a ellas.

*Luna: Estoy dispuesta a ser devorada, claudicaré en sus garras, siempre y cuando me encuentre a tu lado.

Releo el último mensaje sin poder responderle, está dispuesta a sacrificarse, a adentrarse en el inframundo por la chispa apagada de un Apolo esclavizado, como Alcestis lo hiciera por Admeto, me pregunto si Perséfone, diosa del inframundo, intercederá por Luna como lo hizo con Alcestis.

Alonso

Gina ha exigido se realice la junta con los accionistas lo antes posible, la que ha sido retrasada únicamente debido a que un par de ellos se encontraban fuera del país y, por norma, se requiere la presencia de todos.

Han transcurrido tres semanas extenuantes, ya venía realizando el trabajo de Leonardo y el mío, pero con los ojos de todo el mundo puestos sobre mí, la presión es apenas sostenible, sobre todo en reuniones de negocios disfrazadas de eventos sociales, donde pretenden comprarme con simpatías hipócritas o intentan sacarme información como si yo fuera un huerco baboso al cual pueden jugarle el dedo en la boca. *Quien no tiene enemigos, es porque no es poderoso*, decía el viejo y yo en estas semanas ya me he ganado a un par.

Continúo escribiendo a Camila sin obtener una respuesta, su silencio me envenena la sangre y saberla deprimida me arrebata las fuerzas.

Cada vez que me pregunto si ocupar la silla de presidencia vale la pena, la promesa que le hice al viejo salta en respuesta, pero la posibilidad de renunciar y con ello lograr que Camila regrese a mis brazos, combate con su imagen en aquella cama de hospital. Las palabras que plasmó en el testamento. La petición de cuidar y amar a su hija. Juro que no hay nada que desee más, pero ¿cómo demonios cumplir con ello sin defraudarlo?

La llamada de Rojas interrumpe mis cavilaciones de cada maldito día, me informa que Leo acaba de entrar a la habitación de hotel que aún mantiene, no entiendo por qué la conserva, pero acude con regularidad, generalmente después de tomarse unos tragos en cualquier cantina de mala muerte. Esta ocasión me dirijo hacia allá, al parecer no ha bebido y necesito hablar con él sin alcohol en su sangre de por medio.

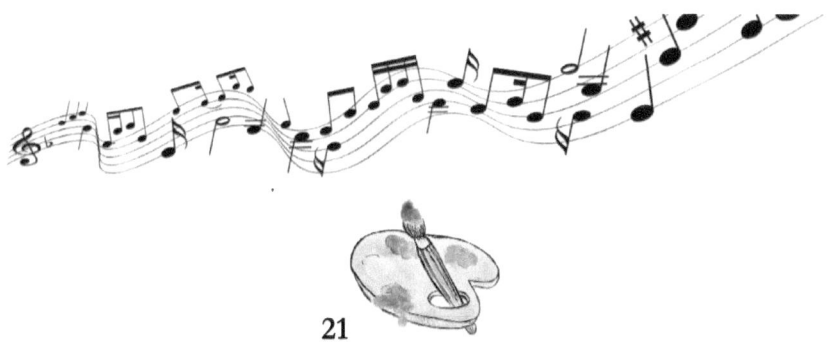

21

"Una obra de arte que no comenzó en emoción no es arte"
Paul Cezanne

Alonso

Tengo que tocar en varias ocasiones para que abra la puerta, no me sorprende que no me oyera, con el estruendo de las guitarras eléctricas y batería que escucha.

No porta camisa, se encuentra descalzo y sostiene una copa de vino, el cual espero aún no haya entorpecido su sentido común.

No parece demasiado sorprendido de verme, en cambio, es claro por su mirada que si pudiera apuñalarme, lo haría. Me da el paso en silencio, apartándose de la puerta.

Damián: Te ofrecería algo de beber pero solo tengo alcohol y es bien sabido que don perfecto, no bebe.

Alonso: Te lo agradezco, así estoy bien. (Baja el volumen del *rock* para lograr hablar sin tener que esforzar la garganta).

Damián: Supongo que fue uno de tus sabuesos quien te dio mi ubicación.

Alonso: ¿Siempre supiste que te seguían?

Damián: Fuiste adiestrado por Zambrano, además, no son muy hábiles.

Alonso: Nunca les pedí que se ocultaran, solo que resguardaran tu seguridad a distancia, ya que te negaste a su protección.

Damián: Será porque no la necesito.

Alonso: Y sin embargo la tendrás. (Lo sigo hasta la terraza, de donde toma una cajetilla de cigarros para encender uno. El maldito olor del tabaco consumiéndose tras una larga bocanada me carcome las fosas nasales, asqueándome con la misma intensidad que su gesto de placer al hacerlo. Sobre la mesa hay una libreta con escritos, lápices, un pequeño cuadro recién comenzado, con trazos ligeros, pinceles y acuarelas).

Damián: No viniste a contemplar mi pérdida de tiempo, como lo llamaba Zambrano, una opinión que obviamente tú compartes, así que escúpelo, ¿por qué crees que lo haría? (Me sorprende su pregunta).

Alonso: Por qué creo que harías ¿qué? (Suelta una risa maliciosa antes de dar un trago a su bebida).

Damián: En verdad crees que soy imbécil, fui criado en esta mierda que tú disfrutas y yo detesto. Un tipo como tú no renunciará a la presidencia de una compañía de la envergadura de CEMTY, ese puesto es la maldita joya de la corona, más para un lacayo sin apellido ni riqueza. No es física cuántica, si todos los accionistas minoritarios votaran por ti, que lo dudo, porque como debes saber, hay uno que se propondrá para el puesto apoyado por mi madre, tendrías solo el 40% de las votaciones. La señora Zambrano ni volviendo a nacer votaría por ti, lo cual he de admitir, me intriga, y Camila no quiere saber de ti, además continúa resguardada tras las enormes murallas de la residencia a la que tienes negado el acceso. Solo te quedo yo, al que le diste una golpiza a traición y le arrebataste a su musa. (Reprimo la ira que me provoca el que mencione a mi hermana con ese sobrenombre. Es momento de actuar con la cabeza fría, no le voy a dar el gusto de sacarme de mis casillas. Me impresiona la deducción a la que ha llegado el muy hijo de puta, tanto como me insulta la razón por la que cree que deseo ese puesto).

Alonso: Tienes razón, creía que eras un imbécil. (El gesto relajado se le contrae). Me satisface saber que me equivoqué. Pero son erróneos los motivos que deduces me llevan a esa meta.

Damián: Por supuesto, quieres cumplir con la última voluntad de Zambrano, para no dejar la empresa a la que dedicó su vida en manos de alguien inmerecedor de dicho privilegio, ¿cierto? (Añade con sorna retomando las palabras plasmadas en el testamento. Me enfurece que se burle y menosprecie la petición del viejo).

Alonso: No te dolió su partida. (La mirada sagaz y desafiante se empaña de tormento).

Damián: ¿Por qué habría de dolerme?

Alonso: Era tu padre. (Declaro lo obvio) y un gran hombre.

Damián: ¿¿¿Mi padre??? Fue más padre tuyo que mío, para mí solo fue un maldito impostor, juez y verdugo.

Alonso: ¿Y qué esperabas? ¿Que te recompensara por estar cayendo en picada en medio de tanta mierda que te metías? (Suelta una risa burlona).

Damián: ¿Crees que nuestras diferencias comenzaron por las porquerías que me metía? No tienes una jodida idea de lo que estás hablando.

Alonso: Yo vi… (Me interrumpe colérico).

Damián: Tú viste lo que él quiso que vieras, igual que los demás, viste a un padre preocupado porque su hijo, su primogénito, el que debía ser su orgullo y seguir su maldito ejemplo, como tú, era una decepción… a mí me gustaba perder el tiempo pintando estupideces, aspirar polvo, escuchar *rock* y fumar hierba. (Se frota el rostro y da un sorbo a su bebida recobrando la compostura). Si venías a convencerme de votar por ti, no vas por muy buen camino. (¡Estúpidos niños ricos!, ¿no estuvo en sus juegos de *soccer*?, ¿no lo fue a ver en sus obras de teatro de la escuela?, le exigió buenas notas y que estudiara una licenciatura decente para que pudiera trabajar en la empresa familiar, ¿ese fue su maldito pecado?, lo tenía todo y todo lo mandó a la mierda por sus jodidos vicios).

Alonso: Los problemas entre tu padre y tú, no me interesan. Y sí, vine a pedir que votes por mí.

Damián: Lo que nos lleva de regreso a la maldita primera pregunta que te hice, ¿no tienes trabajo o con quién ir a coger?, si a ti te gusta perder el tiempo con gente indeseable a mí no, responde, ¿por qué lo haría? (Tiene la ponzoña de su madre y la frialdad del viejo, negociar con él será más difícil de lo que creí).

Alonso: Omitiré los puntos que tu padre ya mencionó en su testamento.

Damián: Haces bien, me vale madre si CEMTY crece, se mantiene o se va a la mierda.

Alonso: ¿En verdad? Son tus millones los que están en juego.

Damián: Desde que tu mentor me exilió, dejé de vivir de lo que esa empresa produce.

Alonso: Y de dónde crees que ha salido el dinero que tu madre te ha transferido mensualmente todos estos años.

Damián: No he tocado un solo centavo de ese dinero. No estás tan bien enterado como supones. Y me importa una mierda si me crees o no. (Eso tendré que comprobarlo).

Alonso: No es solo tu fortuna la que está en juego.

Damián: Con los bienes y el dinero que recibieron Gina y Camila, tienen para vivir ellas y un par de generaciones más sin siquiera mover un dedo. ¿Tienes algún maldito argumento de valor? ¡Oh, vamos! Saca a flote tus diplomados y doctorado en negocios empresariales. No me hagas dudar del increíble curriculum que debes tener. Eso hacías con Zambrano, ¿no? Cerrabas contratos millonarios, ¡¡¡impresióname!!! (Hijo de puta, el cabrón sabe que me tiene agarrado de las pelotas y lo está disfrutando).

Alonso: Una vez ocupe la presidencia, además de encargarme de que siga creciendo abriendo una nueva sucursal en Saraburi, Tailandia, me comprometo a entrenar a tu hermana para que en la próxima votación, esté preparada para pedir la presidencia. (No se lo esperaba, cumplida tu petición cabrón).

Damián: ¿Y a ti quién te dice que a mi hermana le interesa ese puesto?

Alonso: Leonardo me apreciaba, sí, pero no soy su hijo, sé que lo que en realidad hubiese deseado, es que uno de ustedes ocupara ese puesto, como él ocupó el de su padre.

Damián: ¿No te ha quedado claro que me importa una mierda lo que él deseara?

Alonso: Tan claro como sabes que la percepción de tu hermana por su padre es todo lo contrario, lo amaba y él a ella. Sé que a Camila le interesa honrar su memoria y cuidar del legado que él le ha dejado. (Medita mis palabras por varios segundos).

Damián: Camila no estudió finanzas.

Alonso: Yo no estudié mercadotecnia, ingeniería industrial, civil y demás profesiones, pero he debido aprender lo necesario de cada una para cumplir con mi puesto sobre la marcha. Camila es inteligente y tenaz. Le enseñaré todo lo que me enseñó tu padre, posiblemente no esté lista para manejar la compañía en un año, pero tendrá el puesto y yo permaneceré a su lado para guiarla.

Damián: ¿Por qué habrías de cederle el puesto que tantos años te ha costado conseguir?

Alonso: Te repito, nunca desee la presidencia.

Damián: Claro, y eso te daría puntos con mi hermana, además de asegurarte de tenerla a tu lado al menos durante un año, tiempo suficiente para reconquistarla. ¿No será que lo que en realidad estás buscando es la gallina de los huevos de oro? (Enfurecido por lo que insinúa, lo tomo por el cuello para estamparlo contra el ventanal).

Alonso: Mantengo una relación con tu hermana desde hace más de un año, le propuse matrimonio y aceptó, planeamos una vida juntos con el hijo que perdimos, daría mi maldita vida por evitarle el dolor que está padeciendo. Te condono que dudes de mis intenciones con la empresa aun cuando investigando no habrá un solo dedo que me señale, me he ganado cada centavo y cada peldaño avanzado con esfuerzo, dedicación y trabajo. Pero no te permito que dudes de mis intenciones con Camila. (Lo suelto lentamente apartando la mirada de sus pupilas coléricas, mi pecho sube y baja descontrolado por la rabia, ¡no puedo perder la cabeza ahora! Un silencio incómodo embarga el lugar).

Damián: Entremos, evitemos la tentación de arrojar al otro al vacío. (Es ingenioso, tengo que admitirlo. Al acceder, cierra el ventanal tras de sí). A nuestras hermanas no les gustaría. (Hijo de puta). ¿Y? ¿Yo qué gano?

Alonso: ¿A qué te refieres?

Damián: Supongamos que accedo, ganas la presidencia, entrenas a mi hermana, ¿y? ¿Yo qué gano?, sin mencionar que nada me asegura que tú realmente la prepares para tan distinguido honor.

Alonso: Tienes mi palabra, además, en un año se realizará una nueva votación, ustedes tienen el 60%, no importa quién se interponga, tienen la última palabra.

Damián: Continúo sin saber qué obtengo de eso.

Alonso: ¿Qué demonios quieres? ¿Las propiedades que me dejó tu padre?

Damián: Para comenzar, que dejes de llamarlo mi padre y tus propiedades no me interesan. Quiero tu aprobación en las decisiones de Luna. (Oprimo los puños instintivamente).

Alonso: No vayas por ese camino.

Damián: ¿Por qué no?, tú me estás pidiendo que te permita acercarte a la mía, yo solo que apoyes las decisiones de la tuya.

Alonso: Te advertí que no te le acercaras.

Damián: ¡Mírame!, ¿crees que soy el tipo de hombre que escucha advertencias?

Alonso: Mi hermana no está en venta. (Aclaro entre dientes).

Damián: La mía tampoco.

Alonso: Hay una maldita enorme diferencia.

Damián: ¿Cuál?

Alonso: Yo no le he mentido ni traicionado.

Damián: ¿En serio? Creo que ella tiene una percepción muy diferente, de hecho, hasta donde entiendo, por eso te mandó al carajo.

Alonso: No hay comparación, te la llevaste a vivir contigo siendo una niña, no fuiste capaz de siquiera darle tu nombre y la engañaste en su cara. (Si continúa por ese camino terminaré enviándolo de regreso al hospital).

Damián: Ya era mayor de edad, que tú quieras seguirla viendo como una niña es cosa tuya, pero te aseguro que no lo es, hemos vivido juntos por más de un año y no manejo el nombre de Leo desde hace seis años, además, pensaba revelarle la verdad esa noche, iba a presentarle a Camila y lo del engaño... bueno, eso solo fue un malentendido.

Alonso: No te acercarás a mi hermana, no quiero a un maldito drogadicto a su lado.

Damián: Eso puedo entenderlo, pero te aseguro que tengo cinco años limpio.

Alonso: ¿A eso le llamas estar limpio? (Hago un gesto señalando el alcohol y tabaco).

Damián: Esto, es legal, que tú seas un pobre aburrido no es mi culpa.

Alonso: Que te quede claro, no enredarás a mi hermana en tu mundo de porquería.

Damián: Tu mente cuadrada de números, proyecciones y dólares, no tiene la capacidad siquiera de fantasear con el maravilloso mundo que envuelve el arte.

Alonso: ¡Al carajo con tus patrañas!

Damián: No te estoy pidiendo que aceptes nuestra relación, quizá ella no quiera regresar conmigo, quizá... solo quiera estudiar arte y tú deberás apoyarla.

Alonso: No voy a permitir que arruine su vida con esa mierda y mucho menos que te le acerques.

Damián: No aprendiste la lección, ya la perdiste una vez.

Alonso: Lo importante es que no se le olvide a ella todo lo que lloró por enredarse con un parásito que se hace llamar artista. (Avanzo hacia la puerta antes de terminar dislocándole la quijada de un puñetazo).

Damián: No tan rápido, no hemos terminado.

Alonso: ¿Tienes alguna otra petición?, porque esa está descartada.

Damián: Lo que tengo es una duda que vas a aclararme. (¿Ahora con qué me va a salir?, regreso frente a él con la pequeña mesa desayunadora interponiéndose entre nosotros, lo único que nos recuerda que debemos tener los puños controlados). ¿Por qué te detesta tanto Gina? Y no me salgas que es por tu relación con mi hermana, te odia desde mucho antes, ¿por qué?

Alonso: Tu pad-Leonardo, no solo me dio empleo, simpatizamos, en poco tiempo me llevó a trabajar a su lado y cuando tú te fuiste, ya no solo era su mano derecha, nuestra relación se estrechó. Tu madre asumió que me estaba dando el lugar que por derecho te correspondía, desde entonces entre mejor hablaba Leonardo de mí, el rechazo de tu madre se incrementaba.

Damián: Creo que ya habíamos acordado que no soy imbécil, ese cuento te lo pudo creer mi hermana, a ella le gusta ver la bondad de las personas, yo veo lo que son… ¡Habla! (Exige con los puños sobre la mesa). De todas formas, ya perdiste la presidencia.

Alonso: Te advierto que no te gustará.

Damián: Nada de lo que he escuchado desde que regresé me ha gustado y te aseguro que es jodidamente difícil sorprenderme.

Alonso: Tu madre intentó seducirme. (Suelto como se lanza un golpe bajo, lo sorprendente es que no se inmuta). Me negué acostarme con ella, no porque no me atrajera, sino porque no traicionaría al viejo después de la gran oportunidad que me había dado al permitirme trabajar a su lado, además, le debía mucho. Gina se enfureció, al parecer nadie se resistía a sus encantos, me amenazó asegurando que conseguiría que Leonardo me despidiera, que solo necesitaba tronar los dedos para que su esposo la complaciera. Yo sabía que no exageraba, tenía comiendo de la mano a su marido, así que a los pocos días provoqué un encuentro con ella obligándola a hablar, volvió a amenazarme, a exigirme que me encamara con ella, solo que en esa ocasión la grabé, por eso no pudo hacer nada. Aún tengo la grabación.

Damián: Ese fue un movimiento inteligente. (Añade con la mirada perdida). Y nunca se lo dijiste a Zambrano.

Alonso: No, la amaba demasiado, aun con las pruebas me habría despedido.

Damián: Sí, lo hubiera hecho.

Alonso: Hace unos meses, cuando tu madre se enteró de mi relación con tu hermana, le mintió deformando la realidad. Le dijo que fui yo quien intentó seducirla y que esa era la razón de su odio hacia mí, propició un encuentro y me hizo hablar, en esta ocasión fue ella la que me grabó y mostró parte de la conversación a tu hermana, ¡la muy...! (Me muerdo la lengua al recordar que es de su madre de quien estoy hablando). Estuvimos separados un tiempo, pero lo superamos.

Damián: ¿Le mostraste la grabación a mi hermana?

Alonso: No, *las armas son instrumentos fatales que solamente deben ser utilizadas cuando no hay otra alternativa.*

Damián: *El arte de la guerra*, no solo lees números, interesante.

Alonso: Camila había estado buscando acercarse a ella, mejorar su relación, escuchar aquello le habría hecho mucho daño. (Me observa meditando cada palabra, lo que aquí no cuadra es...). ¿Por qué no pareces sorprendido?

Damián: Será porque no lo estoy, te he dicho que mis problemas con Zambrano no comenzaron por fumar hierba y no me largué de esta basura solo porque a él se le hincharan las pelotas, me habría largado de todas formas, no soportaba más la peste hipócrita perfumada de marcas costosas, morales dobles y bellezas huecas. (Da un nuevo sorbo a su copa acallando con el licor su rabia, frota sus ojos como queriendo desaparecer los recuerdos). Sabes, quizá vote por ti.

Alonso: No es suficiente para ganar, necesito que convenzas a Camila de hacerlo también.

Damián: ¿No quieres que te la mame o te ceda mis acciones?

Alonso: ¡Idiota!, el representante de la familia Ibargüengoitia tiene 15% de los votos de los accionistas minoritarios, más los de tu madre, yo tengo al otro 25% más el tuyo, el voto de Camila será el decisivo.

Damián: No necesito que aceptes nuestra relación, solo que apoyes sus decisiones, que confíes en ella. Luna no solo te quiere, te respeta, no quiere volver a fallarte, no la hagas sentir así, puede ser una cruz muy pesada. Luna es decidida, valiente, no tienes derecho a cortarle las alas.

Alonso: Es inteligente, volará en el cielo que se proponga.

Damián: Creí que la querías.

Alonso: Luna es más que una hermana para mí, no serás tú quien ponga en tela de juicio mi cariño por ella.

Damián: Entonces no la obligues a ser infeliz.

Alonso: Te aseguro que será feliz, lejos de ti. (Doy por terminada esta maldita conversación caminando hacia la puerta, pero una vez que tengo la mano en el picaporte, vuelve abrir la boca).

Damián: En algo estamos de acuerdo, merece a alguien mucho mejor que yo. Tú darías tu vida por mi hermana, yo en cambio, le he estado dando mi muerte desde que la perdí.

Sus palabras me congelan, al girar el rostro lo observo caminar derrotado de regreso a la terraza, beber de su copa y tomar el pincel.

Salgo de ahí con un montón de emociones chocando entre ellas, y varias dudas que posiblemente jamás se resuelvan. Lo que me queda claro, es que ha demostrado no ser un imbécil, y pese a lo que creía, quiere a Luna, de no ser así, no habría abogado por ella. De igual forma no es relevante, sigue siendo un jodido vicioso aun sea cierto que tiene años limpio. Fuma y bebe sin parar y cualquier día recae en las drogas. Luna merece mucho más que eso, lo lamento por él, no parece pasarla bien, pero mi hermana es primero.

¡Mierda!, suelto el acelerador por la molestia que me provocan las luces de una camioneta. ¡Carajo! ¡Ahora no!, en dos días es la maldita junta.

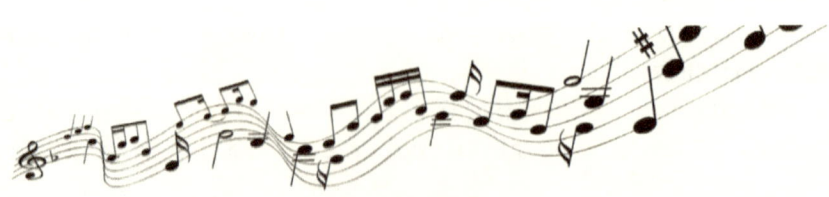

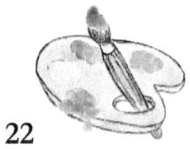

22

"La música constituye una revelación más alta que ninguna filosofía"
Beethoven

Damián

Abrazo a Camila al verla escurrirse a la esquina del ascensor cuando cuatro personas más entran en él.

Damián: Tranquila, no pasa nada.

Susurro a su oído y ella asiente con la mirada perdida en el suelo, no tenía idea que aún le pusieran mal los ascensores. Al llegar al último piso parece querer cercenarme la mano de la fuerza con que me presiona. Comienzo a creer que su nerviosismo no es solo por el elevador. La junta y estar a unos pasos de volver a ver a Alonso también la afectan.

Mamá ha dado por sentado que votaremos por su elegido, un tal Eduardo, no le di mi opinión al respecto, no tenía caso comenzar una revolución.

Camila se sorprendió cuando le toqué el tema, argumentando que nunca creyó me interesara quién ocupara ese puesto y no se equivocó, no me interesa, pero mi espíritu *chingativo* es difícil de callar, igual que las voces y los demonios en mi cabeza.

Encontramos a todos los representantes legales de los accionistas minoritarios, personas que no veía desde niño y me saludan como si en verdad les diera gusto verme. Sería insoportable vivir rodeado de toda esta basura. Gina nos presenta al tal Eduardo Assad, el contrincante de Alonso, sin esforzarse en disimular la buena relación que tienen, lo cual me indica que seguramente ya se lo llevó a la cama.

Damián: Creí que don perfecto sería puntual, son ya las cuatro de la tarde.

Socio 1: Generalmente es muy puntual, no debe tardar. (Debo reconocer que la vista del Cerro de la Silla desde aquí, es impresionante).

Alonso: Buenas tardes. (Irrumpe con el ceño fruncido y cara de no haber pasado muy buena noche, con unas carpetas entre las manos, colocándose en la cabecera de la mesa. Todos exceptuando mi madre y yo se apresuran a tomar su lugar, incluyendo Camila). Nancy, cierra un par de persianas por favor. (La señorita se apresura a obedecer). Como saben, esta junta es para elegir al nuevo presidente de la compañía, debido al lamentable fallecimiento de Leonardo Zambrano, el cual dejó junto con su testamento unas cuantas palabras que deseaba se leyeran en presencia de todos ustedes, adelante.

El notario que entró tras él, lee la carta que nos había presentado en la lectura del testamento y, al terminar, un pesado silencio invade la sala de juntas.

Camila

Apenas logro contener las lágrimas al escuchar nuevamente sus palabras, el enorme dolor que ha dejado su partida no aminora, es mentira que el tiempo lo cura todo, sé que pasarán años, continuará doliendo y lo seguiré extrañando como el primer día.

Gina: Mi esposo amaba esta compañía, pero en sus últimos meses estaba muy cansado y Alonso sabiendo que fallecería se aprovechó para ganarse su confianza, es por eso que dejó esa carta. Pero todos los aquí presentes sabemos que este sujeto no merece ese puesto.

Socio 2: Discúlpame, Gina, pero conozco a este muchacho desde que entró por esa puerta hace más de diez años, y puedo asegurarte que si alguien en esta sala tiene los conocimientos para guiar CEMTY, es él.

Gina: No estoy de a… (Alonso la interrumpe colocándose en pie, con la mirada fija en la mesa y un par de dedos sobre su sien).

Alonso: No estamos reunidos para abrir un debate, sino para elegir al presidente por medio de una votación. (Exhala con fuerza, no me ha dirigido la mirada desde que entró, se recarga con ambas manos sobre la mesa y cerrando los párpados por un momento, inhala profundamente). Además del licenciado Eduardo Assad y un servidor, ¿hay alguien más que desee postularse para el puesto? (Los socios guardamos silencio, Alonso claramente no está bien). Bien, hay varias formas de hacer esto, pero la más rá-rapida… (Parpadea un par de ocasiones y vuelve a bajar la mirada). Nancy.

Le pide con un gesto que continúe con la explicación, regresa a su asiento y se frota la frente, si tenía un ataque de migraña debió cancelar la reunión.

Su asistente nos explica que cada uno emitirá su voto en voz alta mencionando el porcentaje de acciones que les pertenecen, lo que corresponderá al valor de su voto, al tiempo que ella tomará nota. Y así, comenzamos.

Los socios minoritarios emiten su votación uno a uno, las facciones de Alonso no se inmutan, solo mantiene el ceño fruncido. El 10% ha votado a favor de Eduardo, el otro 30% a su favor.

Gina: Con el 20% de acciones, voto por Eduardo Assad. (Sonríe triunfal, Dios… ¿qué se supone que haga?, ¿premiarlo con la presidencia de la compañía de papá, cuando me ocultó que moriría?

Damián: Con el 20% de acciones, voto por Alonso Torres. (Las miradas de la mesa entera se centran en él, incluyendo el gesto duro de Alonso).

Gina: ¿Qué estás haciendo? (Inquiere alzando la voz provocando que Alonso cierre los ojos con fuerza, ya no soporta estar aquí).

Damián: Lo más inteligente que se puede hacer en este caso.

Gina: Camila vota por… (La interrumpo molesta por lo que pretendía hacer).

Camila: Yo voto con el 20% de acciones, por Alonso Torres. (Mi madre se pone en pie observándome como si quisiera asesinarme).

Gina: ¡¿Te has vuelto loca?! No me pueden estar haciendo esto.

Damián: No pierdas la compostura, mamá, no es tu estilo.

Añade sarcástico. Mi madre, abandona furiosa la sala de juntas. Siento la fuerte mirada del nuevo presidente de CEMTY sobre mí, pero no lo miro, me levanto, doy las buenas tardes y salgo del lugar, sin estar completamente segura de lo que acabo de hacer.

Antes de poder presionar el botón del ascensor sujeta mi mano.

Alonso: Necesitamos hablar.

Camila: No, no tenemos nada de qué hablar.

Alonso: Quizá tú no, pero yo necesito que me escuches. (Me sujeta por los brazos acercándome a su enorme pecho, mantiene los ojos entrecerrados intentando disimular el gesto dolorido).

Camila: No puedes ni hablar. ¡Suéltame!

Damián: Si vuelve a pedirlo, seré yo quien te obligue a soltarla. (No me había percatado que se encontraba a unos pasos de nosotros).

Alonso: Cam, por favor, no he sabido de ti en semanas. (Se escucha a los accionistas acercarse). Vamos a mi despacho. (No tengo fuerzas ni corazón para negarme, así que me dejo guiar por él. En cuanto cruzamos la puerta, exhala con fuerza, cerrando los párpados por el alivio que la oscuridad de su oficina le produce. Me suelta llevándose una mano a la frente, detesto verlo tan mal).

Camila: Si tenías migraña debiste posponer la junta.

Alonso: Se desató hace unas horas, sabes que no podía hacerlo.

Camila: Claro, la presidencia estaba en juego.

Alonso: No iba a posponer la oportunidad de verte. (Aparta un mechón de cabello de mi rostro, rozando con la punta de los dedos mi mejilla, el suave contacto me roba el aliento, su nariz se desliza lentamente de entre mis cejas hasta tocar mi cabello y finalmente me abraza con tanta fuerza y desesperación que creo me explotarán los pulmones, pero no me quejo, al contrario, lo agradezco, necesitaba tanto de sus fuertes brazos, de su protección). ¡Dios!, no tienes una idea cuánta falta me has hecho, y lo duro que ha sido soportar tu silencio. (Su voz apagada me desarma por completo).

Camila: Deberías estar en tu casa. (Intento apartarme, pero me sujeta por la cintura y la mejilla uniendo su frente a la mía).

Alonso: Necesitaba verte y… (Levanta el rostro, sus músculos se tensan y un gruñido se escapa a su garganta, a cada momento me preocupa más).

Camila: Le pediré a Nancy que te pida un auto.

Alonso: No, quería hablar contigo, ex-explicarte pe-pero (El músculo de la mandíbula se le contrae por la fuerza con que la cierra llevándose una mano a la sien). La cabeza se me va partir en dos.

Camila: Te llevaré a tu casa.

Alonso: No, no quiero salir, no soporto la luz. Prométeme que hablaremos mañana, por la noche, ya que haya pasado la crisis.

Camila: Alonso… (Me interrumpe pegando los labios a mi frente hablando apenas en un susurro).

Alonso: Por favor, amor, dejémoslo para mañana.

Camila: De acuerdo, ahora vamos a que te acuestes.

Alonso: Yo puedo, no te preocupes, no es nada que no haya pasado antes. Por favor cuídate, tu madre debe estar furiosa. (Acaricia mi cabello y aspira profundamente). Te amo, bonita.

Se despide depositando un suave beso sobre mi frente y abre la puerta resguardándose con ella de la claridad. Salgo en automático, con el corazón encogido, preocupada por lo mal que se encuentra y odiándome por no ser capaz de resistirme a él aun cuando fue en lo único que estuve pensando antes de venir aquí.

Damián: Pensé que tardarías mucho más.

Camila: No, no está bien.

Damián: ¿A qué te refieres? Acaba de ganar la presidencia, debería estar destapando una botella, aunque sea de té helado o lo que sea que beba, ¿qué fue lo que te dijo?

Camila: No se siente bien, hablaremos mañana.

Damián: Ahora que lo mencionas, no tenía muy buena cara, pero para caras la de Gina fue lo mejor de la reunión, ¿la viste?, ¡demonios!, cómo no le tomé una foto. ¿Dime, cuál de mis argumentos te hizo cambiar de parecer?, hasta hace unas horas asegurabas que no querías verlo en el puesto de tu padre. (Habla entusiasmado de camino al ascensor, aunque no le presto demasiada atención).

Camila: No puedo dejarlo así. (Me observa con la misma intensidad de cuando éramos niños y adivinaba qué era lo que me tenía triste).

Damián: Claro que no, te ha hecho mucho daño y a pesar de eso, no puedes dejarlo. Solo no dejes que te vuelva a lastimar.

Camila: No voy a perdonarlo, solo que no está bien y yo…

Damián: Y tú eres demasiado noble y aunque te has empeñado en odiarlo, no puedes. No pelees contra ti, no hay nada más desgastante que pelear una guerra contra uno mismo, la derrota está asegurada, yo sé por qué te lo digo. (Me da un beso en la mejilla y presiona el botón del elevador).

Camila: Tú también deberías dejar de pelear, tu Luna te está esperando.

Damián: Ya no queda mucho de lo que ella espera.

Camila: Ella te está esperando a ti, te llames como te llames, ¡inténtalo! (El gesto en su rostro está muy lejos de esa sonrisa despreocupada que a tantas chicas ha cautivado).

Damián: Quizá lo haga.

Es claro el tormento en su mirada, lo veo en sus ojos desde hace años, aunque ha intentado ocultarlo con su desfachatez y descaro, pero estas últimas semanas ha vivido un martirio, aunque de una forma diferente a la mía, no tengo idea qué carga sobre los hombros, nunca se ha querido abrir conmigo, espero que Luna logre que lo haga.

Entra al ascensor, y yo regreso al despacho de Alonso, donde me encuentro a Nancy.

Nancy: No se encuentra nada bien.

Camila: Lo sé, yo me encargo, ¿ya te vas? (Pregunto ya que es sábado y ha debido presentarse solo para la reunión).

Nancy: Tengo mucho trabajo, me quedaré a avanzar.

Asiento observando el paquete de carpetas que tiene sobre el escritorio, apenas caigo en cuenta de todo el trabajo que se le debió venir encima a Alonso con la partida de papá, además de la presión, los compromisos sociales que tanto odia, conociéndolo seguramente no ha parado.

Entro silenciosa, buscándolo en el sofá con la mirada, no me equivoqué, se encuentra recostado. Detengo mis pasos al verlo golpear con el puño un par de ocasiones el respaldo del sofá soltando un lamento gutural el cual me recorre el cuerpo estremeciéndome. Me apresuro angustiada a tomarlo de la mano y presionándola se la lleva al pecho.

Alonso: ¿Cam?

Camila: Tranquilo. (Susurro al tiempo que tomo la bolsa de hielo de la mesa para colocarla sobre su frente. Exhala con fuerza aliviado y parece relajarse un poco).

Alonso: No deberías estar aquí. (Apenas alcanza a terminar la frase cuando se lleva ambas manos al rostro tensándose por completo, ¡Dios! No recuerdo haberlo visto tan mal). Mi celular, llama a Sierra, que me mande un médico.

No tardo en encontrar su movil, ya que siempre lo deja del lado izquierdo de su escritorio. Sierra no se sorprende por mi petición y me asegura que no tardará en llegar uno de sus doctores.

Camila: Tranquilo, ya viene el médico.

Alonso: Voy a estar bien, no te preocupes. (Mi angustia aumenta al verlo padecer minuto a minuto, gruñidos dolorosos se atascan en su garganta). ¿Dónde demonios está el médico? (Pregunta entre dientes tras varios minutos, con un brazo sobre los ojos, no sé cuánto tiempo ha pasado, seguramente no mucho, pero bajo esta situación parece una eternidad).

Camila: Le llamaré de nuevo.

Voy a marcar cuando golpean ligeramente la puerta, me apresuro a abrir y el doctor, sabiendo perfectamente a lo que viene, prepara la inyección pidiéndole a Alonso que extienda el brazo.

Médico: No tardará en hacer efecto, relájese. (Comenta mientras lo inyecta. Se lo agradezco y se retira tan silencioso como llegó).

Alonso: ¿Cam? (Me busca separando los párpados con dificultad y vuelvo a situarme a su lado pasando los dedos por su cabello). Gracias, amor, por favor vete a descansar, no tiene caso que te quedes.

Camila: Shhh, descansa.

Sus músculos poco a poco se relajan, su respiración se acompasa y finalmente cae rendido. Un par de lágrimas escapan a mis ojos, las seco apresurada y me acerco para besar su frente. Tonterías, no podría moverme de aquí hasta verlo mejor.

Lo observo dormir por largo tiempo, deteniéndome a admirar cada una de sus facciones, rectas, fuertes, atractivas y varoniles, es tan guapo, tan correcto ¿por qué me lo ocultaste, Alonso? ¿Por qué?

Me levanto y al entrar al cuarto de baño me asombra ver su vestidor lleno de trajes colgando, cuando normalmente solo mantenía tres, abro un cajón y encuentro más de su ropa. Parece que prácticamente ha vivido aquí las últimas semanas, lo cual no me sorprende, pero me preocupa, sus migrañas ya no eran tan intensas.

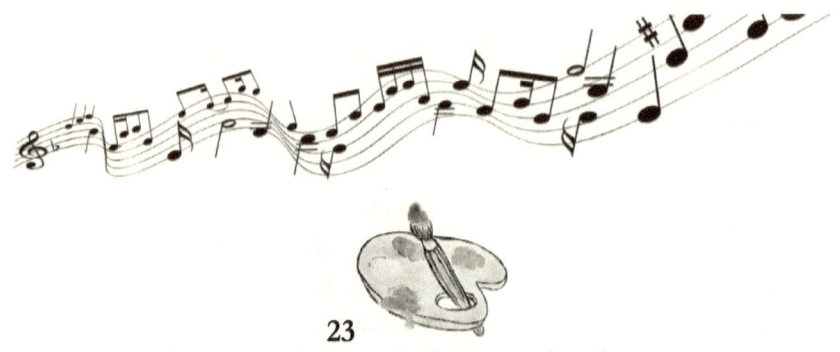

23

"El pintor sigue la línea y el color, pero su fin es la poesía"
Rembrandt

Luna

Le llamo como todos los días desde el fallecimiento de su padre, ya sin esperar realmente que me responda.

*Damián: ¿Qué quieres? (Me sorprende escuchar su voz y la forma hostil en que me habla).

*Luna: Verte, saber cómo estás.

*Damián: Eso mismo te pedía hace un mes, ¿por qué carajos el cambio? Por todos los infiernos, ¿a qué demonios estás jugando?

*Luna: No estoy jugando, es solo que-que me equivoqué, en el momento que sentí me necesitabas, lo único que deseé fue estar a tu lado y eso es lo que realmente quiero, pero es que todo es tan complicado.

*Damián: No sé de dónde demonios sacas que te necesito por la muerte del hijo de puta de Zambrano, y dudo mucho que quieras verme, no estás preparada.

*Luna: Solo quiero estar a tu lado, por favor, Damián.

*Damián: Yo no te quiero a mi lado, te quiero debajo, lo único que me apetece en este momento es coger, así que si te interesa, te veo en media hora en el cuarto del hotel, si no llegas, borra mi maldito número, no será difícil encontrar a una que esté dispuesta.

Cuelga la llamada sin esperar respuesta, nunca me había hablado de esa forma cruel, con tanto rencor borboteando en sus palabras, esta situación lo ha afectado más de lo que imaginé.

Aviso a mi madre que regresaré tarde y me voy directo a verlo sin siquiera dudarlo.

Una punzada de temor recorre mi espina dorsal antes de tocar a su puerta, se encuentra peleando con demasiados demonios desconocidos para mí, pero sé que nunca me haría daño y si lo que quiere es asustarme con el fiero amante, no lo conseguirá, por qué también amo esa parte salvaje y contrastante de él.

Al tocar, grita que pase. Se encuentra, como de costumbre, sin camisa, descalzo, solo con *jeans* desgastados, pero carente de esas manchas de pintura en el fuerte torso que prácticamente formaban parte de su cuerpo. Da un último trago a su bebida, lo que presumo es *whisky* en las rocas y finalmente me dedica una mirada amenazante, recorriéndome de pies a cabeza quemando mi piel a su paso, saboreándome cual bestia con la presa acorralada.

Miedo mezclado con incertidumbre y deseo se desata en mi interior. Solo mi Apolo tiene este poder sobre mí.

Se acerca muy lentamente, sin palabras, dándome la oportunidad de salir huyendo, pero, aunque quisiera, no podría, me ha hipnotizado su imagen que tanto añoraba y la virilidad que irradia con la mirada clavada en mi pecho que sube y baja con fuerza.

Me toma con posesión por la nuca e inunda mi boca con su lengua hambrienta, apenas y puedo responder al beso que araña la desesperación, se deshace de mi ropa a tirones, prácticamente arrancándola, sus palmas recorren mi cuerpo aumentando la presión mezclando dolor y placer en igual magnitud, mostrando de esta manera una sensación hasta ahora desconocida para mi piel.

Como puedo, me aferro a sus hombros sintiendo el calor entre mis piernas aumentar exponencialmente. Extrae su virilidad de entre los pantalones y se acaricia al tiempo que muerde uno de mis pechos. De un solo movimiento me levanta y penetra fuera de control. Emito un gemido delirante, extasiada y dolorida al recibirlo sin una pizca de delicadeza con total profundidad.

Es una bestia hambrienta la que me devora con brutales empellones, enrollo mis piernas alrededor de sus caderas intentando sin éxito mitigar la fuerza de sus embistes. Su cuerpo se perla por gotas salinas y aferrada a su espalda, percibo la tensión en sus músculos, suelta un fuerte gruñido hundiéndose en mis entrañas donde lo siento vibrar al quedarse inmóvil.

Permanecemos así, unidos, con un calor explosivo acumulado entre mis piernas que súbitamente ha sido abandonado, mi espalda contra la puerta y él en mi interior mientras recobra el aliento con la frente sudorosa pegada a mi hombro. Hundo los dedos en la sedosa melena rubia, un tanto mareada por las altas dosis de energía y sensaciones.

Damián: Lo siento, yo… (Se separa de mi hombro pero mantiene la mirada baja, avergonzado de lo que acaba hacerme).

Luna: Está bien.

Damián: No, no lo está, perdí la cabeza, necesitaba fundirme dentro de ti y ni siquiera te he dejado terminar (abandona mi interior con una delicadeza que agradezco con un jadeo ahogado, al tiempo que me regresa al suelo). ¡Carajo, Luna! Lo-lo siento yo… (Se echa el cabello hacia atrás con ambas manos y tomo sus mejillas para finalmente conectar con sus pupilas celestes que habían estado rehuyéndome).

Luna: Estoy bien. (Le aseguro con total sinceridad. Aunque dudo lograr dar más de dos pasos sin que las piernas me fallen. Su mirada, ya de por sí atormentada, parece asustarse al bajar por mi cuerpo, tengo algunas marcas rojizas y otras más de sus dientes. Pasa los dedos temblorosos por una de ellas).

Damián: Mira lo que te he hecho, no debiste venir.

Luna: Yo sabía a qué venía y en ningún momento pedí que pararas, estoy bien. (Al dar un paso hacia él percibo el líquido espeso resbalar por mi entrepierna e instintivamente bajo la mirada).

Damián: De-déjame a mí, yo me encargo de limpiarte. (Me levanta en brazos para llevarme a la cama, evitando mi mirada, una vez en ella intento detenerlo pero no me deja, se escabulle al cuarto de baño y regresa con una toalla de manos húmeda, me levanta para sentarme en su regazo, recargándose en la cabecera de la cama, pasa la toalla por el interior de mis muslos y entre mis piernas, delicada y meticulosamente, queriendo borrar todo rastro del pasional encuentro. Tengo que quitarle el pedazo de tela de entre las manos para que se detenga y sujetar sus mejillas para que vuelva a mirarme). Ya no soy el que dejaste, yo nunca te habría tomado así, al menos no sin tu consentimiento, no sin asegurarme que lo disfrutaras. (Me lastima el agobio en sus palabras).

Luna: Fue con mi consentimiento, me dijiste por teléfono lo que querías y yo lo acepté y disfruté, eres mi Damián, mi Apolo, mi Artista oscuro. (Las pupilas torturadas se iluminan de sentimientos dolorosos).

Damián: No he llorado. (Lo observo sin comprender qué me quiere decir con eso). No he llorado por su muerte. Era un maldito hijo de puta, un traidor, un cobarde, un mentiroso y no se lo merece. Pero era mi padre, se supone que debería llorar, que debería doler o al menos debería sentirme aliviado por su muerte después de lo desgraciado que fue conmigo, ¡pero no!, en cambio lo recuerdo todo una y otra... y otra vez, como una maldita película tenebrosa y de mala calidad que no puedo detener. Me duele ver sufrir a mi hermana y no comprender su pesar, y me gustaría llorar, me gustaría poder llorar como ella por un padre que me hubiese querido una maldita quinta parte de lo que la amó, sin embargo, agradezco ser yo el que no puede hacerlo, y que ella haya sido amada, ciega de la mentira que la abrazó toda su vida. Gina, mi madre, lo lloró, pero ese par eran iguales, perfectos el uno para el otro, uno miserablemente millonario y la otra asquerosamente interesada, quizá solo fueron lágrimas de teatro, imposible saberlo. Incluso tu hermano lo lloró, él sí se ganó su cariño, su respeto, claro que tampoco nunca lo conoció realmente o quizá no le importó. Alonso es un tipo inteligente, supo callar cuando debió, en cambio yo, siempre he sido demasiado espontáneo o estúpido, como quieras verlo, abriendo la boca sin pensar en las consecuencias. Crees que debería llorar, ¿cierto? (Me observa realmente perdido, angustiado, necesitando que le dé una salida al laberinto en el que se encuentra, pero no sé cómo dársela).

Luna: ¿Quieres hacerlo?

Damián: No lo sé, he cargado gota a gota con tanto que aprendí a callar, debía callar y vivir con mis demonios acechándome a lo lejos, sin preocuparse por esconderse entre las sombras que siempre me han rodeado. Tú lograste desterrarlos con tu fulgor, pero ahora que he regresado al nido de alacranes del que salí, escucharlo y verlo morir. La decepción, el odio en su mirada, el sufrimiento de mi hermana, la ambición y desfachatez de mi madre, se volcaron sobre mí y no logro alejarlos, me están consumiendo y-y ya no me siento yo, si es que había un maldito yo. ¡Ayúdame, Luna!, ayúdame porque no puedo sacar todo esto solo, ya lo intenté; bebí una noche hasta olvidar mi nombre, me peleé o mejor dicho golpeé a un sujeto como un maldito animal, intenté leer, salí a *grafitear*, intenté escribir, incluso intenté pintar, no te imaginas lo tétrico que fue ver lo que de mis manos salía. Ahora te he tomado como una maldita bestia yo... ¡ayúdame, Luna! ¡Ayúdame a sacarme esto! (Me rompe el alma la súplica en su mirada).

Luna: Sácalo entonces, estoy aquí para ti, para que me tomes si lo deseas y para escucharte si lo necesitas.

Damián: Terminarás huyendo, dándole la razón a tu hermano.

Luna: ¡No!, no, eso no pasará, hemos vivido juntos por más de un año, sé a quién tengo enfrente, ¡mírame! Confía en mí. (Soy yo quien suplica ahora por lograr ayudarlo. Comienza a hablar, temeroso, inseguro, como nunca lo había visto, pero conforme va avanzando el relato del cómo fue agredido tanto física, como psicológicamente, siendo tan solo un niño, esa inseguridad se transforma en rencor, no es posible que su propio padre, el mismo que Alonso tanto admira, haya sido capaz de tratarlo así. Resisto las ganas de abrazarlo para dejarlo continuar ahora que se ha decidido a hablar).

Damián: Mi rabia aumentó igual que el asco, mi temor por la vida de Camila disminuyó, pero nunca desapareció, su vida y la mía estarían bien mientras yo no abriera la boca, y hasta hoy la había mantenido cerrada... así que salí de mi reclusión. Comencé a meterme en problemas, a faltar a clases, a tontear con las chicas, a beber, a fumar, a los dieciséis años ya íbamos a antros, el dinero te abría las puertas de cualquier lugar y yo lo tenía. Comencé fumando marihuana, hice mis primeros grafitis, tomé anfetaminas, organizamos un viaje a Real de Catorce para comer peyote y bailamos como imbéciles alrededor de una fogata en ropa interior con un frío de la chingada que apenas y sentíamos, hice muchas estupideces, entre ellas aspirar polvo. Antes de eso, Leonardo prácticamente no me hablaba, ahora lo hacía para reprenderme o amenazarme con quitarme las tarjetas, el auto o estupideces de esas, solo porque su mujer se lo pedía, en realidad le importaba un carajo, sabía que yo no le serviría de nada, porque ya conocía exactamente el tipo de mierda que era. Yo nunca trabajaría con él, menos en esa empresa manchada de sangre, así que sus ojos y esperanzas estaban solo en mi hermana. En cambio, Julián, mi mejor amigo, sabía que estaba viviendo el momento de hacer estupideces, porque él sí trabajaría con su padre. En nuestras borracheras siempre le decía que me iría, me cambiaría el nombre, me dedicaría a pintar y me olvidaría de la alcantarilla adornada de diamantes de la que había salido. Julián me apoyaba, le gustaba cómo pintaba y sabía, aunque nunca le dije el porqué, que no era feliz pese a que aparentemente lo tenía todo. Aquella noche había vuelto a discutir con Leonardo, estaba harto, asqueado, solo quería perderme, lo invité a ir hacer unos grafitis, manejamos a exceso de velocidad y en un bar conocimos a un grupo de tipos, terminamos bebiendo con ellos, fumamos hierba, le dije que odiaba a mi padre, que no soportaba más vivir bajo su techo y que ya estaba listo para largarme. No sé por qué mierda no lo hice. Nos metimos de todo… (Sus pupilas parecen oscurecerse al tintarse de angustia). Me dijo que lo hiciera, que me fuera, pero que si iba a llevarme a su mejor amigo, sería para dedicarme a pintar no a hacer estupideces, que tenía que ser el mejor, conseguir que mis obras se expusieran en los mejores museos. (Suelta una carcajada sin pizca de gracia). Yo le dije que esa mierda de la fama no me importaba, pero me respondió que no era por la fama que tenía que hacerlo, que nuestros padres solo valoraban los dólares y cuando mis pinturas costaran miles de dólares, podría callarle la boca a Zambrano. Me pidió que se lo prometiera, y yo lo hice.

Luna: Y lo cumpliste. (Acaricio su rostro, está aquí, al alcance de mis manos, pero su mente se ha perdido).

Damián: Desperté en un edificio en construcción. (Continúa después de un largo rato de guardar silencio). La cabeza me dolía como si hubiesen jugado *soccer* con ella, moría de sed, me dolía la espalda y no tenía una maldita idea de en dónde estaba. Me busqué el celular, la cartera… no traía nada. Bajé unas escaleras y al pie de ellas estaba Julián, inmóvil, tendido en el piso. (¡No, no puede ser!). Lo moví para despertarlo, pero no reaccionó. (Continúa con dificultad, extrayendo las palabras atascadas de su garganta). Creí que seguía inconsciente como yo, pero después de zarandearlo me asusté. No respiraba. (Lo abrazo para reconfortar aquella mirada perdida, hunde el rostro en mi cuello, pero no responde a mi abrazo, como si no tuviera fuerzas para hacerlo). Cocaína cortada con porquerías que te funden el cerebro, no sé si se quejó, si convulsionó, si pude ayudarlo, si sufrió, no recuerdo un carajo, Julián era mi mejor amigo y murió prácticamente a mi lado y yo no recuerdo un carajo. (La voz se le quiebra, pero las lágrimas no abandonan sus ojos cargados de remordimiento).

Luna: No fue tu culpa.

Damián: Yo no jalé el gatillo, solo le di el arma. (Voy a protestar pero continúa su narración). Su padre, el licenciado Camacho, se encontraba con Leonardo en el club, desayunando, era su mejor amigo, por eso nosotros habíamos estudiado siempre juntos. Le llamaron para darle la noticia. Padecía del corazón, sufrió un infarto, falleció de camino al hospital.

Luna: Eso tam…

Damián: Tampoco fue mi culpa, disparé al aire y el proyectil lo encontró. Sin embargo, **conocí el sentimiento de culpa**, lo sentía carcomiéndome las entrañas como ácido desintegrando la carne. Mi madre me pidió que no fuera al velorio, pero era Julián, yo-yo necesitaba ir a despedirme de él, yo necesitaba pedirle perdón por dejarlo morir y debía pedirle perdón a su madre. (Su respiración se hace pesada y la mandíbula comienza a temblarle, sus pupilas se cristalizan o quizá es el efecto de las lágrimas acumulándose en las mías imaginando su sufrimiento). No pude acercarme, entré y las miradas acusadoras de todos los presentes cayeron sobre mí, los tristes y falsos murmullos cedieron ante el asesino de los dos cuerpos que estaban tendidos entre cirios e inciensos. Di un par de pasos, la señora Camacho se despegó de uno de los ataúdes al verme, **conocí lo que es ser odiado** y peor aún, merecer que te odien. No recuerdo las palabras exactas, me escupió y abofeteó, no me aparté y nadie la detuvo, merecía todo aquello y más, le había arrebatado a su único hijo y a su marido, me debía su desgracia y yo habría agradecido que acabara conmigo. Cuando no pudo golpearme más, la sostuve para que no se derrumbara y le supliqué un perdón que no iba a recibir porque no era digno de ello. Lo siguiente que supe, es que Leonardo me arrastraba fuera del lugar, me golpeó en el estacionamiento y me advirtió que no quería verme en su casa cuando regresara a ella, quería que me largara de la ciudad, porque le daba vergüenza ser padre de una escoria como yo. (Un par de lágrimas resbalan por mis mejillas).

Luna: Tú no te merecías aquello.

Damián: ¿No?, ¿de verdad lo crees?

Luna: Por supuesto.

Damián: Te equivocas, lo merecía, claro que lo merecía, merecía todo ese odio, esa culpa, ese miedo, yo... Regresé a su casa por una mochila con ropa y despedirme de mi hermana, ya no era un niño, entendí que a ella la amaba tanto como me despreciaba a mí, y eso era lo correcto, porque yo no pertenecía a aquel lugar, nunca lo hice. Cami estaba dormida, así que solo le di un beso y le dejé una nota pidiéndole que se cuidara de quienes la rodeaban, que no dudara que cuando me necesitara, yo regresaría por ella, y que, por favor, no se convirtiera en una de ellos. (Exhala con fuerza, como si acabara de liberarse de una pesada carga). Me perdí durante meses, buscaba pagar por lo que había hecho, hasta que sumido en la porquería, recordé mi promesa. No fue fácil, pero salí de aquello y me esforcé por cumplirla. Pero mis pinturas nunca brillaron, siempre estaban cubiertas por penumbras, por culpas, por las miradas asesinas y acusadoras, por mis malas decisiones, avanzaba un paso y mis demonios me arrastraban dos en sentido opuesto, burlándose a carcajadas de mis intentos, de mis estúpidos esfuerzos por no escucharlos. Lo conseguía por momentos, pero solo eran instantes, instantes que me daban esperanza frente al bastidor con un pincel en la mano, intentando plasmar la belleza de alguna musa que cautivara mis sentidos. Hasta que apareciste tú y esos instantes se hicieron noches y esas noches parecieron días, la esperanza se convirtió en vida, una vida sublime y etérea, en la que me podía sumergir por horas infinitas. La tierra desapareció y el Parnaso nunca fue tan real, mi alma podrida comenzó a limpiarse y... y todo se fue a la mierda. (Exhausto se frota los párpados). ¿Ahora me entiendes cuando te decía que vivir en la realidad no valía la pena?, que estaba sobrevalorada. (Asiento tomándolo por la mejilla).

Luna: No merecías pasar por todo aquello. (Añado con un nudo en la garganta con la mano de la pena oprimiendo mi garganta).

Damián: La madre de Julián tampoco, sin embargo, pasó, mi estupidez lo provocó y por un momento creí que podría librarme de todo aquello, pero... el hijo de puta de Leonardo pidió mi presencia en sus últimas horas, no para despedirse, mucho menos para arrepentirse, quería verme a los ojos y recordarme que yo no era digno de su apellido, que siempre lo supo, que lamentaba que no siguiera sus pasos, sin embargo me quería (escupe una risa irónica), ¿puedes creer esa mierda?, dijo que me quería (se frota la mandíbula luchando con sus emociones). Aseguró que hizo cosas de las que no se sentía orgulloso, pero tampoco se arrepentía porque él tenía un objetivo claro, un objetivo para el que nació y lo había cumplido, que solo yo le avergonzaba, que lo único inteligente que hice en mi vida era mantener la boca cerrada y por el bien de la familia, debía seguir así. (No puedo creer que aun en su lecho de muerte le hiciera tanto daño). Ahora yo... (Regresa el temblor en sus hombros), ahora yo... (Las vibraciones recorren su cuerpo) yo no puedo dejar de sentir los demonios sobre mí; el odio, la culpa, el llanto, el miedo, me-me siento acorralado, (niego con la cabeza al verlo tan angustiado, desesperado me pega con fuerza a su cuerpo obligándome a sentarme a horcajadas sobre él, acaricio sus mechones dorados y su espalda con ternura). No puedo alejarlos, Luna, no puedo sacarlos.

Luna: Está bien, a partir de ahora han comenzado a alejarse. (Acaricio su nuca al tiempo que doy pequeños besos en su hombro).

Damián: ¡Ayúdame!, sácame de mi cuerpo. (Sus manos comienzan a recorrer mi espalda magullada por los embistes contra la puerta, de esa forma gloriosa que me hace perder el control). No pares, (suplica al alejar mis labios de su cuello), libérame con tus besos, (sus grandes manos se anclan a mis nalgas, masajeándolas, presionándome contra su sexo erguido bajo la tela. Subo por su cuello entre succiones hasta llegar a su barbilla y arrastrar los dientes con fuerza sobre ella, el gruñido que recibo en respuesta y la presión de su virilidad rozando y presionando mi sexo me obligan a arquear la espalda). ¡Sí! Libérame con tu imagen. (Su lengua se desliza por mis senos hasta capturar una punta entre los dientes, succionando con frenesí, proporcionándome un deseo inconmensurable por sentirlo dentro, llenándome para liberarse). Libérame con tu sabor. (Enredo los dedos con fuerza en su melena, moviendo las caderas por el calor acrecentando mi necesidad. Una de sus manos se desliza por mi vientre hasta encontrar el punto hinchado de terminaciones nerviosas, jadeo enloquecida de placer, ha reavivado las llamas que había sofocado instantáneamente minutos antes). ¡Así!, sí, libérame de las brumas con tus jadeos, arráncame las culpas con tus sonidos. (Lava ardiente recorre mis venas, no puedo parar, famélica busco su boca pero me detiene a escasos centímetros de ella sujetando mi cabello). Te necesito con la desesperación que tú sientes en este momento. (Empuja las caderas y eso basta para desencadenar un sinfín de convulsiones explotando en mi interior. Sus pupilas húmedas me traspasan cargadas de angustia, de necesidad, su barbilla tiembla, extraigo su hombría de entre los *jeans* desabrochados y el bóxer, el miembro está enrojecido con las venas marcadas, ansioso por ser atrapado entre mi carne. Sin pensarlo, me siento sobre él con brusquedad. Damián suelta un sonido gutural, al presionar los párpados con fuerza y dos pesadas perlas resbalan por sus mejillas). Sí, ¡sí! (Jadea descontrolado, acelero mi cabalgata, sus manos se aferran a mis caderas y percibo sus músculos tensarse). Libérame, Luna, libérame con tu cuerpo. (Ahora es su boca la que busca la mía, pero tiro de su melena hacia atrás bajando la velocidad de mi cadera, gruñe frustrado). ¡Por todos los dioses, arráncame de mi cuerpo y hazme tuyo, Calíope!

Suplica entrecortadamente, lo clavo con profundidad e instantáneamente suelta un grito extasiado que retumba en las paredes, vibra entre mi carne, hundiendo el rostro en mi cuello, el segundo grito contra mi piel es liberador, el tercero marca el final de la agonía.

Su cuerpo entero trepida aferrado al mío, lo abrazo con todas mis fuerzas, los sollozos salen uno detrás de otro, el doloroso llanto baña mi pecho, acaricio su cabello padeciendo cada sollozo desgarrador, cada estremecimiento, cada falta de oxígeno que no impide que siga llorando. Suelto unas cuantas lágrimas con él, abrazándolo, consolando aquel maravilloso y talentoso cuerpo, aquella mente brillante y alma torturada.

De alguna forma, terminamos recostados, lo rodeo por la espalda acariciando su cabello hasta percatarme que las lágrimas han cesado, cayó dormido, drenado, sé que no es el final, pero espero que al menos sea el principio de esa liberación que tanto necesita.

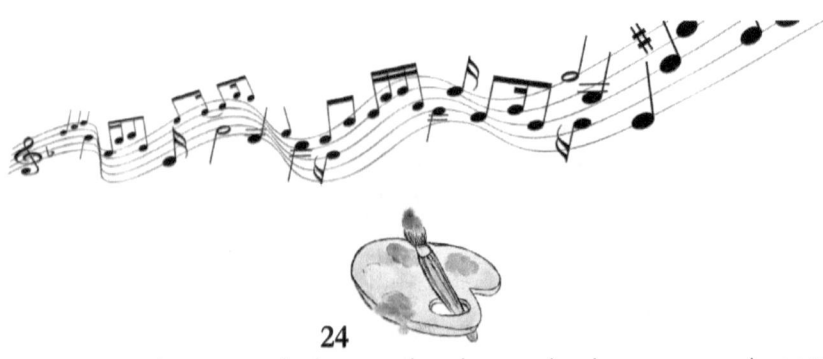

24

"La música produce un tipo de placer sin el que la naturaleza humana no puede vivir"
Confucio

Alonso

¡Camila!, el nombre de mi amor resuena en mi cabeza dolorida, me esfuerzo por separar los párpados, pero me resulta demasiado complicado, un lamento escapa a mi garganta y una pequeña mano se aferra a la mía. Es ella, mi amor…

Alonso: Cam. (Apenas y me escucho, me obligo a abrir los ojos por la necesidad de contemplarla, tardo un poco en enfocar la mirada, pero es ella, mi dulce Cam continúa a mi lado).

Camila: ¡Shhh…! Tranquilo. (Tiene esa mirada preocupada que detesto ver en ella. Me incorporo lentamente logrando sentarme en el sofá, el malestar retumba en mi cabeza recorriéndome el cuerpo y tengo que echar la cabeza hacia atrás soltando el aire para sobrellevarlo sin quejarme). No te levantes, ¿cómo te sientes? (Habla en voz queda acariciando mi mejilla, tomo su mano y la llevo a mis labios para depositar un beso en su palma, agradeciendo con ese gesto su contacto, la he extrañado tanto, que apenas puedo creer que se encuentre aquí por voluntad propia).

Alonso: ¿Cuánto tiempo he dormido?

Camila: Alrededor de cinco horas. (¡Carajo! No debería permanecer a mi lado en el estado en que me encuentro, debió retirarse cuando se lo pedí).

Alonso: ¿Cómo es que sigues aquí? Acordamos vernos mañana. (Mi áspera voz suena más dura de lo que pretendía).

Camila: ¡Vaya! (Aparta la mano de la mía). No creí que fuera a molestarte, solo quería asegurarme que te encontraras bien. (Se levanta para tomar su bolso e instintivamente me levanto para detenerla pero el lugar entero da vueltas a mi alrededor, me cubro los ojos). Alonso, ¿te encuentras bien? (Un sabor amargo se desliza por mi boca, niego con la cabeza, mi estómago sufre de espasmos y me dirijo a trompicones más por instinto que por una visión clara al cuarto de baño. Las arcadas extraen de mi estómago absolutamente todo lo poco que había en él, incluyendo los jugos gástricos que terminan quemando mi esófago provocando un estremecedor sudor frío sobre mi frente. Una vez que logro asear mi boca, regreso a la oficina, odiando encontrar esas facciones preocupadas).

Alonso: Las náuseas siempre son lo más desagradable, pero estoy bien. (Le aseguro avanzando hacia ella con un paso firme que no sé si consigo. Capturo su cuerpo por la cintura y tomándola por la mejilla uno mi frente a la suya). Discúlpame, es solo que ya has pasado por demasiado y lo menos que necesitas es verme así.

Camila: No digas tonterías, sabes que no podía irme. (Niega con la cabeza y beso su frente aspirando su aroma, soporto una punzada en la sien derecha sin emitir sonido, pero no puedo evitar el temblor en mis manos). Vamos, te llevo a tu casa. (Cierro los párpados negando con la cabeza, el malestar me impide responder).

Alonso: Necesito recostarme. (El eco del taladro que estuvo torturándome durante horas en la parte derecha de mi cabeza continúa resonando, confundiendo mi estabilidad. Al llegar al sofá permanezco abrazándola sin lograr apartarla de mi lado).

Camila: Descansarías mejor en tu cama, ¿por qué no aceptas que te lleve? (Sonrío con tristeza).

Alonso: Porque terminaría pidiéndote que te quedaras a mi lado. (Aparta la mirada, pero la sujeto por la mejilla para continuar admirando las cristalinas pupilas celestes). Y tú no aceptarías. (No responde, no es necesario, conozco la respuesta sin necesidad de hacer la pregunta, pero leerla en su rostro no mitiga la pena que esta provoca. Susurra mi nombre pero continúo interrumpiéndola, sabiendo a dónde se dirige). Lo sé, sé que estás muy dolida conmigo y-y te entiendo, amor, pero mañana que hablemos espero… (El cansancio me dificulta hilar las palabras, apenas puedo mantener los ojos abiertos). Discúlpame, amor, estoy-estoy agotado.

Camila: Claro, recuéstate.

Alonso: Acércate por favor. (Le pido antes de caer rendido). Gracias por todo, bonita. (Acaricio su mejilla). En verdad, ya solo necesito dormir, has permanecido demasiadas horas en este lugar, por favor ve a descansar tú también.

Camila: No deberías estar pasando aquí las noches.

Alonso: Estoy bien, por favor asegúrate que se encuentre tu hermano en casa, no me gustaría que te enfrentaras a tu madre sola.

Camila: En realidad espero que no esté en casa, eso significaría que está con Luna.

Alonso: ¿Con mi hermana? ¿A qué te refieres?

Camila: Espero que haya ido a buscarla, sé que a Leo le ha hecho mucha falta y…

Alonso: ¿De qué estás hablando? Le prohibí a ese cabrón que se acercara a mi hermana. (Me incorporo con dificultad).

Camila: Creí que ya habían hecho las paces ustedes dos, me dijo que estuvieron hablando, fue él quien intentó convencerme para que votara por ti en la junta. (¡Hijo de puta!)

Alonso: Hablamos, sí, y en esa conversación le dejé muy claro que no lo quería cerca de mi hermana. (Intento levantarme, pero me detiene colocando las manos sobre mi pecho).

Camila: Espera, ¿qué pretendes?, no puedes ni mantenerte en pie, necesitas descansar y dejar que ellos resuelvan sus asuntos como mejor les parezca, ya sea retomando su relación o separándose definitivamente, lo aceptes o no, ambos son adultos.

Alonso: No aceptaré por ningún motivo a ese maldito drogadicto cerca de mi hermana. (¡Con un demonio! Me llevo la palma de la mano al ojo derecho, pareciera estar latiéndome con un pinchazo molesto).

Camila: No-no puedo creer que continúes con eso después de-de…

Alonso: ¿Qué? ¿Que me diera a ganar la presidencia?, es lo único inteligente que ha hecho, y tú bien sabes que nadie más haría un buen papel en ese cargo. (Sonríe decepcionada negando con la cabeza, al tiempo que se aleja de mí, ¡mierda!).

Camila: ¡Eres increíble!, quédate còn tu maldito trabajo y deja a los demás vivir como mejor les parezca.

Alonso: Camila, Camila, espera.

Pretendo levantarme pero me es imposible. ¡Carajo! Debí-debí contenerme pero, ese desgraciado… ¿qué demonios creyó?, ¿que por haberme dado la presidencia yo accedería? Me inclino para tomar el celular de la mesa frente a mí, la maldita luz de la pantalla me incomoda por lo que bajo la intensidad y le llamo, ¡contesta carajo!, lo intento una segunda vez pero sigue sin responder. ¡Esa niña va a escucharme! El celular cae de mi mano y regreso lentamente la espalda al respaldo. ¡Imposible!, ya he dado todo lo que tenía por hoy.

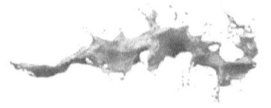

Damián

Escucho mi nombre a lo lejos, pareciera acariciarme con su voz, busco su mano y me obligo a separar los párpados al encontrarla. Es ella, está aquí, a mi lado, apenas cubriendo su desnudez con la sábana blanca.

Luna: Lamento despertarte.

Deslizo las manos por sus brazos hasta los hombros, maravillándome con su perfección, con su delicadeza, con su poder. La atraigo a mi pecho capturándola con mis brazos, hundiendo la nariz entre las ondas caoba.

Damián: ¡Gracias! (Me siento avergonzado de haber expuesto la porquería de mi procedencia y derrumbarme sin ningún control llorando como un niño, pero ¡mierda! Lo necesitaba, lo necesitaba tanto).

Luna: No tienes nada que agradecer.

Damián: Por supuesto que sí, gracias por venir, por escucharme, por no salir huyendo y por-por aliviarme.

Luna: Te amo, Damián, y el amor no se agradece. (Busco esas pupilas luminosas).

Damián: Mi joven Luna creciente, la palabra amor no me alcanza, no me alcanza... (La tomo por las mejillas y uno mis labios con los suyos en una suave caricia).

Luna: Damián, yo te juro que mañana hablaré con mi mamá pero ahora tengo que…

Damián: ¡Lo sé!, tienes que irte. (Añado simulando serenidad, ocultando el desasosiego de no tenerla a mi lado todo el tiempo que la necesito, a lo que me responde con un asentimiento apenada). No te preocupes.

Luna: No le dije a dónde iba y tengo llamadas perdidas de ella y mi hermano.

Damián: Lo entiendo, está bien y no te preocupes, en verdad, no tiene que ser mañana.

Luna: ¿A qué te refieres?

Damián: No puedo dejar a Camila en esa casa, ahora le pertenece a Gina y después de lo de hoy, posiblemente ya mandó a quemar nuestras cosas.

Luna: ¿Qué fue lo que sucedió?

Damián: Camila y yo le dimos la presidencia a tu hermano y mi madre lo detesta, para ella fue prácticamente como una traición. Yo sinceramente, lo disfruté, por lo tanto mi hermana no puede permanecer en esa casa, la ayudaré a instalarse en donde decida, supongo que le llevará algunos días.

Luna: Entiendo. Alonso debe estar feliz.

Damián: Supongo, hablé con él hace unos días.

Luna: Damián, pero te pedí…

Damián: Fue él quien vino a buscarme, y tranquila, no hubo golpes, algunas amenazas, no te lo voy a negar, es un maldito hueso duro de roer, por no decir completamente obtuso e hijo de puta. (Al fin veo una ligera sonrisa en su bello rostro). No aceptará nuestra relación, ni siquiera aceptará que te dediques a pintar y mira que le ofrecí la presidencia al muy imbécil y no aceptó.

Luna: ¿Intentaste comprar a mi hermano? (Cuestiona incrédula).

Damián: Tenía que intentarlo, pero se negó, lo cual habla bien de él, pero no le quita lo imbécil.

Luna: Te dije que nunca lo aceptaría. (Añade con un deje de tristeza).

Damián: Volveré a intentarlo.

Luna: No tiene caso.

Damián: ¡Hey! A mí de testarudo no hay cabrón que me gane, y no pienso alejarte de tu familia, hablaré con ellos así no lo acepten, vendrás a verlos en el momento que quieras y tarde o temprano, cuando se den cuenta que eres feliz viviendo tu vida, sin dañar a nadie, incluyéndote, tendrán que ceder.

Luna: Mi madre quizá, pero Alonso… lo dudo.

Damián: Nunca dudes de tu Apolo. (Me regala una pequeña sonrisa esperanzada).

Luna: ¿Mi Apolo? (Pregunta pícara, la observo sin poder creer la tranquilidad que esta hermosa jovencita le trae a mi alma herida).

Damián: Tuyo, mi Calíope, solo tuyo. (Nuestros labios se unen, nuestras lenguas se buscan, mi sangre se calienta y el respingo de mi pincel me lanza una advertencia). Será mejor que te vistas o terminaré raptándote toda la noche y no queremos que mi suegra me odie más de lo que ya lo hace. (Sonríe y se pierde en el cuarto de baño).

Bajo para abrirle la puerta del auto, me da un rápido beso en los labios pero la sujeto por la cintura para no dejarla ir. La última vez que la dejé aquí, parecía ir todo bien y al siguiente día no quería verme, ahora me siento demasiado frágil para soportar algo así.

Damián: Me llamarás mañana, ¿verdad? (Odio preguntar esto, me siento estúpido, pero después de todo por lo que hemos pasado, no puedo evitarlo).

Luna: Por supuesto, y si tú necesitas hablar conmigo antes, solo llámame, yo voy a responder. Confía en mí, ya acepté que aunque quiera, no puedo separarme de ti, mi alma te necesita demasiado.

Damián: Y la mía es tuya, Calíope, te apoderaste de ella esta noche. Luna, yo-yo nunca había hablado con nadie como lo he hecho contigo, me abrí en canal ante ti, estoy completamente expuesto, vulnerable a tus decisiones, yo ahora... (¡Mierda! ¿Dónde demonios está la seguridad que siempre me acompaña?). No me dejes solo, ¿quieres?

Luna: No lo haré, no podría, te agradezco que hayas confiado en mí, y no estás vulnerable, estás cuidado, arropado, amado.

Sus palabras reconfortan la angustia que comenzaba aumentar en mi interior. Deposito un beso en su frente, porque de volver a tocar sus labios, nadie lograría arrancármela.

Espero a que entre a su casa para regresar al auto y llamar a Camila, ¿dónde estará?

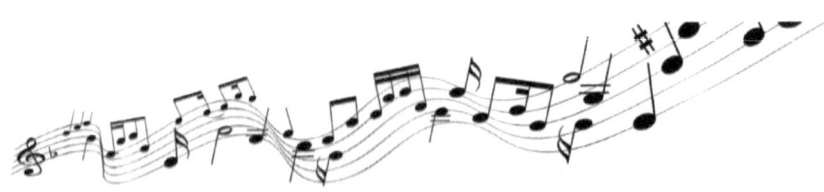

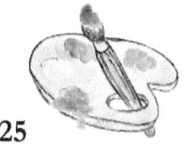

25

"Si yo pinto a mi perro exactamente como es, naturalmente tendré dos perros,
pero no una obra de arte"
Goethe

Alonso

Camila, como era de esperarse, se ha negado a escucharme, se trasladó a un hotel igual que su hermano, fui a buscarla pero fue inútil, de insistir habría comenzado una pelea con Leo y Rojas, así que decidí no buscarla por unos días, al menos sé que su hermano la cuida y la ha estado acompañando a firmar los documentos necesarios para que los bienes heredados queden legalizados, todo ha ido demasiado rápido, y he tenido mucho trabajo en la oficina, como siempre me ha estado robando la vida, incluso trabajé el fin de semana pasado.

Intenté hablar con Luna y mi madre por teléfono, pero me pidieron esperara a que fuera a verlas para conversar en persona, como si no supiera ya que ha regresado con ese imbécil, los escoltas me lo han hecho saber, pero preferí agarrarme a golpes con Emilio antes de ir a matar a ese maldito drogadicto. Camila no me lo perdonaría, ¿¿¿por qué mierda tenía que ser justo su hermano??? Hay miles de parásitos como ese cabrón y tenía que escoger justo al que no puedo despedazar con mis propias manos.

Aspiro profundamente antes de entrar a casa de mi madre, ella me recibe como si no me hubiese visto en meses y mi pequeña hermanita finge una tranquilidad que ni un ciego le creería.

Mónica: El menú de hoy es picaña, chiles rellenos de queso crema envueltos en tocino, salchichas para asar y frijoles charros.

Alonso: Suena bien, madre.

Enciendo el carbón siguiendo el teatro que ambas están llevando a cabo, al tiempo que mi sangre se va encendiendo como las brasas en el asador. Pongo al día a mi madre con los últimos acontecimientos en la empresa desde el deceso de Leonardo, ella lo conoció, sabe todo lo que le debo y el cariño que le tenía.

La tensión va aumentando, Luna evita mi mirada y cuando finalmente nos sentamos a la mesa no puedo esperar más.

Alonso: ¿Me vas a decir de una vez que regresaste con el drogadicto de Leo Zambrano o vamos a seguir fingiendo que aquí no pasa nada?

Luna: ¿Cómo lo sabes?

Alonso: ¡¿Crees que soy imbécil?! (Exclamo furioso). Aquí las preguntas las hago yo, jovencita, explícame cómo una niña inteligente, se ha dejado embaucar por segunda vez del mismo vago.

Luna: No es un drogadicto y no es ningún vago, es un extraordinario pintor, aunque tú te niegues a reconocerlo. (Lo defiende como si hablara de un ingeniero o un médico).

Alonso: ¿Cómo es que eres tan estúpida?

Mónica: Alonso, por favor. (Suelto el aire exasperado. No acostumbro a decir maldiciones frente a ella, mucho menos refiriéndome a mi hermana, pero la rabia me ha sobrepasado).

Luna: ¿Por qué no quieres aceptar lo que todo el mundo ve? Es reconocido mundialmente como uno de los mejores artistas de la época.

Alonso: Deberían llamarles embaucadores, estafan a la gente estúpida, vendiéndoles tela con manchones de pintura que cuesta unos cuantos pesos y le llaman arte para venderlos en miles de dólares.

Luna: El ser humano necesita algo más que comida para alimentarse.

Alonso: No me salgas con frases baratas de redes sociales. Pero dejando de fuera el pasatiempo al que se dedica, porque esa no es una maldita profesión, ese cabrón se ha metido de todo por la nariz y no serás la novia de un maldito drogadicto.

Luna: Entiendo eso, me ha confesado que, sí, consumió drogas, pero eso fue hace más de seis años, viví con él, jamás se metió nada, está limpio.

Alonso: Las adicciones no son gripa, no se quitan, tarde o temprano recaerá y no te quiero a su lado cuando eso pase. ¡Díselo! (Exijo a mi madre que me obliga a callar con una mirada). Explícame entonces, ¿cómo demonios has permitido esto?

Mónica: Ya he hablado con ella, está decidida, se irá con él estemos de acuerdo o no, ¿qué quieres que haga?, no puedo encerrarla en su habitación, ya se fue una vez y si seguimos con esa actitud lo hará de nuevo, no es una niña. Ese muchacho ha venido a hablar conmigo, es agradable, educado y parece sincero.

Alonso: ¡Con un demonio, mamá! (Me levanto exasperado de la mesa arrojando la servilleta).

Mónica: No estoy diciendo que le crea, pero es preferible saber en dónde vive, con quién está y que sepa que la amamos y que siempre estaremos para ella si nos necesita.

Alonso: Querrás decir si se equivoca, otra vez. Dime una cosa, huerca, ¿hace cuánto te arranqué de los brazos de ese imbécil?, quien, cabe señalar, estaba hasta la madre de borracho, ¿cuánto tiempo ha pasado desde que te traje llorando porque te había mentido? ¿Cuánto?

Luna: Todo fue un malentendido.

Alonso: Un malentendido que te costó días de llanto y sufrimiento ¿o ya lo olvidaste?, porque yo no. ¿Cómo hacen las mujeres para olvidar tan rápido lo que un malnacido les hace padecer?, nunca lo he entendido, mamá. (Mi madre esquiva mi mirada acusadora).

Mónica: Todas las historias son diferentes.

Luna: ¿De qué están hablando? (Espero que mi madre le responda).

Mónica: Yo espero, por tu bien, que ese muchacho no vuelva a lastimarte.

Luna: Alonso, yo sé que todo esto me lo dices porque me quieres, y no quieres verme sufrir, pero no estaría regresando con él si no estuviera segura que es un buen chico, que no es un drogadicto y que me quiere, además, yo lo amo.

Alonso: ¡Lo amas! (Exclamo con sorna). ¡Eres una huerca! No tienes idea qué carajos es eso. (Me froto la frente, incrédulo e impotente).

Luna: ¿Y tú sí?, conocí a Camila, es muy bonita, me cae bien, es una lástima que no quiera saber nada de ti, ¿qué fue lo que le hiciste?

Alonso: No sé qué demonios te habrán dicho, pero mi relación con ella no te incumbe.

Luna: ¿Y por qué tú sí tienes derecho a meterte en la mía?

Alonso: Porque eres una niña, porque eres mi responsabilidad y... (Las palabras se enredan con las emociones formando un nudo que se atasca en algún lugar entre mi estómago y mi garganta, no quiero perderla otra vez y no encuentro la maldita forma de detenerla). Te prohíbo que tengas una relación con ese imbécil.

Luna: No puedes prohibirme nada. (La decisión en su mirada es contundente).

Alonso: Lo prefieres a él que a tu familia. (Algo se rompe dentro de mí).

Luna: Yo no debería tener que elegir, si no fueras tan impositivo, si me quisieras... (Interrumpo su estúpido argumento dramático).

Alonso: No te atrevas a poner en tela de juicio mi cariño, yo velé tu sueño, te alimenté, te eduqué, te quiero como a una hija y me enerva ver que aceleras a fondo contra un muro, que te estamparás de lleno y no escuchas razones, pero si no cambias de opinión, no tenemos nada más de qué hablar. (Sentencio sabiendo que la pierdo, una ola de lágrimas cubre sus ojos, pero no cederá).

Mónica: Alonso, por favor, es tu hermana.

Alonso: Precisamente, mamá, es mi hermana y no puedo sentarme a ver tranquilamente cómo se destruye. (Doy media vuelta para retirarme).

Luna: Me voy el martes con él. (Sus palabras me congelan por un instante, no giro para verla, era de esperarse, avanzo unos cuantos pasos). Camila se va el mismo día... del país.

¿Qué mierda?, ¡no!, Camila no puede irse... continúo mi camino hasta el auto. Una descarga de adrenalina en mi torrente sanguíneo acelera mis palpitaciones y mi respiración, no, no, seguro pensó en unas vacaciones para despejarse, pero regresará pronto, ¿pero del país? ¿Con quién?, ¡mierda!, aunque así fuera, no puedo permitir que se vaya sin aclarar las cosas antes.

No sé ni cómo carajo llego a la casa, entro y me recargo con ambas manos en la mesa, una opresión en el pecho dificulta mi respiración, ya he perdido a Luna, no puedo perder a Camila también, o ¿será que ya lo hice?, ¿ya la perdí y no he querido darme cuenta? Al frotarme la frente me percato del sudor que la cubre y el temblor en mis manos, ¡no! ¡no! Necesito tranquilizarme, necesito, necesito... Enciendo una vela aromática y tomo desesperado la llave que mantengo en el primer cajón del buró, en mi recámara, para abrir con manos temblorosas la última habitación del pasillo.

Luna

Al abrir la puerta, encuentro la hermosa y conquistadora sonrisa de mi Artista oscuro, ha venido por mí para ir a una exposición de pintura y fotografía en el Museo de Arte Contemporáneo de Monterrey, luce guapísimo, con ese atuendo despreocupado, casual y *sexy* que solo a él le queda bien. Le doy un rápido beso en los labios y lo abrazo con fuerza, necesitando su calor.

Damián: Veo que me has extrañado. (Utiliza ese tono divertido y asiento con la mejilla pegada a su corazón). ¡Hey! (Me toma de la mejilla para levantarme el rostro y buscar mi mirada). Yo también te extrañé, pero a ti te pasa algo más, ¿hablaste con tu hermano? (Asiento y vuelvo a hundir el rostro en su pecho, no quiero llorar, no lo he hecho y no lo haré ahora. Yo conocía su reacción, sabía que no lo aceptaría y aun así me duele que prefiera que nos alejemos a abrir su mente). ¿Tan malo fue? (No respondo, si lo hago lloraré y no quiero). Ya veo, hablaré con él.

Luna: No, esto es asunto de hermanos y... ya no quiero hablar del tema.

Damián: De acuerdo, y tú mamá ¿no irá con nosotros?

Luna: No, prefiere quedarse, ella está muy afectada con la discusión del medio día.

Camila baja de su hermoso auto rosa para saludarme, adoro su auto, no puedo dejar de verlo, yo jamás manejaría algo tan-tan-tan rosa, pero eso no le quita que sea una preciosidad, ¡vamos! Que hasta las *darks* que odian el rosa, no pueden dejar de verlo, es un maldito imán para la vista.

Luna: ¿Ya te dije que amo tu auto?

Camila: Gracias, cuando quieras te lo presto.

Luna: No sé manejar.

Camila: ¿En serio?, yo podría enseñarte.

Damián: ¡Una mujer enseñando a manejar a otra! (Exclama irónico). Ni de broma, no quiero que terminen en el hospital o en la comandancia.

Camila: ¿Qué estás queriendo decir?, manejo perfectamente.

Damián: Eres un caos para estacionarte (su hermana pretende discutirle, pero Damián se le adelanta). ¡No!, no, no discutiremos algo que no pasará, nos vamos el martes, por lo tanto no habrá ningún atentado contra la seguridad del estado.

Camila: Al menos yo tengo auto.

Damián: Sí, y tenía que ser rosa, casi me dan ganas de irme con tu escolta, su camioneta es mucho más discreta que esto.

Luna: Subamos que se nos hace tarde. (A Alonso también le encantaba molestarme, debe ser algo genético entre hermanos, pero bueno, supongo que es mejor dejar de pensar en eso). ¿Y ya hiciste maleta, cuñada?, si piensas irte por un buen tiempo, supongo que llevarás mucho equipaje.

Camila: Sí, ya empecé, aunque no llevaré tantas cosas.

Damián: Ya te dije que preferiría que pasaras una temporada con nosotros, en Guanajuato.

Luna: Sí, la pasaríamos muy bien, hay lindos lugares que visitar.

Camila: Se los agradezco, pero ustedes necesitan su espacio, se ocuparán de sus pinturas y yo (suelta un suspiro anhelante), yo prefiero ir a recorrer Italia con calma, tomarme un buen tiempo para mí. (Por más que Damián intenta animarla, en su mirada permanece una tristeza aplastante, casi contagiosa, lo que me genera un sentimiento contradictorio, ella sufre por haber perdido a un padre amoroso, el mismo hombre que le causó tanto daño a Damián, qué ganas de decirle que no merece sufrir por ese miserable, pero seguramente eso le causaría más daño, ¡qué situación tan complicada para mi artista!). ¿Comieron con tu hermano? (Pregunta observándome por el retrovisor, le respondo afirmativamente sin mayores comentarios, no quiero tocar más ese tema). Por tu cara, adivino lo que pasó, tu hermano te quiere mucho, yo lo vi muy perturbado cuando no sabía de ti.

Luna: Lo sé, sé lo mucho que me quiere, pero no es sano, ni para él, ni para mí.

Camila: Con el tiempo se dará cuenta del error que ha cometido.

Damián: Es lo que le he dicho, ese imbécil se tragará sus palabras tarde o temprano.

Luna: Si llega a suceder, pasará mucho tiempo, tiempo que habremos perdido.

Damián: Seré la envidia de todos los hombres del lugar, vengo con dos bellezas dignas de pasarela.

Asegura ofreciéndonos los brazos, los cuales tomamos para entrar al museo. A decir verdad, no tenía ganas de venir y se nota que Camila tampoco, pero es poco el tiempo que les queda juntos y necesitan aprovecharlo. Camila no ha puesto fecha a su regreso, pero habla de su temporada en Europa, como algo realmente largo. Es irónico que ambas estemos tomadas del brazo de un hombre maravilloso y atractivo al que adoramos, y también estemos padeciendo por el mismo, aunque de formas diferentes, ¿qué será lo que Alonso le hizo?, debe quererlo mucho, porque en ningún momento ha hablado mal de él, al contrario, pero es claro que le duele no estar a su lado.

Observamos unas cuantas fotografías, aunque realmente no las aprecio como debería, el ánimo lo tengo por los suelos.

Armoniosas notas de piano irrumpen los suaves murmullos de los visitantes que dan sus impresiones de la exposición, yo conozco esa canción.

Luna: Esa canción es preciosa. (Tras unos cuantos versos, reconozco la voz, ¡no puede ser!, Camila se ha quedado mirando al suelo, pero, ¡imposible! Los tomo de las manos y los arrastro al patio central del museo de donde proviene la música).

Damián: ¡Por todos los dioses del Olimpo! (Me ha quitado las palabras, Alonso se encuentra tocando un hermoso piano blanco de cola y cantando impecablemente la preciosa letra). Alguien quisi...

Le cubro la boca con una mano. No lo había visto tocar desde que era una niña, recuerdo habérselo pedido y él, molesto, se negó rotundamente. Me observa por varios segundos y encuentro esa mirada cariñosa, segura y protectora de siempre, está tan guapo e impecable con el traje oscuro, asiente con una ligera sonrisa de medio lado, aceptando con ese ligero gesto mi relación con Damián, mis pupilas se humedecen instantáneamente, nunca creí que fuera a darme un obsequio tan hermoso.

Su mirada se desliza hasta Camila, la pobre ha palidecido y una lágrima se desliza lentamente por su mejilla.

Soy sincero con tus dudas
Cuando triste me preguntas.
¿Qué sería de nuestra vida si se acabara el amor?
Las entiendo
Porque a mí también me da miedo
Porque es tu olor quien cose todo lo que quiero
Pero el amor no se puede medir en tiempo
Porque es un arte, no se rige por un calendario
Es lo invisible que mantiene este mundo girando

Tan solo amemos nuestros cuerpos mientras lo permita el alma
Y no me hagas más preguntas porque no sé contestarlas
Hagamos hoy el equipaje con los recuerdos que vivimos
Por si nos encuentra el destino
Porque el amor, corazón, no se mide, **el amor es un arte**
Unos versos de Alan Poe sino
Una obra de Miguel Ángel, pero con tu pelo
Un concepto de amor verdadero
No lo entiendo y tampoco lo quiero
Una estación de Vivaldi, amor, que sonando en tu cintura
Hay que aprender a tocarla sin leer la partitura
Es el caballo de Troya que cambia la historia y a veces te arranca la piel
Y si tú me preguntas por los sentimientos, qué voy a saber
Tengo que contestarte:
El amor es un arte...

Al terminar la canción, Damián es el primero en comenzar a palmear, yo lo secundo y el resto de los espectadores lo hacen también. Estoy segura que mi hermano en su vida había tocado o cantado frente a nadie. Traga saliva con dificultad, se pasa las manos un par de veces por las piernas, nervioso, Alonso nunca está nervioso. Con gesto serio se levanta y asiente ligeramente agradeciendo los aplausos a la par que abotona su saco para acercarse a nosotros. Doy unos cuantos pasos para alcanzarlo, ansiosa por abrazarlo y sus fuertes brazos me reciben protectores.

Alonso: Huerca fea. (Susurra al descansar la mejilla sobre mi cabeza. Me toma por los hombros y levanto el rostro). No tienes idea lo complicado que es esto para mí.

Luna: Lo sé. (Me mira como si acabara de pasar un calvario, mi hermano siempre acostumbra a pelear y ganar pero en este caso, se ha dado por vencido, por mí).

Alonso: Pero no voy a perderte, no otra vez. Solo-solo no olvides lo que te he enseñado, ¿quieres?

Luna: No lo haré, te lo prometo.

Nos volvemos abrazar con fuerza y tengo que contenerme para no llorar, pero esta vez de agradecimiento al voto de confianza que está depositando en mí. Me planta un beso en la mejilla y al soltarme se yergue amenazante con gesto gélido y una mirada asesina dirigida a Damián.

Alonso: No acostumbro errar, pero por su bien y el tuyo, espero estar equivocándome contigo. (Le advierte con voz áspera a escasos centímetros de su rostro, Damián permanece impasible, conteniendo las ganas de sonreír, ¡por Zeus! Que no se le ocurra sonreír o seré yo quien le borre la mueca de la cara). De acertar, te aseguro que tu fortuna no te alcanzará para tratamientos médicos. (Damián aprieta los labios con fuerza, obligándose a no decir sus acostumbradas insolencias y asiente en respuesta, suelto el aire agradeciendo su silencio. Mi hermano se acerca a la hermosa rubia que como siempre luce impecable, desde las finas zapatillas hasta el último cabello, ella sí es una chica de pasarela, con un exquisito gusto para vestir. Ha secado rápidamente las lágrimas que se le habían escapado y observa a Alonso muy sorprendida).

Camila: No tenía idea que supieras tocar el piano.

Alonso: Hay algunas cosas que no te he dicho. ¿Me permitirías hacerlo? (Mi cuñada tiene la duda dibujada en la mirada). Por favor, tenemos una plática pendiente (la rubia niega con la cabeza, pero Alonso la sujeta por los brazos acercando su rostro al de ella). Si tengo que suplicar lo haré, pero necesito que me escuches. (Sus miradas conectan y hasta un ciego podría ver que hay un gran amor y entrega entre esos dos, pero también miedo y dolor en ese par de corazones). Por favor, Cam. (Ella asiente y mi hermano suelta el aire besando su frente). Vamos. (La toma del brazo y alcanzan a dar un par de pasos cuando a Damián se le ocurre abrir la boca).

Damián: ¡Cuñado! (Exclama en voz alta, los anchos hombros de mi hermano se tensan como si acabaran de arrojarle un balde de agua fría).

Alonso: No vuelvas a llamarme así. (Le advierte con mirada amenazante).

Damián: Es lo que somos, pero ese no es el punto, el punto es que la preciosa mujer que tienes tomada del brazo, también es mi hermanita, por lo tanto, la advertencia es recíproca. (Se forma una línea en medio de las cejas de mi hermano al asentir).

Alonso: Me parece justo.

Damián: Claro que eso no quita que un día me quite la espinita, ya sabes, de manera amistosa, ¡cuñadito! (Me pasa el brazo por los hombros atrayéndome a él, claramente provocando a mi hermano, ¡lo mato! La sonrisa fría y amenazante que esboza Alonso me provoca tragar saliva con dificultad).

Alonso: Vinieron en tu auto, ¿cierto? (Pregunta a Camila, la cual asiente). Préstame las llaves. (Una vez en sus manos, se las arroja a Damián que las sujeta en el aire). Estaré esperando esa charla amistosa con ansias, por lo pronto, la quiero a las doce en su casa. (¡Lo sabía! Pongo los ojos en blanco).

Damián: Oye no, espera, ¿las doce? No es Cenicienta y no manejaré ese ridículo auto rosa.

Alonso: Claro que lo harás y la quiero a las doce, ni un minuto más, no quieres que me arrepienta ¿o sí?

Luna: A las doce estaré en casa. (Me apresuro a responder).

Damián: ¿De lado de quién estás?

Luna: Tú te lo buscaste. (Lo reprendo y observo a mi hermano salir con la mano sobre la espalda baja de la rubia, forman una bella pareja). Espero que Cupido los ayude a arreglar sus diferencias.

Damián: Sabes, cada día me gusta más cómo suenas, cómo luces y cómo sabes.

Luna: Tú a mí no, ¿cómo se te ocurre provocar a mi hermano? (Lo sujeto por la nuca con ambas manos).

Damián: ¿Viste su cara?, esto será divertido. (Lo observo encantada). ¿Estás contenta?

Luna: Mucho, escuchar tocar y cantar a Alonso, precisamente con *El Amor es un Arte* de Melendi para aceptar nuestra relación, es prácticamente un milagro.

Damián: Cierto. (Me toma del brazo y me obliga a caminar hacia la salida del museo).

Luna: ¿A dónde vamos?

Damián: Al hotel, ¿no escuchaste? Tengo que llevarte a tu casa a las doce, no podemos perder el tiempo.

Suelto una sonrisa sincera, feliz y plena después de mucho tiempo.

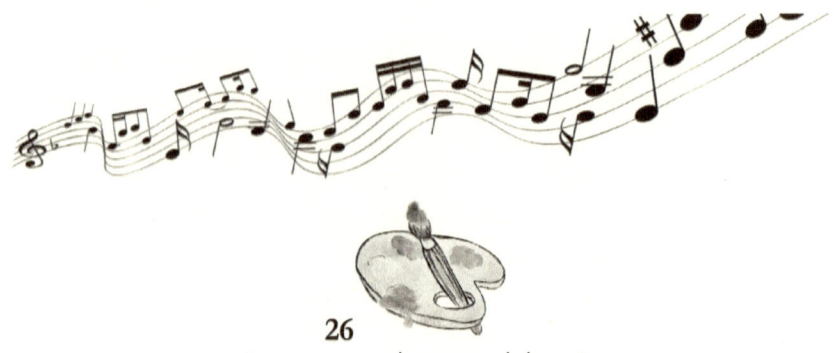

26

"La escritura es la pintura de la voz"
Voltaire

Alonso

Camila: ¿A dónde nos dirigimos? (Pregunta ansiosa al llegar a mi auto).

Alonso: A mi apartamento.

Camila: No creo que sea buena idea.

Alonso: Necesito mostrarte algo, quizá así puedas comprender un poco de lo que te hablaré.

La duda es clara en sus pupilas al abrirle la puerta, la observo varios segundos rogando en silencio por que acepte acompañarme, hasta que finalmente accede, suelto el pesado aire que retenía al cerrar su puerta.

Escucho el acelerado latir de mi pecho resonando en mis oídos durante todo el camino. Las palmas me hormiguean, mi garganta es un maldito desierto y el aire acondicionado parece no enfriar lo suficiente.

Al llegar, rodeo el auto, abro su puerta y le ofrezco la mano para ayudarla a bajar.

Camila: Alonso, estás temblando. (Retiro mi mano y aprieto los puños). ¿Te encuentras bien? (¡No!, por supuesto que no, yo no debería tener la necesidad de mostrar todo esto).

Alonso: Cam, lo que acabo de hacer con Luna es... yo nunca... esto es muy complicado para mí.

Camila: Entiendo, pero necesitas tranquilizarte o aquí te va dar un infarto, estás sudando. (¡No!, no lo entiendes).

Alonso: Estoy bien.

Miento aflojando el nudo de mi corbata que de pronto parece cortarme el aire. Subimos en completo silencio, las imágenes aparecen unas tras otras ¡maldita sea! He peleado durante años para mantener a raya los recuerdos y ahora se estampan en mi rostro como si acabaran de lanzarme una baraja de naipes. Me froto la frente, intentando encontrar algo de claridad entre tanta maraña de ideas que en ocasiones ni yo mismo comprendo.

Sus labios pronuncian mi nombre esperando que salga del ascensor, ¡carajo! Debo lucir patético, me apresuro a salir y con el pulso tembloroso consigo abrir la puerta. Le doy el paso y al entrar se dirige a la sala, pero me apresuro a detenerla sujetando su brazo.

Alonso: Lo que quiero mostrarte está al final del pasillo.

Camila: ¿En tu bodega? (Pregunta extrañada, ¿bodega? ¿De dónde sacó que eso era una bodega? Ni siquiera logro responder, estoy paralizado ¡mierda! ¿Qué demonios me pasa? Es absurdo, esto no puede estar sobrepasándome, ocurrió hace años). ¿Vienes? (Inquiere algunos metros ya alejada, aspiro profundamente un par de ocasiones antes de asentir. La observo entrar a la amplia habitación y admirar todo a su alrededor con grandes ojos, claramente sorprendida. Pasa los dedos por la brillante tapa superior del piano que bien podría describirse como un espejo negro, no me canso de admirar su línea, es una piedra preciosa recién pulida y nunca creí verlo siendo acariciado por el amor de mi vida). No tenía idea que tuvieras un piano. (No respondo, permanezco en la entrada tomando valor para exponer la lucha interna con la que he vivido, sin saber cómo exactamente. Busca mi mirada y separa los labios queriendo añadir algo más, pero prefiere callar. Se acerca a admirar las tres pinturas que adornan una de las paredes, las observa embelesada, recorriendo los suaves trazos). Están firmados por A.T. (Asiento y me dirijo al banquillo del piano Blüthner Grand Model 1 que se encuentra al centro, robando la atención de todo a su alrededor con su imponente estilo).

Alonso: ¿Cuáles son tus primeros recuerdos de niña? (La pregunta la ha tomado por sorpresa, duda en responder).

Camila: Creo que, papá pidiendo que gire para mostrarle mi vestido.

Camila

Mi mirada se empaña y él esboza una media sonrisa, no entiendo de qué va todo esto. Me ofrece su mano invitándome a sentarme a su lado, no estoy segura de querer estar aquí, de querer escucharlo, sin embargo, debo hacerlo para acabar con esto. Me acerco, pero permanezco de pie, recargada en el piano y cierra en un puño la mano extendida al verse rechazado.

Alonso: Los primeros recuerdos que tengo son alrededor del piano, sentado sobre la rodilla de mi padre enseñándome a tocar o bien a su lado tocando lo aprendido mientras él tocaba algunas teclas que yo no alcanzaba a presionar, con mi madre observándolo perdidamente enamorada. Mi padre tocando mientras ella cantaba. Creo que me enseñó a tocar antes que a caminar. (Creí que la relación con su padre era muy mala, pero su mirada se ha perdido con una bruma de añoranza). Vivíamos modestamente, pero no nos faltaba nada, trabajaban juntos, él tocaba varios instrumentos; la guitarra, el violín, su mayor pasión el piano y mi madre cantaba, tiene una voz tersa y unos agudos inalcanzables. Tenían un grupo y tocaban en bares, generalmente de noche, a menos que los contrataran para algún evento, no les iba mal, mi padre era muy cariñoso con ella, y ella se desvivía por atendernos. Pero no solo era músico, si no estaba en este piano, tocando o componiendo, estaba tras un caballete, pintando durante horas. Mis primeros recuerdos son buenos. (Suspira profundamente, entonces esas pinturas son de su padre). Después, todo se fue yendo a la mierda, debieron pasar cientos de cosas antes que yo me percatara de ellas. Siempre tenía un cigarro entre los dedos, incluso los tenía amarillentos de la maldita nicotina, olía a pintura o a alcohol o ambas. Después de tocar en el trabajo, en lugar de regresar a casa con mamá, él continuaba bebiendo en ese ambiente bohemio, entre músicos y poetas que le escribían al desamor y criticaban al gobierno y al poder, incomprendidos sociales, no eran más que perdedores que solo producían lástima. Regresaba a casa de mañana, comenzó a faltar al trabajo por las resacas, se gastaba el sueldo en alcohol, o no iba a trabajar porque decía que le pagaban una miseria para lo que él merecía, que con la pintura que haría esa noche ganaría lo de una semana. (Suelta una risa de impotencia). Pero las pinturas se iban acumulando en un rincón. Mamá mantenía la casa, él quería seguir bebiendo y no tenía dinero, explotaba y faltaba al respeto a mi madre por cualquier estupidez y después regresaba arrepentido a pedirle perdón con una serenata, al siguiente día trabajaba, le daba el dinero que ganaba y le juraba que ya no faltaría, pero volvía a beber y la historia se repetía. Sus compañeros del grupo obviamente le buscaron un reemplazo y él no se cansó de maldecirlos durante semanas, semanas en las que no se despegó de una botella, y obligó a mi madre a apartarse de la agrupación. Vendió todo lo que pudo, televisiones, aparatos de sonido, la maldita sala, vendió hasta la licuadora para comprar alcohol, todo menos su piano, era su mayor tesoro, un anciano español que le enseñó a tocar de niño se lo había obsequiado, no se desharía de él por nada. Se jactaba de ser mucho mejor que su remplazo, que él no era un simple músico, era un **artista**, se llenaba de orgullo con esa maldita palabra pestilente, desde entonces, tengo muy claro el significado de **artista**. (Pienso en intervenir, pero prefiero callar, tan solo era un niño). No cumplió con los pagos de la casa y terminamos en una vecindad, lo cual lo deprimió más y se perdía por días, tuvo que dar a guardar el piano a uno de sus amigos "bohemios", otro alcohólico como él, pero que aún no caía tan bajo. Mi madre moría de angustia porque no llegaba a dormir, en cambio yo, comencé a agradecerlo, pero el hijo de puta siempre regresaba hecho una piltrafa, ya no olía, transpiraba alcohol, no comprendía cómo mi madre podía seguir recibiéndolo. (Se levanta frotándose la frente). Era-era triste y desesperante verlo perderse, dejé de reconocerlo, solo parecía él a ratos, el alcohol se encargaba de desaparecerlo, mi madre le pidió decenas de ocasiones que se internara en Alcohólicos Anónimos, pero solo nombrar el tema, se enfurecía, aseguraba que bebía porque quería y no quería dejar de hacerlo. (Arroja un par de mentas a su boca, con el ceño fruncido y el cuerpo tenso). Le exigía a mi madre comida, como si llevara dinero a la casa, hasta que en una discusión donde ella le reclamaba el que no regresara por días, el malnacido la despreció como mujer, no la tocó, nunca la golpeó, al menos yo nunca me di cuenta de ello, pero le dijo que no regresaba porque lo tenía harto, que ya no era la mujer bella y divertida de la que se había enamorado y que un **artista** como él necesitaba estar rodeado de mujeres bellas para crear, ¡malnacido! No lo aguanté y lo corrí de la casa, mi madre lo quería demasiado, debía hacerlo yo o ella nunca lo haría, para ese momento yo ya trabajaba, quizá no aportaba, pero no pedía nada, yo me pagaba la escuela, los útiles y el transporte. (Su infancia debió ser terrible, ningún niño debería pasar por aquello). No supimos de él por semanas, veía a mi madre rezar angustiada, incluso lo busqué con tal que estuviera tranquila, pero no supe de él. Una mañana llegaron unos amigos suyos con él, prácticamente en brazos, lo habían encontrado durmiendo en la calle, estaba sucio, tenía fiebre, temblaba, no podía ni hablar y dudo que reconociera a alguien. Mi madre lo aceptó, sabía que no debía hacerlo y se lo dije, pero aún lo quería, yo podía verlo en sus ojos, después de todo lo que le había hecho, de sus malos tratos, de sus infidelidades, de terminar viviendo en aquella maldita vecindad repleta de vagos que olían solventes en cada esquina, después de perder lo poco que tenían, lo aceptó de regreso en la casa. Cuando se recuperó nos juró que no bebería más, nos rogó que confiáramos en él, aseguró que con sus pinturas saldríamos de esa pocilga porque él era un gran **artista**, ¡un maldito **artista**! (El desprecio en sus palabras ahora es comprensible). Terminó vendiendo las pinturas en la misma cantidad que le costaba hacerlas o menos, su juramento no duró mucho tiempo, como era de esperarse. La situación en casa era asfixiante, veía trabajar a mamá, estaba cansada, yo estudiaba, trabajaba y cargaba con demasiada ira. No recuerdo cuál fue el motivo de nuestra discusión aquella noche, mamá estaba en casa, él ebrio, me empujó, lo empujé, estábamos a punto de agarrarnos a golpes, pero mamá casi se desploma. Me asusté, creí que estaba enferma, pero una vez que se recuperó, nos confesó que estaba embarazada. ¿Puedes creer eso? ¡Embarazada! De un maldito alcohólico que cualquier día la golpearía cuando yo no estuviera, en aquel lugar miserable y sin comida en la alacena. Le grité a la cara todo aquello, quizá más, ella sabía la situación en que estábamos, no necesitaba que yo, su propio hijo, se lo echara en cara, la pobre lloró toda la noche, aún me queman sus lágrimas. (El dolor de aquel recuerdo se marca en sus facciones). Desde que supe que estaba embarazada, comencé a trabajar incluso los domingos, cargando cajas de frutas en la central de abastos, no quería estar en casa para no verlo y necesitábamos el dinero. Uno de los señores para los que trabajaba me regaló una televisión usada, una noche que regresé a casa después de un largo día en el que me esforzaba por cumplir mis obligaciones, la tele no estaba, pero el muy hijo de perra tenía una botella en las manos, fue la gota que derramó el vaso, yo habré tenido alrededor de diecisiete años, nos agarramos a golpes, y le di a mi madre un ultimátum, o se iba él o me iba yo, la pobre tenía ya seis o siete meses de embarazo, me pidió que no la pusiera en aquella situación, pero yo ya no soportaba su presencia, tarde o temprano terminaría en una desgracia, así que lo corrió.

Camila: ¡Por Dios, Alonso! Debió ser muy duro. (Me abrazo a mí misma reprimiendo las ganas de consolar su angustia).

Alonso: No tienes una idea, mi madre trabajó hasta que no pudo más, yo, si no estaba estudiando, estaba trabajando en lo que podía. Dio a luz a una preciosa bebita, de él hacía semanas no sabíamos nada y yo prefería que fuera así, pero mi madre lo añoraba, no lo decía, pero la tristeza en su mirada lo hacía por ella. La bebita necesitaba pañales y biberones y yo no tenía dinero. Los sábados por las noches un grupo de vagos apostaban por agarrarse a golpes, algo así como peleas callejeras pero nada a gran escala, solo entre colonias, yo necesitaba dinero y tenía mucha rabia acumulada, pelee cada fin de semana al menos los dos primeros años de vida de Luna, después cada dos o tres semanas, creo que gracias a eso soporté la presión. (Nunca me habría imaginado a Alonso inmiscuido en pelas clandestinas). Mamá regresó a cantar en cuanto pudo, le tomé aberración al alcohol y al tabaco desde muy pequeño, odiaba verla arreglarse para salir a trabajar y divertir a cabrones que estaban bebiendo. Mi padre se apareció a conocer a su hija al mes de nacida, iba borracho y no le permití el acceso, le advertí que si quería ver a la niña, debía regresar sobrio, creí que no regresaría, pero lo hizo, regresó un par de días después, él fue quien la llamó Luna, como la luna que lo inspiraba a tocar y crear bellas obras, ¡imbécil! Pero a mamá le gustó la idea. Siempre aparecía borracho queriendo ver a su Luna y yo siempre lo corría. Cada visita era una maldita pelea, pero a los pocos días regresaba recién bañado y sobrio para ver a su hija. Detestaba que pusiera sus sucias manos manchadas de pintura en mi pequeña hermana, pero era su padre y yo no podía negarle que la viera si mi madre no lo hacía. Mamá me preguntó si sabía dónde vivía, la verdad es que no lo sabía y no me interesaba, pero por petición suya lo averigüé, tocaba un piano viejo en un burdel de mala muerte a cambio de copas de alcohol adulterado, algo de comida y le permitían dormir ahí, supongo que lo usaban como perro guardián. Nunca se lo dije a mi madre. Me esforcé cada día por trabajar con una sola meta en mente, sacar a mi madre y hermana de ese maldito lugar, ellas merecían algo mejor. Luna crecía muy rápido y ya preguntaba por su papá, esperaba que fuera a verla, pero nunca había un día en específico. Como todos los niños, pintaba y en una visita que él la vio le dijo que ella sería una gran **artista**, como él, enfurecí, perdí la cabeza y lo saqué a golpes de la casa, yo no permitiría que mi hermana fuera como él. (Las venas en su cuello se han marcado y mantiene los puños apretados irradiando ira por cada poro, en cada palabra). Luna no caería en ese maldito mundo de vicios donde beber o fumar hierba hasta perder la conciencia es normal, con palabrerías huecas justificando su incomprensión y culpando a la sociedad de su miseria. (Presiona el puente de su nariz aspirando con fuerza). Afortunadamente mamá no estaba en casa, pero asusté a la niña, no lo recuerda, habrá tenido unos cuatro años. En fin, conseguí una beca por buenas notas y entré a la universidad, rogaba por terminar la licenciatura, necesitaba un mejor sueldo y sacar a mi madre de ese empleo. Él nunca dejó de ir a ver a Luna, iba limpio y sobrio pero cada día lucía peor, más delgado, con ojeras enormes y espasmos con sudoraciones provocadas por las horas de abstinencia, mamá sufría al verlo tan mal y yo de verla a ella. Habían sido años, años de maltrato psicológico, de miseria, de trabajar desde niño, de ver a mi madre sufrir. Deseé con toda el alma que no volviera, ese cabrón no se merecía estar con mi hermana dibujando como si no hubiese destruido a nuestra familia. De pronto, el deseo se me cumplió, desapareció, la niña ya con cinco o seis años preguntaba por él, mamá estaba preocupada, así que fui a buscarlo al burdel, lo habían acusado por robo, obviamente les había robado algunas botellas, era lo lógico; estaba en prisión y no sabríamos de él por mucho tiempo, era lo mejor que nos podía pasar. Pero la niña continuaba preguntando y mamá me dijo que iría a buscarlo, yo estaba furioso, no entendía, no comprendía cómo demonios podía seguir queriendo a ese maldito alcohólico. Argumentó que estaba enfermo, ¡por favor! (Exclama irónico levantando la voz), eso no es una maldita enfermedad, no le apareció un tumor espontáneamente, ¡no! Él había decidido beber aun cuando mi madre le suplicó que lo dejara, el alcohol fue más importante que su familia, bebió y bebió por años hasta depender de esa mierda, decidió hundirse y nos hundió con él, sabiendo que mi madre estaba sola, mi abuelo la despreció por dedicarse a cantar, entretener como si fuera una puta, mamá lo prefirió a él y ese cabrón eligió la bebida, ¡no! Ese malnacido no estaba enfermo, ¡estaba podrido! (El músculo en su quijada se contrae, nunca lo había visto tan furioso, al darme la espalda aprecio los anchos hombros subir y bajar exaltados. Se está tomando un momento para continuar y yo no tengo idea qué decir, jamás me esperé una confesión de este tipo y me duele, me duele imaginarlo en esa situación). Discutimos como nunca y, entre gritos, le confesé que hacía un par de semanas había descubierto que el malnacido estaba en prisión, reaccionó dándome una bofetada por no decírselo antes, eso terminó con la disputa. No estábamos bien, ella vivía angustiada, preocupada, la niña entró a la escuela y los gastos aumentaron, ya no solo cantaba, lavaba ropa ajena, estaba agotada, yo vivía enojado, preocupado, exigiéndome más todo el tiempo, con las migrañas reventándome la cabeza cada vez con más frecuencia, nuestra única alegría era Luna, su sonrisa e inocencia lo valían todo. Entre lágrimas me pidió perdón. Fue a verlo a la cárcel pese a que le pedí que no lo hiciera, me dijo que la estaba pasando muy mal, su condena no era muy larga, pero con un buen abogado podría ser menor, le advertí que no movería un solo dedo por él. No pasó mucho tiempo en prisión, ya sabes cómo murió. (Se frota la frente y cubre sus ojos, está tan dolido, tan afectado, me acerco a él colocando una mano en su hombro).

Camila: Lamento mucho que hayas pasado por todo aquello, no lo merecías, tu familia no lo merecía, ahora entiendo lo difícil que ha sido para ti aceptar la vocación de tu hermana.

Alonso: ¡No! No lo entiendes, yo conocía al amigo que le guardaba el piano, vivía cerca de la escuela, como el piano era de mi padre me dejaba tocarlo, yo no quería hacerlo, yo no quería ser como él, pero el hermoso instrumento se veía desde la ventana y yo no podía dejar de admirarlo, parecía llamarme, parecía burlarse de mí por creer que lograría olvidarlo y siempre terminaba llamando a la puerta para que me dejaran tocarlo. Me resistía, pero era más fuerte que yo, lo necesitaba, esos escasos diez minutos lograban que olvidara que comería lo mismo que ayer y antier, lo mismo que comería al siguiente día. (La mirada se le ha enrojecido cubierta de angustia). En el fondo, cuando mis dedos tocaban las teclas, deseaba ser tan bueno y ágil como él, me esforzaba por mover los dedos con la misma elegancia que él lo hacía, quería que volviera, que regresara a enseñarme. Yo-yo quería a mi padre de regreso, pero al salir de esa casa y volver a la realidad me enfurecía por ser tan débil, por guardar una ilusión absurda, eso no pasaría. Conforme crecí, fui yendo menos, aprendí a controlar las ganas de tocar, convirtiendo los dedos hábiles en puños, además no tenía tiempo, necesitaba trabajar, pero en uno de esos días en que me sentía frustrado, abrumado, necesitaba un poco de paz y fui, el amigo de mi padre me dijo que mi papá finalmente le había vendido el piano, se deshizo de su tesoro más preciado, en ese momento supe que realmente lo habíamos perdido, que mi padre ya no existía, murió mucho antes de dejar de respirar. (Se esfuerza por no abrir las compuertas de las lagunas que se han formado en sus ojos y al no poder más prefiere darme la espalda). Yo no sería como él, yo sacaría a mi madre del hoyo donde nos hundió, yo no permitiría que su miserable vida empañara la de mi hermana, ya había jodido la mía, no haría lo mismo con ella, por eso Luna no sabe nada de esto, no sabe cómo vivió, tampoco que estuvo en prisión, acordamos decirle que lo apuñalaron al asaltarlo. Trabajé hasta el cansancio y conseguí darles una mejor vida, borré cualquier indicio de su existencia, la metí en buenos colegios, ella no caería en ese mundo, le di el mejor de los ejemplos, ella estudiaría, sería una profesional, yo me encargaría de eso. (El cuerpo entero parece vibrarle, respira con dificultad, tiene la desesperación impregnada en las pupilas y el sudor ha regresado a su frente). Algo me falló en la maldita ecuación y no tengo idea qué, se empeñó en pintar, le pedí, de todas las formas posibles, que lo dejara, ella no debía estar en ese mundo. Sé lo que piensan, que soy un maldito exagerado, que soy cuadrado, que solo me interesa el trabajo, que una copa no le hace daño a nadie, que las pinturas son arte y que el arte es belleza, toda esa mierda la sé, la he estudiado, lo comprendo, pero no lo acepto, no cerca de mí y los míos, porque me jodió, me robó la infancia, la adolescencia, me llenó de rencor, me robó la tranquilidad, yo viví la destrucción de esa mierda. (Miedo, eso es lo que tiene).

Camila: Tienes miedo que Luna termine como tu padre.

Alonso: ¡No!, no tengo miedo… tengo pánico. (La voz se le quiebra y lo abrazo con fuerza intentando reconfortar sus temores, su frente cae sobre mi hombro y acaricio su espalda que continúa temblando).

Camila: Tranquilo, tranquilo, eso no pasará, Luna es una buena niña, con principios y valores firmes que ustedes le han inculcado, creció en una familia amorosa, ella te adora, no los defraudará. (Se aferra a mi cintura con tanta fuerza que me cuesta trabajo respirar, pero poco a poco va relajando el agarre).

Alonso: ¿Y cómo puedo estar seguro de eso? (Pregunta buscando mi mirada, con la vulnerabilidad de un niño perdido, lo había visto enfermo, furioso, preocupado, pero nunca atormentado).

Camila: No hay certeza, necesitas confiar en ella y en lo que ustedes le han enseñado. La vida es así. (Suelta el aire derrotado, agotado después de la pesada revelación).

Alonso: Eso es lo que he hecho, o al menos, he intentado hacer.

Vuelvo a abrazarlo, ahora comprendía lo difícil que era para él y su madre aceptar la vocación de Luna, el duro rechazo a la bebida, incluso al tabaco, pasó por el tormento de padecer a un alcohólico y solo deseaba proteger de ello a su hermana. Lamentablemente, no puede proteger y mantener en una burbuja a sus seres queridos, solo queda mostrarles lo bueno y malo de la vida, para que cada uno tome su camino.

Pasamos largo rato abrazados, soy yo la que intenta reconfortarlo pero no puedo negar que su calor recorre mi cuerpo como una caricia.

Camila: Tenías razón, no tenía idea lo difícil que esto debe ser para ti, sé que has librado una gran lucha interna, que amas a tu hermana y has tomado la mejor decisión para ella y para tu familia. (Asiente ligeramente con la mirada baja, lo guío tomándolo de las manos hasta el banquillo, pareciera que no ha dormido en semanas). Es un hermoso piano. (Esboza una sonrisa triste).

Alonso: Una vez que logré adquirir una casa para mamá, un auto, mi propio apartamento… Lo busqué, por alguna razón que aún no comprendo, necesitaba recuperarlo.

Camila: ¿Este es el piano de tu padre?

Alonso: Sí, el amigo de mi padre todavía lo conservaba, no lucía así, pero no necesitaba muchos arreglos, tenía esas pinturas de él y también me las ofreció. No entro a menudo a esta habitación, incluso la mantengo con llave, no me gusta verlo porque es como un maldito imán y detesto ceder ante él pero… cuando la presión, el cansancio, el estrés, cuando todo se acumula, tocar es lo único que logra relajarme, perderme entre las notas, olvidarme por unos minutos de todas mis responsabilidades navegando entre melodías.

Camila: No deberías negarte ese placer, tocas maravilloso y eso no te hace débil o semejante a él, al contrario, has logrado lo que muy pocos en circunstancias tan complejas, eres un hombre admirable. (Se frota la nuca, está exhausto).

Alonso: Estoy muy lejos de ser admirable, si lo fuera, seguirías a mi lado. (Responde tomándome una mano, acariciando suavemente mi muñeca con el pulgar).

Camila: Alonso, estás cansado, será mejor que dejemos esa conversación para otro día.

Alonso: ¿Para cuándo? En dos días te vas a Italia.

Camila: ¿Cómo lo sabes?

Alonso: ¿Te ibas a ir sin despedirte? ¿Sin una sola palabra?

Camila: No tenía por qué hacerlo. (Me levanto buscando alejarme, su cercanía me desarma y me duele mucho por lo que ha pasado, pero lo que me hizo…).

Alonso: Admiraba a tu padre antes de conocerlo, sabía quién era, lo mucho que había crecido su empresa desde que él tomó la presidencia, era prácticamente un modelo empresarial a seguir. Cuando me di cuenta que pretendían ponerle un cuatro financiero, fue complicado que aceptara verme, pero simpatizamos desde las primeras palabras. Me ofreció empleo en agradecimiento. Nuestra relación se fue estrechando, trabajaba directamente para él y cada día aprendía algo nuevo. Nunca creí tener el sueldo que percibía a esa edad, como siempre yo era el primero en llegar y el último en irse, mi tiempo estaba dedicado a trabajar. Pero las cosas comenzaron a cambiar, me iba a mi hora de salida y ya no llegaba tan temprano, estaba cansado, no respondía con la agilidad mental que me caracterizaba, estaba distraído y creí que nadie lo notaba, pero al viejo nada se le escapaba. Me encaró y le confesé que a mi madre le habían diagnosticado cáncer de seno, Luna tendría nueve o diez años, y yo estaba pasando tiempo cuidándola y acompañándola en los duros tratamientos, Leonardo inmediatamente me contactó con Sierra y me dijo que me despreocupara de los gastos. Mi madre obtuvo la mejor atención médica gracias a tu padre, eso no me restó preocupación, pero al menos sabía que no había nada que no tuviera. Con la operación, los terribles tratamientos y ayuda psicológica recomendada por la amputación de uno de sus senos, salió adelante.

Camila: No tenía idea de lo de tu madre, debió ser muy difícil.

Alonso: Mucho, ella apenas se resignaba a la muerte de su esposo y esa maldita enfermedad la atacó, después de todo por lo que había pasado, no merecía aquello. La vi muy mal, creí que me dejaría, el temple y las fuerzas se me iban como a ella se le iba la vida, pero no podía darse por vencida, Luna la necesitaba y yo, yo no iba poder con tanto. Nunca sabré si en otro hospital y con otros médicos el resultado hubiese sido el mismo, pero para mí, yo le debo la vida de mi madre a Leonardo y se lo agradecí jurándole que nunca le fallaría, que estaba para cumplir cualquier cosa que él mandara, trabajé día, noche y madrugada por CEMTY. Cuando tu hermano se fue, nuestra relación se estrechó aún más, pero no porque lo estuviera sustituyendo conmigo, teníamos grandes proyectos, estábamos abriendo nuevas sucursales, la empresa estaba creciendo. Yo no solo lo admiraba, lo respetaba y le tenía un gran cariño.

Camila: Eso ya lo sabía, sabía que tenía sus defectos, pero era un buen hombre y su prioridad siempre fue la empresa. (Me cruzo de brazos, en una posición de rechazo, por alguna razón me irrita que hable con tanto cariño de él).

Alonso: Y ustedes, tú y tu madre eran su adoración. Yo no estuve con él cuando le dieron el diagnóstico, manejó ese asunto con mucha discreción, pero me di cuenta que algo no andaba bien, estaba cansado, sin el mismo empuje, viajaba constantemente, hasta que una noche ya que habíamos acabado los asuntos de la oficina le pregunté qué ocurría, estaba tomándose unos *whiskys* y creo que eso fue lo que lo animó a hablar. La noticia me cayó tan mal como cuando recibí el diagnóstico de mi madre, y por supuesto me ofrecí a ayudarlo en lo que necesitara, los tratamientos más agresivos fueron al principio, claro que le pregunté por su familia, pero me dijo que prefería mantenerlas al margen, no quería verlas a ustedes pasar por lo que me vio pasar a mí, y lo entendí, es una situación muy desgastante, cada hora que pasa es una maldita tortura y a la vez un alivio.

Camila: Yo debía… (Grito en una réplica, pero se levanta tomándome de los brazos).

Alonso: Tu madre no me soportaba y a ti quizá te había visto un par de ocasiones a lo lejos. No te voy a mentir, no insistí, me importaba él, no ustedes. Lo acompañé y estuve a su lado todo el tiempo que él me permitió, pero cuando regresaste y nuestra relación comenzó, insistí para que se los dijera.

Camila: ¿Y cómo esperas que te crea? (Me zafo de su agarre).

Alonso: Porque nunca te he mentido, porque cada vez que dudas de mí, al final del día terminas dándote cuenta que yo no te mentí. Le pedí a tu padre que hablara con ustedes, tú ya habías regresado y estabas en la empresa, sus constantes viajes atraerían tus sospechas, pero fue muy tajante al respecto, las cosas se seguirían llevando como hasta ese momento, era una orden y cuando el viejo tomaba esa actitud, sus órdenes simplemente se acataban.

Camila: ¿Y yo? ¿No pensaste en mí?

Alonso: Todavía no comenzaba nuestra relación. Cuando lo hicimos, volví a tocar el tema, yo veía lo cariñosa que eras con tu padre, sabía que merecías saber la verdad, que seguramente querrías estar a su lado, pero me hizo entender lo doloroso que sería para ti verlo en aquella situación. (Al estar cruzada de brazos mis uñas terminan clavándose en mis brazos por la fuerza en que las presiono para no derrumbarme). Si su final llegaba, no quería que lo recordaras débil, acabado y enfermo, quería que lo recordaras fuerte e invencible como siempre lo viste, no quería que detuvieras tu vida, quería que vivieras feliz, no preocupada y al pendiente de un enfermo.

Camila: ¡Y ahora lo que hago es imaginarlo débil, enfermo y solo, con una culpa enorme por no haber estado a su lado! (Le grito a la cara).

Alonso

La sujeto por los hombros.

Alonso: No tienes de qué sentirte culpable, era su decisión, era su vida la que se apagaba, tú eres su hija, su familia, yo era un empleado, le debía demasiado a tu padre, me dio una orden y no podía fallarle.

Camila: ¿Y quién carajo te crees? ¡Un soldado!, claro, tú no podías fallar a tu trabajo, porque tu trabajo siempre es tu prioridad. (Sus pupilas celestes están cargadas de rabia).

Alonso: No, Cam, ¡no!, yo no podía fallarle al hombre al que le debo la vida de mi madre, yo no podía fallarle al hombre al que quería como a un padre. (Sus lágrimas caen como cascadas sobre sus mejillas, pero no logran llevarse el desprecio de sus ojos). Amor, nuestra relación iba y venía, pero te juro, te juro que le insistí para que te lo dijera. Me pidió que me pusiera en sus zapatos, él no quería ver a sus mujeres sufrir, yo haría todo lo que estuviera en mis manos por no ver sufrir a las mías y, sí, tienes razón, quizá fui egoísta, pero yo tampoco deseaba verte pasar por esa larga agonía.

Camila: No soy una niña, no tenías derecho a decidir por mí, yo quería estar con él, yo debía estar con él. (La voz se le quiebra y el cuerpo entero comienza a vibrarle, la cobijo entre mis brazos pese a que intenta apartarse).

Alonso: Lo sé, lo sé, amor y lo hiciste. Fueron a conciertos, tuvieron días familiares, pasaron tiempo de calidad juntos los últimos meses, justo como él lo deseaba. (La mantengo pegada a mi pecho hasta que los sollozos cesan). Perdóname, amor, perdóname por haber callado.

Camila: Me pides perdón pero lo volverías hacer, ¿cierto? (Me observa esperando una respuesta ¿qué mierda se supone que conteste a eso?).

Alonso: Te pido perdón por haberte lastimado con mi silencio. (Niega con la cabeza y se zafa de mi agarre para salir de la habitación, ¡mierda!, le pido que espere a medio pasillo pero no me escucha, alcanzo a detenerla hasta llegar a la puerta). Cam, por favor, no era tu decisión o la mía, entiende que era la suya.

Camila: Tomaste la decisión correcta como mano derecha del señor Zambrano, no como el novio de Camila Zambrano y eso no es lo que quiero para mí. (Su argumento me deja helado, pero al verla abrir la puerta estampo la palma contra ella para cerrarla).

Alonso: Quizá no lo veas o el dolor no te permita hacerlo, pero fue la mejor decisión como tu novio, como tu pareja; te amo, Cam, y nada me duele más que verte sufrir.

Camila: Robarme un tiempo que no volverá con mi padre, ¿te parece la mejor decisión?

Alonso: Fui el primero en pedirte que pasaras tiempo con él.

Camila: Sí, ¡¡pero yo no sabía!! (Grita desesperada). Yo no sabía que no habría más.

Alonso: Y por eso lo disfrutaste, por eso fue natural, de haberlo sabido, lo hubieses padecido. Esta agonía, este dolor, esta impotencia que estás cargando ahora, la hubieras arrastrado por meses y tu padre habría sufrido al verte. No he hecho otra cosa más que amarte, cuidarte. (Deja caer el bolso derrotada). Perdóname, bonita, (la sujeto por la cintura temiendo que rechace mi contacto, pero no lo hace, su frente encuentra descanso sobre mi pecho y regresan los espasmos a su cuerpo).

Camila: Los perdí a los dos. (Añade sollozando y siento cómo esa daga que permanece enterrada gira abriendo aún más la herida).

Alonso: Lo sé, lo sé, amor, mírame. (Le pido levantando su rostro al tomarla por la mejilla). Si de algo sirve, yo estoy aquí y no me pienso ir, no nos separes, amor, te lo suplico, no nos separes. ¿Qué hago? ¿Qué necesito hacer para que me perdones?

Camila: No me sueltes, no me sueltes porque yo sola no sé si pueda sostenerme.

Se entrega a mí y yo la sostengo como mi tesoro más preciado, recuperando con ella, mi alma devastada.

La llevo en brazos a la habitación, donde permanecemos unidos, lamiendo el sinfín de heridas del otro con pequeñas caricias hasta caer dormidos.

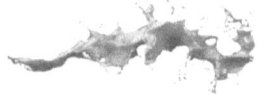

Se remueve entre mis brazos al despertar.

Alonso: Shhh… duerme, bonita, es muy temprano aún.

Camila: ¿Qué hora es? (Pregunta adormilada).

Alonso: Las ocho.

Camila: Ya se te ha hecho tarde. (Intenta apartarse pero la abrazo con fuerza impidiéndoselo).

Alonso: No pienso ir a ningún lado, amor, nada, nada es más importante que tú y lamento si en algún momento ha parecido lo contrario. (Regresa la mejilla a mi pecho soltando un suspiro).

Camila: Nunca dejará de doler, ¿verdad? (El tono sereno y apagado me desarma).

Alonso: Un par de pérdidas tan grandes, dudo que un día dejen de doler. (Su puño se aferra a mi camisa, ya que hemos caído dormidos sin siquiera desvestirnos). Pero estando juntos lo superaremos, tendremos buenos momentos y esos momentos se convertirán en días enteros, después en semanas. Te prometo que llegará el día en que podremos respirar sin que el aire parezca tener espinas.

Camila: ¡Perdóname! (Suplica buscando mi mirada, no entiendo a qué se refiere). Perdóname, tú lo deseabas tanto como yo y lo primero que hice fue apartarte.

Alonso: Shhhh, no... no, mi amor, no tengo nada que perdonarte. Estabas muy afectada, fue un día terrible y no hay nada que perdonar. (Beso su frente y acaricio los hilos dorados). Y sí, lo deseaba, lo deseaba con toda mi alma, y yo sé que ahora es muy difícil, que no tienes cabeza para eso, que pasará algún tiempo, pero cuando estés lista, tendremos la casa de tus sueños, con un amplio jardín y seremos una familia. (Extraigo del bolsillo su anillo de compromiso, lo observa por un segundo, suelta el aire con fuerza y asiente aceptándolo, por segunda vez lo coloco en su dedo, a donde pertenece).

Camila: Sí quiero, quiero aferrarme a esa ilusión, pero...

Alonso: Lo sé, lo sé, pero te juro que haré realidad tus sueños, porque también son los míos y nos lo merecemos.

Asiente al no poder pronunciar palabra sin echarse a llorar, la tomo por ambas mejillas y sellamos nuestro pacto con un cálido beso, entregando nuestras almas laceradas, las débiles esperanzas y comenzando así nuestra recuperación.

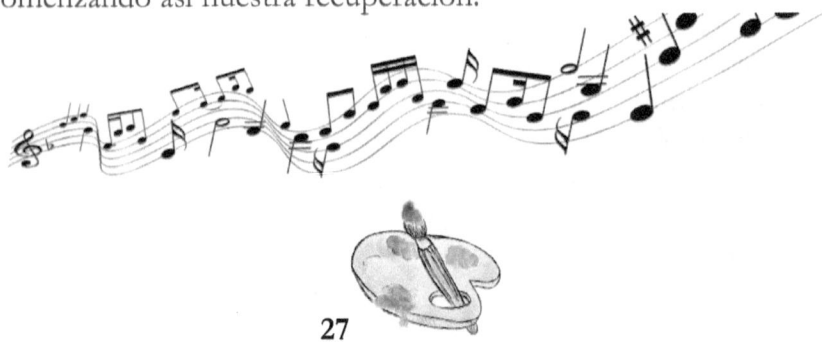

27

"La música tiene un poder sanador. Tiene la habilidad de sacar a la gente fuera de sí mismas durante unas horas"
Elton John

Alonso

Esa misma noche vamos al hotel por sus cosas. No me agrada la idea de tener a Pechan dentro del apartamento, pero es un pequeño sacrificio que pago con gusto con tal de tenerla de nuevo entre mis brazos. Y, desde luego, le pido que encuentre cuanto antes la casa de sus sueños, necesitamos ese jardín para el perro, además es un buen pretexto para dar un paso a nuestra nueva vida.

Mi madre, al enterarse de mi aceptación a la relación de Luna con el imbécil de Leo, les pide retrasen unos días su viaje, desea una pequeña reunión con sus hijos y sus parejas, lo cual no me parece una buena idea, ese imbécil y yo en la misma mesa es sinónimo de problemas, pero a Camila le entusiasma y no voy a desairar a mi madre, ni a mi mujer, lo que sea con tal devolverle una chispa de alegría a su mirada.

Gina ha salido del país sin despedirse de sus hijos, supongo no sabremos de ella por un largo tiempo.

A pesar de ser sábado he debido trabajar medio día, a Nancy le otorgué el puesto que yo ocupaba, director administrativo, se lo ganó con creces, pero mi nueva asistente no me está dando los resultados que ella me daba, me gustaría regresarla a ser mi asistente o mejor, poder clonarla.

Acomodo mi corbata frente al retrovisor y arrojo un par de mentas a mi boca directo del frasco antes de bajar del auto.

Unos cuantos metros antes de llegar a la puerta de casa de mi madre, Luna se arroja a mis brazos entre lágrimas.

Alonso: ¡Luna! ¿Pero qué…? (La rabia explota en mis venas al verla llorar de esa forma). ¿Qué fue lo que te hizo ese imbécil? Te juro que… (Me detengo al verla negar sin poder pronunciar palabra por los sollozos). ¿Qué pasó entonces? ¿Mamá está bien? (Asiente, pero le es imposible dejar de llorar, por lo que vuelvo a abrazarla con fuerza para darle tiempo a que se tranquilice). Está bien, mi niña, está bien, tranquila, no importa lo que sea, lo resolveré. (Mi pulso se ha acelerado y las tuercas en mi cabeza revolucionan al mil por hora intentando encontrar el porqué de su llanto).

Luna: Lo siento, siento mucho todo lo que te dije.

Alonso: No sé de qué me hablas, Luna, no tengo nada qué perdonarte.

Luna: Lo sé, lo sé todo. (Un frío paralizante me recorre la espina dorsal, sujeto su mejilla para obligarla a levantar el rostro).

Alonso: ¿Qué es lo que sabes, mi niña?

Luna: Sé todo, sé todo lo de mi papá, mamá me lo ha dicho. (El dolor, el desconsuelo y la decepción que expresa su llanto me estruja el pecho, ¿por qué? Luna no tenía que saberlo, la habíamos librado de toda esa mierda. Las emociones y recuerdos frescos tan difíciles de digerir se agolpan en mi garganta. La abrazo con fuerza sin comprender a mi madre, hubo momentos en que perdí el control y le pedí que habláramos con ella, pero se negó, eso era lo correcto. Las pupilas me arden y debo levantar el rostro para tragarme las lágrimas, para no quebrarme y continuar siendo el hombre fuerte y protector de esta familia).

Alonso: No, mi niña, no tengo nada que disculparte. (Añado apartando las lágrimas de sus mejillas). ¡Carajo! Tú no deberías estar pasando por esto.

Luna: Si yo lo hubiera sabido antes, jamás te habría hablado como lo hice, te dije tantas cosas...

Alonso: Hey, eso ya pasó.

Luna: Yo siempre creí que tú no me entendías y era yo la que no tenía idea por todo lo que habías pasado, todo lo que has hecho por mí, soy una malagradecida y... (¡Noo! No, no, no, no, me rompe el alma escucharla hablar así. El llanto no le permite continuar).

Alonso: Escúchame, Luna, (la tomo con ambas manos por las mejillas) no tengo nada que perdonarte y no hay nada qué agradecer, todo lo que he hecho ha sido porque te quiero, eres mi hermanita, ¡mi niña!, ya no llores, ven acá. (La atraigo nuevamente para abrazarla, mi madre aparece en la puerta de la casa y debo controlarme para no exigirle una respuesta. Se acerca con los ojos enrojecidos, clara muestra de la tortura de revivir el pasado). ¿Por qué, madre? ¿Por qué ahora?, no era necesario hacerla pasar por esto.

Mónica: Porque yo sé todo lo que te has esforzado por nosotras, porque Luna necesita saber y comprender la magnitud del esfuerzo que te ha implicado aceptarlo. Porque ella necesita estar consciente que cada palabra que se le dijo tenía un trasfondo, que ser adulto conlleva responsabilidades, que cada decisión buena o mala que se toma en esta vida, tiene consecuencias que no solo le afectan a uno, también a las personas que amamos.

Luna: No los voy a defraudar, les juro que no les fallaré.

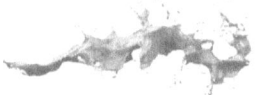

Minutos más tarde llega Camila, con un delicioso postre en mano. Saluda con un beso y abraza calurosa a mi madre y hermana, pero me observa con un deje de preocupación, es evidente que ambas estuvieron llorando aunque intentan disimularlo.

Camila: Si llegué en mal momento y necesitan hablar en familia, podemos posponer la reunión para otro día. (Susurra a mi oído).

Alonso: Tú eres parte de mi familia, y no hay nada más que tengamos que hablar, no te preocupes, amor.

Mis tres mujeres conversan, Camila ha comenzado a buscar la casa de sus sueños al menos en fotografías y se las muestra en el celular. Mi madre y Luna le piden entusiasmadas que les enseñe su anillo rosa de compromiso, aunque aclaramos que aún no hay fecha para la boda.

El timbre anuncia la llegada del imbécil de Leo y me levanto a recibirlo.

Damián: ¡Hola, cuñadito! (Hijo de... Lo sujeto por la camisa). ¿Así recibes a las visitas? (Añade irónico). Es nueva, la compré para lucir bien frente a mi suegra, ya sabes, llevarse bien con la suegra es esencial para una buena relación, tú debes saberlo mejor que nadie. (Su estúpida sonrisa me revienta las pelotas, cabrón hijo de puta).

Alonso: No me obligues a ensuciar la alfombra de mi madre. (Lo suelto de mala gana). Entra, están en la sala. (Luna se levanta a recibirlo y él la toma por las mejillas).

Damián: ¿Qué pasó? (Inquiere preocupado, ella niega con una sonrisa en el rostro intentando que él lo deje pasar). Estoy mal de la cabeza, pero de la vista no tengo problemas, así que dime...

Alonso: En eso estamos de acuerdo. (Interrumpo su estúpida escena de preocupación con sarcasmo, cruzándome de brazos para recargarme en la pared).

Damián: Fuiste tú, imbécil, ¿qué carajos le dijiste ahora? (Da unos pasos para encararme, pero Luna lo detiene, Camila se levanta asustada pero niego con la cabeza sonriendo para borrar esa preocupación de su rostro, no voy a golpearlo, no a menos que me obligue hacerlo).

Luna: No me ha hecho nada, mamá y yo nos pusimos sentimentales, recordando algunas cosas de mi infancia, pero todo está bien.

Termina de saludar y una vez con el ambiente más relajado, pasamos a la mesa.

Damián: Me tomé el atrevimiento de traer unas botellas de vino, dos blancos y dos tintos, espero que alguna le vaya bien a la comida. (Presiono los puños, conteniéndome para no sacarlo a punta de patadas de la casa, Camila inmediatamente se coloca frente a mí con las palmas sobre mi pecho susurrando que solo intenta ser amable).

Luna: En casa de mi madre no se bebe, Damián.

Damián: ¡Es broma!

Luna: No, no lo es. (Quita las bolsas que contienen las botellas que el idiota ya había colocado sobre la mesa).

Mónica: No te preocupes, Damián, de todas formas, no le iba ninguna a la comida, preparé pozole.

Alonso: ¿¿Damián??, su nombre es Leo Zambrano. (En esta ocasión es Luna quien se para frente a él para evitar que se acerque).

Damián: Prefiero Damián, te agradecería me llamaras así, cuñado.

Alonso: Sin problema, cuando dejes de llamarme cuñado, Leo. (¡Tómala cabrón!, nos retamos con la mirada, pero Cam se encarga de romper con ello).

Camila: Señora, ¡amo el pozole!

Mónica: Alonso me dijo que era tu favorito, espero que te guste.

Los cuatro conversan y yo me limito a comer y fingir sonrisas a mi mujer para que no se preocupe. Sabía que esto no sería buena idea, su estúpida sonrisa y la naturalidad con que habla con mi madre me molesta, que toque la mano de mi hermana me molesta ¡carajo! Me molesta hasta que respire.

Mónica: ¿Y cuáles son sus planes, muchachos? (Pregunta a "Damián" ¿quién carajos decide cambiarse el nombre?, es absurdo).

Damián: Pintar, comenzaremos la siguiente colección.

Alonso: ¿Y tú, huerca? ¿No piensas estudiar nada más? (Camila me presiona el antebrazo asesinándome con la mirada, pero la ignoro observando la reacción de Zambrano que le sujeta la mano a mi hermana). Existen licenciaturas o postgrados en artes visuales, plásticas, historia del arte. El Instituto Nacional de Bellas Artes es de los más prestigiosos.

Luna: Lo es, y está en la Ciudad de México, nosotros viviremos en Guanajuato y te aseguro que puedo aprender mucho más trabajando al lado de Damián, un reconocido pintor a nivel mundial, que en cualquier universidad de arte.

Alonso: Ampliar el conocimiento y tener un documento oficial que lo respalde nunca está de más, piénsalo, quizá haya alguna universidad en Guanajuato que tenga alguna licenciatura que te agrade, por el costo no te preocupes, yo me haré cargo de todo.

Luna: Te lo agradezco, Alonso, pero por lo pronto… (El idiota la interrumpe sin poder controlar más su estúpida boca).

Damián: Tu hermano tiene razón, Calíope. (Luna lo mira incrédula, igual que los demás, cariñoso le acaricia la mejilla). Siempre es bueno ampliar el conocimiento y, efectivamente, el Instituto Nacional de Bellas Artes es de los mejores en el país, hay excelentes profesores, tiene licenciaturas, postgrados, talleres, cursos, podríamos echarle un vistazo y si te interesa algo, hay opciones de asistir los sábados si no mal recuerdo, queda a seis o siete horas de Guanajuato, podríamos ir los fines de semana sin problema.

Luna: ¿Lo dices en serio?

Damián: Por supuesto, yo no voy a cortarte las alas, yo voy a volar junto a ti. (Las tres lo miran encantadas, ¡imbécil!). Y, Alonso, por el costo no te preocupes, si decide estudiar ahí, o en cualquier otra universidad yo me encargo.

Alonso: Su educación es mi responsabilidad.

Damián: Ahora es mi mujer. (¡Hijo de puta!, solo tiene diecinueve años, ¿en qué momento se me ocurrió aceptar esta estupidez? Camila me frota el brazo intentando evitar que explote). Además, obtendrá una beca patrocinada por CEMTY.

Alonso: ¿De qué hablas? CEMTY no otorga becas a esa universidad.

Damián: Lo hace desde hace seis años, ¿no lo sabías?

Alonso: Estoy al tanto del lugar en donde termina cada centavo de las ganan… (¡Cabrón!, el dinero que Gina le mandaba, aseguró que nunca lo tocó, lo utilizó para otorgar becas. ¡Me lleva!, no sé si alegrarme de que no sea un mantenido hijo de mami o enfadarme por no tener motivos para volver a partirle la cara).

Damián: ¡Bingo! (Exclama al percatarse que he caído en cuenta).

Luna: Creo que me estoy perdiendo de algo.

Camila: Estoy igual que tú.

Damián: Nada importante, Calíope, solo necesitas saber que si deseas algo de ese instituto o cualquier otro, lo obtendrás sin problema.

¡Genial!, además modesto. Terminamos de comer con mejor ánimo, en el postre continuamos molestándonos, pero la tensión en el ambiente se encuentra relajada, lo admito, el imbécil es ingenioso.

Camila: ¿A qué hora sale su vuelo?

Luna: A las seis de la mañana.

Camila: Tienen que estar a más tardar a las cinco entonces, no dormirán mucho. De todas formas dudo que este loco te deje dormir, sinceramente yo si fuera tú, pediría otra habitación. (Carraspeo incómodo, no me apetece escuchar nada sobre mi hermanita durmiendo o no con este idiota).

Damián: Creo que es muy pronto para ponernos en ridículo frente a nuestra suegra.

Mónica: Oh, ya despertaste mi curiosidad.

Luna: Afortunadamente me previno antes, de todas formas me ha dado un par de buenos sustos. (De acuerdo, eso también despierta mi curiosidad).

Alonso: ¿De qué hablan?

Luna: Damián es sonámbulo.

Alonso: ¿Sonámbulo? ¿No puedes siquiera dormir con normalidad? (Las chicas se mueren de risa y él sonríe aunque no parece causarle gracia mi comentario).

Damián: ¿Le dijiste lo mismo a Camila cuando comenzó a hablar dormida?

Gina: ¡Oh!, ¿pero tú también?

Camila: Sí, bueno, pero yo no me levanto de la cama.

Luna: Damián sí, habla, toma el libro, lo ojea, discute, toca la guitarra eléctrica imaginaria, se pone a garabatear con el gis en una pared de pizarrón, da vueltas alrededor de la cama, saca ropa del clóset, no sale del cuarto solo porque lo mantiene asegurado.

Camila: De niño se cayó varias veces por las escaleras, creo que tanto golpe le afectó. Se suponía que entrando la adolescencia se le quitaría pero a él se le quedó.

Los hermanos se dejan en ridículo el uno al otro por un buen rato, sin duda lo mejor de la reunión. Comienza a oscurecer y con esto llega la despedida, mamá no pudo evitar soltar unas lágrimas al despedirse de su niña.

Alonso: Avísame en cuanto aterrices y cualquier cosa, no importa la hora que sea, llámame, ¿de acuerdo? (Le pido al oído mientras la abrazo).

Luna: No te preocupes, les avisaré.

Alonso: ¿Traes auto o los llevo al hotel? (Pregunto a Damián).

Damián: Nos llevará el guardaespaldas que me asignaste, y de una vez te digo, no lo quiero ni por error en Guanajuato.

Alonso: Necesitas… (El idiota interrumpe mi respuesta).

Damián: Leo Zambrano posiblemente lo necesite, Damián no, nunca lo he necesitado y jamás he tenido problemas, más que en los que yo solo me he metido y ¡no!, no me meteré en ninguno de ahora en adelante. Así que no envíes a nadie. (No es una petición, lo observo unos segundos directo a los ojos antes de responder).

Alonso: De acuerdo.

Damián: Eso fue sencillo, ahora vengan las amenazas. (Añade al tiempo que me da la mano. La tomo apretando firmemente).

Alonso: Cuídala y hazla feliz.

Damián: ¡Oh vamos! No me digas que empiezo a caerte bien, eso le restaría diversión a las reuniones familiares. (¡Hijo de puta!, estrangulo su mano y me satisface la mueca de dolor en su rostro).

Alonso: No me caes bien y seguramente nunca lo harás, pero admito que no eres tan imbécil y que la quieres. (Lo suelto y se sujeta la mano con la otra moviendo los dedos temblorosos).

Damián: Yo sí te voy a amenazar, si la siguiente vez que la vea no viste algo ridículamente rosa o está completamente vestida de blanco, el que terminará en el hospital serás tú.

A pesar de las semanas que han transcurrido continúa vistiendo de negro, reflejando el estado de ánimo en el que se encuentra, aunque hoy se ha esforzado en sonreír con tal de acercarnos. Entiendo lo que me pide y asiento en respuesta, deseando con toda mi alma ir enmudeciendo ese dolor con bellos momentos y hacerla mi esposa cuanto antes.

Los hermanos se abrazan, el idiota le roba una sonrisa y los vemos partir tomados de las manos.

Mi madre ahoga un sollozo y la abrazo asegurándole que estará bien, aunque ella ya lo sabe.

Camino al apartamento, mi dulce chica se recarga sobre mi hombro y beso su frente.

Camila: Creo que salió mejor de lo que pensaba.

Alonso: ¿Tan malo creías que sería?

Camila: Para ser sincera, sí, estoy orgullosa de ti.

Sonrío y le robo un rápido beso.

Una vez que se mete entre las sábanas a mi lado.

Camila: ¿Puedo preguntarte algo? (Asiento). ¿Qué te dijo mi hermano cuando se despidió?

Alonso: Que esperaba la invitación de nuestra boda cuanto antes.

Camila: Eso no es verdad. (Responde con una sonrisa, por lo que la atraigo bajo mi cuerpo y me pongo duro al sentirme entre sus piernas, no hemos hecho el amor pese a que tiene una semana que ha regresado al apartamento, ha fingido dormir y me he despertado por los sollozos ahogados o por el frío que deja en el colchón al levantarse. Me he limitado a abrazarla en silencio, hasta que logra recuperar la calma odiando la impotencia de no conseguir mitigar su pena).

Alonso: ¡Oh sí!, claro que es verdad.

Camila: Entonces, quizá sería bueno ir pensando en una fecha.

Alonso: ¿Lo dices en serio? (Asiente con una ligera chispa en la mirada que me llena de ilusión). No hay nada que desee más que verte caminar vestida de blanco, dispuesta a entregarte a mí para el resto de nuestras vidas. (Nuestros labios se unen en una ligera caricia, con suaves roces, saboreo su dulzura y en cuanto sus labios se separan me hundo en ella deseando sentirme en su interior, mi deseo se enciende y pego las caderas contra su centro, necesitando su contacto contra la dolorosa erección, gruño por la placentera opresión y al escucharme me obligo a detenerme inmediatamente ¿¡qué mierda estoy haciendo!?, separo las caderas y pego los labios a su frente, me descubro jadeante, dolorosamente excitado y deseando recorrer su cuerpo, saborearla y hundirme profundamente en su interior). Discúlpame, amor, soy un bruto, no te he tenido por demasiado tiempo, pero no voy a presionarte. (Deposito un casto beso sobre sus labios e intento apartarme, pero me detiene).

Camila: No lo has hecho, yo también necesito tus caricias. La doctora me ha dicho que todo está bien, solo…

Alonso: Yo cuidaré de ti, bonita, iré despacio, (rozo la nariz contra su cuello y mejilla oliendo su deseo), muy, muy despacio hasta que seas tú la que pida que la llene.

Le robo el aliento con besos suaves y pausados, desesperando nuestra pasión con calma y dulzura. Descubro su piel sin prisa, admirando cada gesto, cada sonido, atormentando su deseo con lentas caricias derrochando nuestro amor en cada beso, en cada suspiro.

Le hago el amor a mi mujer en un encuentro interminable, lleno de miradas anhelantes, en el que nos desprendemos de nuestros miedos con promesas eternas. Me hundo en su cuerpo con infinita delicadeza, borrando sus temores, controlando el frenesí por poseerla. Alcanzamos el clímax, unidos, exhalando nuestra entrega en los labios del otro, con las pupilas iluminadas por lágrimas de dicha al sentirnos uno, colmados por emociones profundas e inquebrantables.

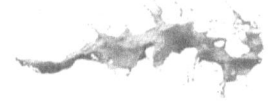

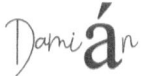

Damián: ¿Cómo va esa frase? *Hogar, dulce hogar.* (Arrojo las maletas al entrar a la casa, la sonrisa de mi musa lo dice todo, está feliz de regresar a nuestro mundo. La tomo de la mano y la jalo para subir corriendo las escaleras).

Luna: ¿Qué haces?

Damián: ¿Qué crees que hago? Te quiero a ti, desnuda, en el Parnaso, ahora. (Me deshago de los zapatos a medio camino. Al llegar, aspiro profundamente regocijándome con el perfume). ¿Lo hueles? (Pregunto abrazándola rozando su cuello con mi nariz).

Luna: ¿El olor de las tintas?

Damián: Sí, (respondo llevándola en brazos al enorme puf), huelen a ansiedad, a deseo, a historias por contar, a sentimientos por vivir. Ya regresé y no pienso moverme de aquí en un largo tiempo. (Añado arrancándome la camisa).

Luna: ¿A quién le dices eso?

Damián: A mis pinceles y caballetes, me pedían a gritos en la distancia que regresara, se sentían perdidos, vacíos sin un lienzo frente a ellos. (Me arrodillo entre sus piernas y le robo un jadeo con besos y succiones por su cuello al tiempo que desabotono su blusa).

Luna: ¡Espera! (Me pide con un "no pares" implícito).

Damián: ¿Esperar?, tengo meses esperando. (Me deshago de su blusa siguiendo la cadena de besos entre sus senos bajando por su abdomen).

Luna: Acabamos de hacerlo anoche. (Le quito los tenis y deslizo los *jeans* por las deliciosas piernas).

Damián: ¿De qué hablas, Calíope?, yo estoy pensando en pintarte. (Hundo la nariz entre sus piernas aun con la fina tela como barrera, volviéndome loco con su olor como una maldita bestia con su hembra en celo, le quito sin demasiada delicadeza la prenda, desesperado por saborearla).

Luna: ¿Pintarme? Y para eso necesitas... (Suelta un jadeo en cuanto mi lengua toca sus pliegues para separarlos, levanto la vista y sonrío ante el divino gesto de satisfacción, continúo lamiendo y saboreando, una de sus manos se aferra a mi cabello incitándome a continuar, pero regreso a su boca recorriendo su piel. Le desabrocho el sostén y me levanto para admirarla).

Damián: Eres la divinidad encarnada, Calíope. (La admiro con sus mejillas sonrojadas, la respiración agitada y los labios hinchados).

Luna: Dime que no me dejarás así. (Sonrío por su petición).

Damián: ¿Así cómo? (Traga saliva con dificultad, adoro esa inocencia que aun con mis descaros no he logrado derribar).

Luna: Así, excitada. (Vuelvo arrodillarme entre sus piernas para recorrerlas con las manos).

Damián: Excitada, caliente, famélica, deseosa, mojada, anhelante, agitada, impaciente, ávida, con un abanico de sensaciones surcando tu piel. (Jadea en cuanto capturo uno de sus pezones entre los dientes). Si no quieres que te pinte, ¿qué quieres que te haga?

Luna: Hagamos... una obra de arte.

Damián: Tengo una mejor idea.

Me aparto pese a las punzadas en mi entrepierna, desabrocho el pantalón para liberar la molesta presión. Tomo de entre mi material un pincel y una pintura acrílica negra.

Luna: ¿En verdad vas a pintarme? (Su deseo por tenerme me complace).

Damián: Haré más que eso, gírate. (Obedece colocándose boca abajo, me deshago de los pantalones y el bóxer en un solo movimiento frente a ella, quien vuelve la cabeza para mirarme, acaricio mi virilidad ante el calor de su mirada, provocando la lujuria de mi musa, se mueve inquieta apretando los muslos, adoro verla así. Coloco las rodillas a los lados de su cadera, rozando con las pelotas sus montañas de carne. Masajeo sus hombros y su espalda, mordisqueo su cuello y me entrega sus labios). Dibujaré unas palabras en tu espalda y cuando las digas, entraré en tu cuerpo poco a poco. (Asiente conteniendo el aliento. Cargo el pincel con un poco de tinta y dibujo las primeras palabras).

Luna: Soy yo. (Separo su carne para admirar su sexo húmedo, tengo que contenerme para no hundirme por completo. Empujo mi virilidad para entrar solo la punta, Calíope jadea empujando las caderas hacia atrás y yo me obligo a sujetarla con fuerza para detenerla ahogando un gruñido. Suelto el aire y regreso por el pincel). El-el que se.

Damián: No te muevas, Calíope, no comas ansias. (Disfruto verla con la respiración agitada con pequeños movimientos incómodos, desesperada por sentirme. Me hundo un poco más y ambos jadeamos).

Luna: Damián, no pares. (Suplica con las manos estrangulando el puf, provocando que una punzada me recorra desde las pelotas hasta la punta. Vuelvo a escribir). Damián, por favor. (Repito el trazo desesperado por que lo diga, atesorando y maldiciendo el maldito juego que estoy a punto de mandar al demonio, la deseo, la deseo demasiado). Mete en-en tu cuerpo. (Sujetándola por la nuca me hundo en ella con fuerza, el chillido que suelta resuena en las paredes del Parnaso atrayendo las miradas de los dioses lujuriosos y celosos de nuestro placer. Me dejo llevar como barco a la deriva por la pasión desbordada, arremeto en su interior rugiendo con cada choque de nuestros cuerpos. Desesperado por liberarme, pego el pecho a su espalda para hundir la mano entre sus piernas. Se aferra a mis bíceps al sentir mis dedos masajear su centro).

Damián: ¿Así está mejor, Calíope? (Pregunto entre dientes controlándome para no derramarme por la inigualable visión de su rostro extasiado por mi invasión).

Luna: ¡Sí! ¡Sí! (Exclama entre jadeos).

Damián: Soy yo el que se mete en tu cuerpo. (Repito la frase acelerando mis caricias, desesperada se mueve bajo mi peso). Soy yo el que se mete en tu cuerpo. (Sus facciones demuestran la dolorosa necesidad). Soy yo el que se mete en tu cuerpo. (Explota entre convulsiones con un largo jadeo y son las fuertes contracciones en su interior las que me arrebatan una delirante liberación, gruño y jadeo en cada disparo que me arranca la vida y me lleva al Olimpo. Una vez que los espasmos terminan de sacudir nuestros cuerpos, aún en su interior, busco sus labios). Me fue imposible terminar la frase, tendremos que jugar más seguido.

Luna: Dímela ahora, mi artista oscuro. (Me pide con la mirada serena colmada de placer).

Damián: Soy yo el que se mete en tu cuerpo, pero eres tú quien ha traspasado con su luminosa poesía de colores mi piel.

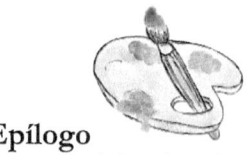

Epílogo

"Ser creativo significa estar enamorado de la vida. Sólo puedes ser creativo si amas la vida lo suficiente para que querer aumentar su belleza, sólo si le quieres traer un poco más de música, un poco más de poesía, un poco más de baile."
Osho

Ocho meses después.

Alonso

Levanto entre brazos a mi preciosa esposa para entrar a la habitación que compartiremos en nuestra noche de bodas.

Camila: ¿Qué haces?

Alonso: Se supone que esto es lo que se hace, ¿no?

Camila: No estoy segura si es para entrar a la habitación o a nuestra casa, después de la boda.

Alonso: Bueno, lo haremos en las dos, ahora abre que muero por arrancarte el precioso vestido. (Me ayuda a girar el pomo de la puerta, he mandado a colocar algunas velas aromáticas y hay pétalos rosas formando un corazón en el centro de la cama, es demasiado cursi, pero a mi dulce Cam le encanta el detalle).

Camila: ¡La habitación está divina! (Exclama al tiempo que la deposito en nuestro lecho, aflojo el nudo de mi corbata marrón con pequeños toques dorados, lo único que impuse en esta boda, no iba a ponerme la rosa pálido que Cam eligió, no es que se viera mal con el traje beige y me importaba un bledo cómo quisiera la boda, lo único que quería era verla feliz siendo mi esposa, pero, ¿corbata rosa? Ni de broma).

Alonso: Tú estás divina, mi amor. (Recorro su pierna con una mano al tiempo que se levantan las capas de tela vaporosa del vestido que asegura es color marfil).

Camila: Espera, espera. (Me pide incorporándose de la cama).

Alonso: ¿Qué pasa? (Estoy ansioso por desnudarla y hacerla mía por primera vez como mi esposa).

Camila: Ayúdame a desabrocharlo de la espalda, debo quitarlo con cuidado, no quiero estropearlo.

Alonso: Amor, qué más da, no lo volverás a usar.

Camila: Es que es tan hermoso, anda, ayúdame. (Añade pasando sus manos por el fino encaje de su talle. Se levanta de la cama y me da la espalda, desabrocho un par de botones y bajo la cremallera saboreando su nuca). Espérame aquí, te tengo una sorpresa.

Me dejo caer de nuevo en la cama, ¡¡¡me van a reventar las pelotas!!! Con los preparativos de la boda, el trabajo y demás, tenemos como una semana de no hacer el amor.

Pero ha valido la pena, lo mejor fue verla entrar a la capilla con el precioso vestido blanco, mi ninfa no tocaba el suelo, se deslizaba para entregarse a mí; el deseo, la gratitud, la dicha se agolparon en mi garganta en ese momento.

El viejo hubiera dado la mitad de su fortuna por sostener su brazo esos instantes, pero donde quiera que esté sé que lo vio, en cambio quien me la entregó fue el imbécil de su hermano, me sorprendió que él accediera a la corbata rosa y lo que me dijo al entregarme su mano: "*Todo el mundo decía que eras un maldito genio, yo descubrí que tenían razón en el instante en que te vi frente a mi hermana, un idiota se deja deslumbrar con una piel perfecta, tú traspasaste esa barrera, no te pediré que la cuides o la ames, eso ya lo haces, te pediré que la hagas feliz*".

Detesto admitirlo, pero cada vez es menos irritante... por momentos. Luna estaba radiante, igual que mamá.

La recepción fue íntima aquí en la quinta que me heredó el viejo, repleta de flores, mamá se encargó de dejarla perfecta, como la novia lo merecía, con unos cuantos amigos, entre ellos Nancy, Emilio y mis compañeros de póker. Algunas amigas de Cam y Verónica, su asistente, que observaba a Emilio embelesada.

Mañana saldremos a nuestra luna de miel, un recorrido por Italia, el que pretendía hacer sola, espero que tres semanas sean suficientes, no puedo dejar la empresa por mucho tiempo.

Aparece tras la puerta del cuarto de baño arriba de unos esbeltos tacones, una de sus perfectas piernas se encuentra adornada con una liga en medio del muslo, un diminuto *babydoll* de encaje que intenta cubrir la tanga del mismo material, ¡ahora sí me van a reventar las pelotas!, me deshago del saco y los zapatos observándola maravillado, ¡está preciosa! Y es mía, ante los ojos de Dios y de los hombres, ¡mía para siempre!, completamente mía.

Camila: ¿Te gusta?

Alonso: ¿Es broma?, estoy que te devoro. (La levanto y vuelvo a dejarla sobre la cama). Ni se te ocurra moverte. (No hay mujer más *sexy* en este planeta que la que ahora es mi esposa, con la que me fundiré el resto de mi vida. Me arranco la camisa y el pantalón desesperado por sentirla debajo de mí. Subo a su cuerpo, pero al tener frente a mí esas maravillosas pupilas celestes, pese a las palpitaciones en mi entrepierna necesito preguntarle algo). Sé qué faltaron dos personas importantes en tu vida, pero a pesar de eso, ¿fue lo que esperabas? ¿Fue la boda de tus sueños? (Averigüé en dónde se encontraba Gina para que Camila pudiera hablar con ella. Anda dándose la buena vida alrededor del mundo con chicos en turno que aprovechan la oportunidad de pasar una temporada con una mujer madura, hermosa, fogosa y obscenamente millonaria. Hablaron por teléfono, pero su madre además de insultarla se negó a acudir a nuestra boda, lo cual era de esperarse, pero aun así, comprendo que debía invitarla y sé que ella guardaba la esperanza de que asistiera).

Camila: Asistieron las personas que nos quieren, y aunque parezca absurdo, sé que papá estuvo ahí. (La mirada se le cristaliza por un momento). Cada detalle, las flores, los invitados, la misa, el banquete, (suelta un largo suspiro con ojos soñadores). ¡Fue perfecta, mi amor!, sin duda fue la boda de mis sueños, igual que nuestra casa.

Alonso: Eso era lo que quería escuchar. (Beso la comisura de sus labios, bajo por su cuello y de pronto recuerdo). ¿Dejaste de tomar la pastilla como lo acordamos? (No responde inmediatamente como lo esperaba, por lo que levanto la mirada para buscar sus ojos). ¿Qué pasa? (Pregunto bajando de su cuerpo para recostarme a su lado, acaricio su mejilla con ternura para animarla a hablar).

Camila: Lo hice, dejé de tomarlas ayer. (Percibo la ansiedad recorrer su cuerpo).

Alonso: Comprendo tu miedo, yo también lo siento. (Aseguro pegando los labios a su frente). No hay nada que desee más que admirar tu vientre crecer cada día, con mi bebé dentro. (Bajo la mano a su abdomen para llenarlo de lentas caricias). Pero solo si tú estás lista para intentarlo, si tienes alguna duda podemos esperar el tiempo que sea necesario.

Camila: No, yo estoy lista, quiero ser madre, quiero darte ese bebé que tanto anhelas, pero no puedo evitar tener miedo.

Alonso: Lo sé, amor, pero todo saldrá bien, no voy a separarme de ti un segundo, querrás que nazca a los tres meses porque ya no me soportarás a tu lado. (Reparto pequeños besos por el perfecto rostro de delicadas facciones).

Camila: Entonces hazlo, hazme un bebé, mi amor. (Esas han sido las palabras más eróticas que he escuchado en mi vida, una punzada me recorrió desde las pelotas hasta la punta del mástil dentro de bóxer. Bajo la mano por en medio de sus senos hasta el encaje que cubre su sexo, acariciándolo con ternura al tiempo que mordisqueo su oído). Te acariciaré hasta el cansancio esta noche, te necesito muy, muy, muy húmeda, bonita (jadea receptiva a mis caricias), porque pienso poner a nuestro bebé muy, muy, muy dentro de ti, mi amor.

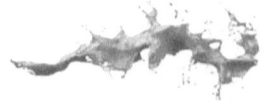

Cinco meses después.
Monterrey, N.L.

Damián

¡Orgulloso! Creo que es la primera vez que puedo decir que me siento orgulloso de una exposición, con la luz y colores de mi Calíope iluminando las pupilas de los pobres mortales que tienen la fortuna de admirar las obras que adornan majestuosamente las paredes de este recinto.

Damián: ¿Te estás robando cuadros de la exposición? (Pregunto por los lienzos que trae entre las manos). ¿Qué pasa, Calíope? (La tomo por las mejillas, preocupado por las lágrimas que asoman a sus ojos. Pero no responde, me muestra las pinturas, las coloco sobre la barra del bar que ya a esta hora se encuentra sola). No son tan malas como para echarse a llorar.

Luna: Me las obsequió Alonso. (La observo animándola a continuar). Eran de mi padre. (Ahora entiendo sus lágrimas, me confesó la vida de su padre a los pocos días de regresar a Guanajuato, sabía que algo no andaba bien, pesè a que intentó ocultarlo y yo le di un tiempo prudente para que se animara a confesarme lo que fuera que estuviera sucediendo, pero las voces en mi cabeza me hicieron suponer que se había arrepentido de volver conmigo, lo que terminó por martirizarme, generar una discusión y así fue que me lo contó todo. La abrazo intentando consolarla).

Damián: ¿Cómo es que don perfecto las tenía?

Luna: Buscó su piano una vez que pudo comprarlo, quien lo tenía conservaba también estas pinturas y Alonso las adquirió.

Damián: Creí que tu hermano odiaba a tu padre.

Luna: Yo también, creo que le tiene mucho resentimiento, pero pese a todo lo malo que le hizo a nuestra familia, me dijo que mi papá me quería, que mientras le fue posible fue a verme, dejó de hacerlo hasta que lo metieron preso.

Damián: ¿Cómo no iba a quererte? Si eras su Luna, claro que ahora eres *mí* Luna. (Suelta una risa entre lágrimas. La mantengo pegada a mi pecho por largo rato, acariciando su espalda. Desde que sé lo de su padre, respeto más al idiota de Alonso, tenemos más en común de lo que nunca admitiremos).

Luna: Nunca has pensado en decirle a tu hermana lo de… (La interrumpo adivinando a donde va).

Damián: ¡No! (Mi respuesta es tajante, no insiste y se lo agradezco, permanecemos en silencio un largo rato, observando las pinturas de su padre).

Luna: Me gustaría saber qué dicen esas voces en tu cabeza.

Damián: Dicen que debería levantarte la falda de ese lindo vestido (cambio drásticamente el tema de conversación), y empotrarte contra aquel muro de allá mientras te penetro duro sujetando tu cabello con el sonido relajante de la caída de agua de la cascada artificial de fondo, aunque sería opacado por tus jadeos.

Luna: ¡Damián! Eres incorregible, alguien podría escucharte. (Susurra dándome un manotazo con las mejillas tintadas de carmín).

Damián: Lo mismo digo, así que deja de llamarme por mi nombre.

Luna: ¿Cómo quieres que te llame entonces? ¿Apolo?

Damián: Mi dios ardiente, suena mejor.

Luna: Ha sido una maravillosa inauguración.

Damián: Sí, el idiota de mi agente es una maldita pesadilla, pero es bueno en su trabajo, no puedo negarlo.

Luna: ¿Qué pasa? ¿Qué es lo que te están gritando esas voces? Algo no te ha permitido disfrutar por completo de la velada. (El barman me sirve otra copa de *champagne*, mi musa gira para asegurarse que don perfecto no se encuentre cerca, entiendo las consideraciones que tiene hacia él por lo que vivió con su padre, pero eso no significa que yo me vuelva abstemio, aunque admito que he bajado mi consumo de alcohol, sobre todo para no ver esa chispa de preocupación en la mirada de mi Calíope).

Damián: Esta es mi inauguración, no me voy a ocultar de tu hermano para beber unas cuantas copas. (Aclaro dándole un sorbo a mi bebida).

Luna: Lo sé, solo prefiero evitarle un disgusto. ¿Me dirás qué pasa?

Damián: A veces creo que has logrado sobornar a una de las voces para que te pase información. (Sonríe divertida).

Luna: Tonto, te observo, descifro y siento cada uno de tus gestos y falta de ellos, eso es todo.

Damián: Con esta colección pretendía cerrarle la boca a Zambrano, es la mejor de mi carrera, hasta ahora, la más completa, con distintas técnicas, tonalidades, sentimientos, belleza. Ha estado expuesta en los mejores museos, incluso más tiempo de lo esperado y por ello se ha alargado, se han vendido la mayoría de las obras en miles de dólares y por primera vez no quería que me las compraran, pero me doy cuenta que no hubiese bastado, él no habría visto su valor y si así fuera, no lo aceptaría, si no lo hizo el día de su muerte, sería absurdo continuar creyendo que una buena colección de pinturas lo hiciese. Lo que me lleva a agradecer que ya no esté y, eso, siendo quien me engendró, me convierte en un ser demasiado oscuro, ¿no crees?

Luna: Siempre rehúyes al tema, pero ya que lo tocas, te diré lo que pienso. Creo que el señor Zambrano era una persona con grandes habilidades y terribles defectos, quizá en puntos demasiado extremos, que se vio expuesto ante ti, un niño del que no podía deslindarse porque lo amaba, sin embargo, debía mantener controlado ya que podrías destruirlo y para ello utilizó la peor de las armas, el miedo. Volcó todo su amor en su hija, ayudó a muchas personas, entre ellas a mi hermano, pero seguramente destruyó a muchas otras, su mayor pecado, lastimarte precisamente a ti, su propio hijo al que debió proteger. Que agradezcas el que no esté, no creo que te haga más oscuro, tienes fuertes motivos para hacerlo y si así fuera, ¿desde cuándo eso te preocupa? (Me sorprende la conclusión a la que ha llegado, quizá tenga razón, el profundo amor que mi hermana le profesa no puede estar 100% basado en una mentira, pero de lo que estoy seguro es que el rencor que yo le tengo está basado 100% en la realidad).

Damián: Sabes, Calíope, en momentos como este, tu mente logra excitarme aún más que tu cuerpo y eso es jodidamente complicado. Y ser demasiado oscuro me preocupa desde que estás a mi lado, no quiero opacar tu luz. (La atraigo desde la cintura para depositar un beso en su nariz).

Luna: *No vale como castigo si te gusta cómo arde*, además me enamoré de tu locura, de tu pasión, de tus colores tormentosos, de tus letras escondidas, de tus penumbras, me enamoré del caleidoscopio de tus emociones, de la luz que no ves y del calor que me consume, me enamoré de mi artista oscuro y caótico, cada trazo solo logra activarme, nunca opacarme. (Sus palabras vibran a través de mi piel, de mis sentidos, de mi alma).

Damián: No cabe duda, Calíope, fuiste creada por los dioses para que la locura de este Apolo te adorara y mis pinceles te inmortalizaran, como dice la canción; *El Amor es un Arte*.

Alonzo

Ya es algo tarde y debe morir de sueño, pese a que lo disimula muy bien conversando con mi madre y el sujeto que la ha traído, es la primera vez que sale con alguien, algunos hombres la han cortejado pero ella siempre tomó su distancia de cualquiera que se le acercara, tiene derecho a rehacer su vida, a tener compañía, pero esto me ha tomado por sorpresa y no puedo evitar que me moleste. En fin, supongo que tendré que aceptarlo, no sin antes averiguar hasta qué marca de *shampoo* utiliza ese hijo de puta que ha puesto los ojos en ella.

Acaricio la espalda baja de mi esposa y le hablo al oído.

Alonso: Es hora de irnos, bonita.

Camila: No es tan tarde, amor.

Alonso: Estás cansada, no intentes negármelo, lo sé, necesitas dormir.

Suelta un suspiro, resignada, al tiempo que beso su sien. Comenzamos a despedirnos, estrecho firmemente la mano del tal Román y le doy un beso a mi madre que me observa con demasiado interés.

Mi hermana y Damián aparecen justo a tiempo para despedirnos de ellos también.

Damián: ¡Oh, vamos! ¿Tan temprano?

Alonso: Tu hermana necesita descansar. (Camila pone los ojos en blanco).

Damián: Bueno, si es por cuidar de ustedes, ni hablar. (Acaricia cariñoso el vientre aún plano de mi esposa). ¿Ya saben el sexo del bebé?

Camila: No, ayer fuimos con la doctora, pero no se dejó ver.

Luna: ¿Ustedes qué quieren que sea?

Camila: Tu hermano quiere una nena.

Alonso: Mientras los dos estén bien, que sea niño o niña es lo de menos. (Aseguro abrazando a mi dulce Cam).

Damián: Y bien, Román, ya puedo llamarte sue... (Interrumpo su estúpido comentario).

Alonso: No quieres que destruya la pintura más cercana sobre tu cabeza, ¿verdad? (El idiota suelta una carcajada).

Damián: No sería una reunión familiar sin tus encantadoras amenazas.

El resto ríe y terminamos con las despedidas. Ya en el auto, Cam se recarga sobre mi hombro.

Camila: Quería quedarme un poco más, la colección es preciosa.

Alonso: Lo sé, pero mi mujer y mi bebé necesitan descansar, saliste temprano de casa, acabamos de cruzar los tres meses de embarazo y esas náuseas y mareos todavía no te abandonan, déjame cuidarlos.

Estiro el brazo para alcanzar su vientre y me sonríe con los párpados pesados por el sueño.

Admiro su figura mientras se desviste, mi miembro vibra bajo la pijama y me debato entre dejar que se ponga la ropa de dormir, para luego arrancársela o hacerle el amor de una vez. Pero mi cordura me recuerda que muere de sueño, así que, dejaré que entre a las sábanas y si su deseo se despierta al rozar mi cuerpo, entonces la complaceré. Mi prioridad es su bienestar y su placer, aunque se me revienten las pelotas.

Alonso: Ahora sí, a la cama, bonita.

Camila: Tócame una canción antes. (Me pide con esa mirada a la que siempre termino sucumbiendo).

Alonso: Amor, es tarde.

Camila: Por favor, solo una. (La abrazo por la cintura y suelto un suspiro al besar su frente).

Alonso: Anda, vamos, pero solo una. (Accedo ya que no tiene caso perder el tiempo, como siempre, terminaré complaciéndola, además me encanta hacer ambas cosas, tocar y satisfacer a mi mujer. Enciendo la vela aromática que se encuentra a un lado del piano). ¿Cuál quieres que...? (Me sorprende encontrar una pequeña caja blanca con un moño dorado adornándola en el banquillo). ¿Y esto? Estoy seguro que no es nuestro aniversario.

Camila: No, no lo es, ábrelo, es una sorpresa para el mejor esposo y padre del mundo mundial.

La abro, nervioso, sin comprender por qué, al ver el contenido me quedo sin aliento y mis manos comienzan a vibrar, la felicidad que embarga mi pecho se agolpa en mi garganta y quema mis pupilas.

Alonso: ¡Son rosas! (Consigo decir sin reconocer mi voz, al admirar un par de diminutos zapatitos, mi mujer sonríe emocionada con las manos cubriendo su vientre, ese maravilloso vientre que protege y da vida a mi bebé, ¡no! ¡A mi nena!) ¡Son rosas! (Repito en un tono más seguro y ella asiente alargando la mano para secar con su pulgar una lágrima que no me percaté había escapado a mis ojos, pero no me importa. La tomo por los hombros y beso su frente antes de apresarla contra mi pecho). ¡Es una nena, amor! (La sujeto por las mejillas y reparto dulces besos por todo su rostro). ¡Tendremos una nena! (La vibración de mis manos se ha extendido al resto de mi cuerpo y coloco una rodilla sobre el piso para quedar a la altura de mi pequeña. Levanto la tela y beso la piel de mi mujer en varias ocasiones, con la mayor devoción que he experimentado en mi vida). ¡Mi nena!, yo voy a cuidar de ustedes, mi amor. (Abrazo por la cintura a mi esposa pegando la mejilla contra su ombligo, ansiando el momento de poder sentir el movimiento de mi bebita. Los dedos de Cam se hunden en mi cabello y entonces me levanto aún emocionado). ¿Pero cómo? ¿Cómo es que lo sabes?

Camila: Regresé hoy con la doctora, estabas ansioso y quería ser yo quien te diera la noticia. (Acaricio sus mejillas con los pulgares al sostenerla con ambas manos).

Alonso: Gracias, mi amor, gracias por el hermoso regalo y por hacerme tan feliz. (Nuestros labios se hunden en un delicado beso que logra estremecerme).

Camila: No tienes nada que agradecer, te has desvivido en cuidados.

Alonso: Es lo menos que merecen. (Con un brazo la sujeto por la cintura y con la otra mano acaricio su vientre, lugar en donde la he mantenido desde que la prueba dio positivo). Me has permitido la dicha de poner a mi bebé aquí, a pesar de tus miedos, a pesar de las incomodidades, porque sé que no la has pasado bien y aun así no te has quejado una sola vez.

Camila: La deseo tanto como tú.

Alonso: Gracias, mi bonita, dedicaré mi vida a cuidarlas y hacerlas felices, las notas que producían mis dedos al chocar con las teclas de este piano son las únicas que lograban relajarme en los momentos de mayor tensión, ahora tú y mi nena, se han apoderado de ese puesto. Son mi música, mi alegría, mi euforia, mi calma, la armonía que necesito y de la que me siento orgulloso.

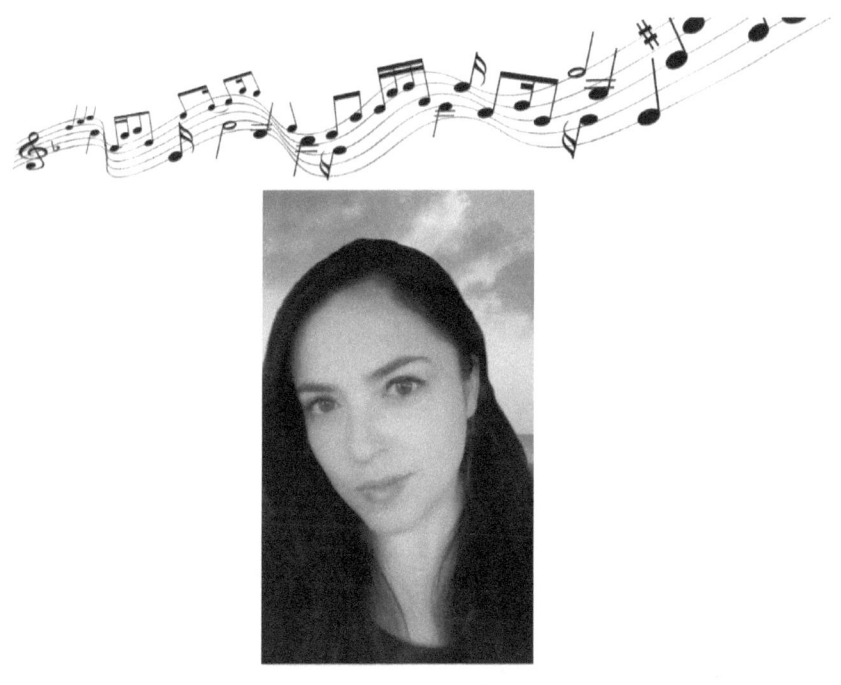

Claudia A. Pérez R.

Soy de Papantla Ver. y vivo en Monterrey NL, México. Nací el 22 de febrero de 1985. Estudié Ing. Industrial Administrador y Lic. En Gestión y Administración de PyME, nada relacionado con la escritura, a mí siempre me gustaron los números. Pero afortunadamente descubrí que me encanta la lectura y las mil sensaciones que ésta provoca, el género Romántico-Erótico y la fantasía son mis preferidos.

Me considero una mujer práctica, divido mi tiempo entre el trabajo de oficina, mi compañero de vida, escribir, leer y pintar, pero lo que se mantiene como una constante inagotable en cada una de esas facetas son las voces en mi cabeza que NUNCA guardan silencio y me mantienen viviendo sus historias.

Libros Publicados

"Serie Paraíso"

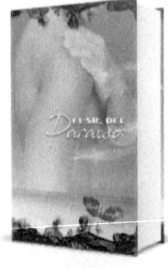

1.- El Sr. del Paraíso. (Primera edición mayo 2016, segunda edición mayo 2018).

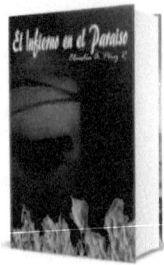

2.- El Infierno en el Paraíso. (Diciembre 2016).

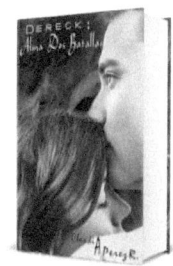

3.- Dereck: Un Alma, Dos Batallas.
(Septiembre 2017).

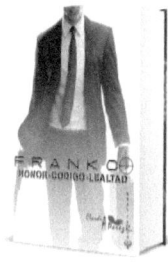

4.- Frankco Honor-Código-Lealtad.
(Diciembre 2017).

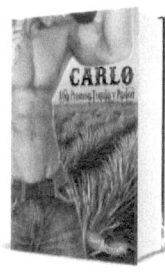

5.- Carlo Una Promesa, Tequila y
Pasión Vol. 1. (Septiembre 2018).

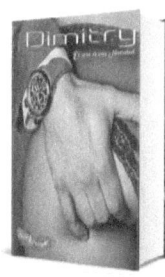

1.5.- Dimitry El sexo es una
necesidad. (Noviembre 2018).

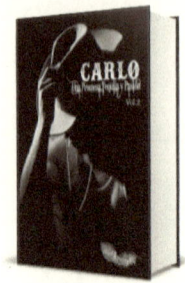

6.- Carlo Una Promesa, Tequila y Pasión Vol. 2 (Marzo 2019).

"Bilogía Arte"

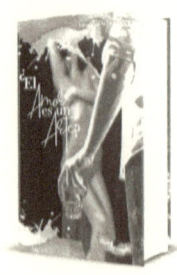

1. ¿El Amor es un Arte? (Septiembre 2019).

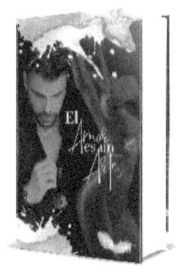

2. El Amor es un arte
    (Agosto 2020).

"Libros Independientes"

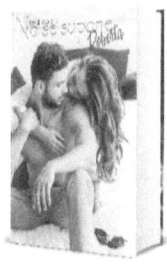

No se supone Roberta
(Noviembre 2019).

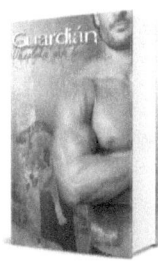

Guardián
Vinculado ante la Luna
(Marzo 2020).

Escribir, se ha convertido en un alimento necesario para llenar mi alma, mente y vida.

Todo comenzó sin darme cuenta, por eso lo nombro, mi *NO sueño*, el cual continúa creciendo, no sé tú, pero yo no puedo esperar para tener en mis manos la continuación de esta bella historia.

Por favor compárteme tus comentarios, porque me emociono cada vez que una amiga lectora me escribe, te dejo mis redes sociales, mi gratitud y mi cariño "Chica Paraíso" Nos leemos en la siguiente historia.

Redes sociales

facebook.com/groups/elsr.delparaiso

claudiapr85@gmail.com

claudiaangelica_perez

@claudiapr85

AutoraClaudiaAPérez